君子理念
——《十五朝兴亡启示录》序一

深圳大学校长　章必功教授

深圳夏日午后的阳光总是如此火辣，周萌抱着文稿走进我的办公室时，早已大汗淋漓，这让我想起十二年前的第一次见面，类似的时间，相同的地点，只是他的眼神中多了一份自信和沉稳，或许，时间雕刻了我们。

周萌的研究方向集中在佛教与中国文学，但他对历史的兴趣始终浓厚，因此，当他作为交换教师在韩国东义大学度过一段安静闲暇的时光，就在先前通读《资治通鉴》的基础上，先后写了《史海传灯照长天——〈资治通鉴〉司马光述评集讲》及《十五朝兴亡启示录——以司马光〈资治通鉴〉为中心》，前者重在归类整理司马光的史评，后者重在探寻朝代兴亡的踪影。

唐太宗说："以铜为镜，可以正衣冠；以古为镜，可以知兴替；以人为镜，可以明得失。"（《旧唐书·魏征传》）在这个意义上，历史并不仅是过去的某种存在，而是会在自身惯性作用下潜在影响现实的深层动因。无论兼济天下还是独善其身，都要以通晓历史为前提，以反思历史为依凭，以创造历史为旨归。关注历史，正是对人类境遇的道义关怀，也是对社会政治的愿景关切。

历史不乏温情，但充斥残酷。《资治通鉴》开篇即有赵襄子把智伯的头颅做成酒器。十五朝兴亡，更是阴谋汹涌，腥风血雨。这种残酷与卑鄙，被写进历史，是让后人警觉之，唾弃之。

政治应当尽量远离兽性，远离罪恶。周萌的意思，儒家倡导的君子理念一直是推进社会文明的重要保证，也是引领未来的基准标杆。他一直坚信，不管个人还是群体，物质贫乏固然堪忧，而信念缺失实为大患。重塑信念，使当今人们书写的历史充满阳光，是周萌的追求。

他的这本著作，着眼《资治通鉴》，试图用史实证明影响朝代兴衰的核心因素，基本勾勒出王朝更替的大致面貌及内在规律。观点深刻，发人思考，仔细阅读，可以把我们拉进历史，又拉出历史。

文史哲原本就是相通的，周萌游走于文学、宗教和历史之间，相信对他的教学科研定会大有帮助，我也特别希望他陶钧文思，澡雪精神，在炎热的南方从事快乐而冷清的研究，取得富庶而警世的成就。

文明交融与中国历史的书写
——《十五朝兴亡启示录》序二

《百家讲坛》主讲嘉宾　姜安教授

中国历史是独一无二的。

中华民族所独具的文化基因制造了一种特殊的历史格调和历史品质，一个一直视大一统为合法性政体存在的宗法式伦理性民族，却一再地受到多元化力量的冲击和挑战，这种“分合式”的历史涌动构成了华夏文明波动的基本态势。如果将中国历史理解为一条“巨河”时，我们就会看到，当主流文明趋势的巨大洪流有力地冲刷和荡涤着河川万物时，便有无数山川河流纷至沓来，它们或者推波助澜，使得“巨河”形成更加宏伟的气势，或者迫使“巨河”的堤岸崩溃……而崩溃后的河床很快又会积聚新的更大的河流。这种独特的历史现象所彰显的民族个性和文化气象彪炳世界历史，给世界文明贡献了偶然性与必然性相互纠结、矛盾、对立、统一的经典案例。潮起潮落、拍岸柔磨，历史之岸在十五朝兴亡中被积淀、被冲刷、被构建，以特殊的“巨河之床”留给我们一个别样的文化标本，令人荡气回肠。

中国历史是神圣的。

中国历史具有非凡的境界。这种境界并非表现为与恶为邻的谋略，而在于因善而生的文明理念和生存智慧。它让人从黑夜中警醒感悟，彰显正道的可贵，坚持的可嘉，理想的可敬。经过时间的检验，这些信念愈加熠熠生辉，给迷茫或沉沦的人们当头棒喝，指引正确的航向，中国历史的书写也由此展示了它的普世价值。正是基于这一点，国人对历史的执着有近乎宗教般的热情，修史也因而成为历代政府及士人共有的文化责任，除了保存国故和以史为鉴外，恐怕更深层的意蕴是文化精英试图通过历史书写构建天人合一与天下大同的文明模式，通过创新保持它的生命力，通过形成自觉的向心力而让所有人积极主动地传承中华文化，这是我们民族最引以为傲的精神。

中国历史是自具圆满的。

这种所谓圆满带有一定的自信与骄傲，唯我独尊，又包裹着懦弱的惧怕心理，封闭而内敛，既对内生性文明满怀狂傲，却又对蛮族文明的崛起忧心惶惶。在相对完整的农耕文明框架和体系下生成的制度机理和文化方式，厘定出的文明成为东方象征。但面对全球化浪潮，我们似乎同样需要另外的视角，这称得上是另一种与时俱进。在研究历史兴亡方面，汤因比《历史研究》关于“中国模式”的探讨颇有些与我们若即若离的意味。他肯定“希腊模式（文化统一而政治不统一）广泛适用于各文明史的早期阶段，中国模式（治乱交替而朝向统一）则广泛适用于各文明史的晚后阶段”，我们在心有戚戚焉之余，很容易对他的成因分析感到意外，因为他把统一得以再三复兴归结为“有了避免恐惧威胁频频发生的保证”；把不时分裂的“中间时期”归结为“（大一统国家的）开支恐怕也到了最大限度，前科学时代的农业经济无力承受这种经济负担”。由此出发，汤因比推断，作为中国历史新起点的秦朝，由于“系统地革新了社会经济结构”而兴盛，自汉武帝以来，占主流地位的儒家思想“虽然懂得水利对农业和交通的价值，但对农业之外的经济事业不感兴趣”，正是经济结构

的缺陷导致了国家不断崩溃的事实[1]。并不是说汤因比的观点完全正确，但至少为我们反思自身提供了有益的借鉴。《十五朝兴亡启示录》意在通过梳理朝代兴衰以提炼经验教训，传统观点固然重在道德教化而忽视经济缘由，可是我们没有理由不做全方位考察，以期在片面的深刻之外，能够获得思想的碰撞，促成观念的升华，以至完成文明的交融。若是在这方面有所反省、扬弃和创造，必将对我们贴近历史，总结历史，从而跳出历史，有莫大的帮助。

历史分正史、野史、真史、伪史，追问历史需要一种哲学态度：文化自信、文化自觉，以行者的姿态游渡中国历史之河，尚需勇气，更需信仰！

我期待着周萌在寄情历史的旅途中怡情养性而又洞明世事，在书写历史的过程中为当代士林和文明交融锦上添花！

1 ［英］阿诺德·汤因比著，刘北成、郭小凌译：《历史研究》（修订插图本）第七章《希腊模式与中国模式》，上海：上海人民出版社，2000年。

目 录

引　言

中国的含义在从都城、中原到国名的扩展中，逐渐完成了从地域指向文化象征的华丽转身，也就是说，作为与东夷、南蛮、西戎、北狄相对举的概念，中央之国的自觉意识并不是因地理观念狭隘而产生的夜郎自大，而是深层反映了传承并创造先进文化的历史使命感。早先的族名华夏同样如此，东汉许慎《说文解字》形象地解释为梧桐树般的中国人，唐代孔颖达《春秋左传正义》具体落实为服章之美和礼仪之大，亦即服饰华美、文化繁荣、道德兴盛、疆域辽阔，全面反映了以文化立国而引领世界的基本指向。后来这两个词合成出中华，既是天人合一思维方式的显现，也是族群认同和自我升华的共识，体现了国人一以贯之的价值追求。

事实上，中国对世界的认识向来开放。从文献记载来看，先秦已有不少关于周边民族的记录，二十四史之首的《史记》专设朝鲜、东越、南越、西南夷、匈奴列传，后代正史无不著录交通境外的情况，再加上对外贸易和宗教传播等活动，说明古人从来不是坐井观天。更为直观的证据是，现存最早的中文世界地图《大明混一图》（1389），朝鲜使臣金士衡等人参考蒙元李泽民《声教广被图》和释清浚《混一疆理图》所成《混一疆理历代国都之图》（1402），早于西方百余年准确描绘了非洲好望角，而意大利传教士利玛窦所绘《山海舆地全图》（1584）已与今人的认知相差无几了。

中国文化在世界上也毫不逊色，不仅创造了以四大发明为代表的物质文明，而且铸就了以儒、释、道为主体的精神文明。根据德国雅斯贝尔斯《历史的起源与目标》所提出的轴心时代概念，古希腊苏格拉底、柏拉图、亚里士多德，以色列犹太先知，中国老子和孔子，印度释迦牟尼，各自用理性的方法、道德的方式以及终极关怀的觉醒为各自文化奠基并使之延续至今。儒家思想典型诠释了上述原则，特别是它所倡导的精英意识，成为促进社会发展与文化繁荣的重要动力。为此，儒家严格区分君子和小人，而君子的实践是理论最好的注脚，例如史上四次著名的读经运动，展现了读书人良好的道德风貌和深切的道义关怀，因为面对礼崩乐坏，先秦诸子通过百家争鸣探索方向；面对焚书坑儒，西汉经师通过复兴典籍反对暴政；面对政局紊乱，东汉党人通过品评清议捍卫正道；面对思想佛化，两宋儒生通过重建儒学承继道统，他们是民族文化当之无愧的主干和脊梁。

然而，自近代以来，随着对外军事失利，我国政治与文化日渐走上了西化之路。鸦片战争（1840）引发洋务运动（1861—1895），主张中体西用；甲午海战（1894）引发戊戌变法（1898），学习日本式君主立宪；辛亥革命（1911）后建立民国（1912），学习美国式民主共和；解放战争（1945—1949）后建立共和国（1949），初期学习俄国式社会主义，直到改革开放（1978）以后才明确提出中国特色社会主义。这段经历让我们得出了落后就会挨打的结论，其实，蒙元和满清入主中原属于野蛮征服文明，挨打并非因为落后，所以才有马克思所说的“野蛮的征服者总是被那些他们所征服的民族的较高文明所征服”（《马克思恩格斯全集》第九卷《不列颠在印度统治的未来结果》）。西方列强入侵的因果截然不同，政治军事的被动源于文化创造力的丧失，中体西用的必然失败进一步促成了对传统的全面改造，废止科举（1905）为制度的撤除，新文化运动（1915—1919）为内容的取代，五四运动（1919）为方法的重选，无产阶级文化大革命（1966—1976）为精神的毁灭，而当下科技主义神话带来了地球村的类同。换句话说，我们已经破解政治西化的魔咒，却因没有当代建构而无从遏制文化西化的势头。这恰恰是最危险的，正如闻一多先生早年所忧虑的：“我国前途之危险不独在政治、经济有被人征服之虑，且有文化被人征服之祸患。文化之征服甚于他方面之征服千百倍之，杜渐防微之责，舍我辈其谁堪任之！”（《闻一多全集·书信·一九二五年致梁实秋》）因此，继承传统而融贯中西，恢复中华文化固有的自信心和创造力，成为摆在我们面前紧迫的历史任务。

在全球化浪潮和英语强势背景下，文化创新显得尤为紧要，因为以核威慑为前提的大国争夺，归根结底是文化向心力的竞争。中华民族的伟大复兴，即是重新恢复以文化为本而引导世界的恢弘气象，文化复兴自是题中之义和显著标志。在此之中，大学作为精英聚集地，负有义不容辞的社会责任，除了知识分子应有的良知性批判以外，更应通力培育人而不是人才，因为后者只是为了适应工业时代的琐细分工所需，而前者是大写和超越的，既在人格内涵上有陈寅恪先生所说的“独立之精神，自由之思想”（《金明馆丛稿二编·清华大学王观堂先生纪念碑铭》），又在时代担当上有宋代张载“为天地立心，为生民立道，为去圣继绝学，为万世开太平”（《张载集·近思录拾遗》）的理想和信念。这或许是世界一流大学共通的宿命吧。

通往安国寺的小路林荫蔽日，完全隔绝了外面的喧哗与骚动，清凉的山风轻轻拂来，夕阳在树叶缝隙间投下斑斑点点。我手捧《资治通鉴》，坐在路旁的小木亭里，遥望西方湛蓝的长空，漫看十五个朝代的起起落落，思寻司马光圈点的诸多问题，不禁对杜甫“致君尧舜上，再使风俗淳”（《杜工部集》卷一《奉赠韦左丞丈二十二韵》）的政治理想肃然起敬。漫漫长河的狼烟渐渐消散，一群大雁往南飞，一会儿排成人字，一会儿排成一字。寺院的钟声悄然响起，我拾级而上，站在长满爬山虎的矮墙外，凝神静听诵经之声，白玉兰在院中淡然绽放，而我始终是槛内人。

第一章

秦朝：法治是柄“双刃剑”

历史的宏大叙事有时往往起于那些并不起眼的细枝末节。

周显王七年（前362），二十一岁的秦孝公继位，当时天下诸侯国林立，最强大的有六个，其中楚国和魏国与之接壤，各国都把秦国（前770—前221—前206）视作未开化的蛮夷加以鄙视，不许它参加中原的会盟。看到这种情况，秦孝公痛心疾首，决心发愤图强，并很快在次年下令求贤，表示只要能使国家强盛者，立即封官赐爵。卫国公孙鞅（商鞅）听到这个消息后，西行来到秦国，通过宠臣景监的关系，陈述了自己富国强兵的计划，秦孝公大喜过望，开始与他共商国家大事。

周显王十年（前359），商鞅准备变法改革，秦国贵族都不赞同，商鞅用典型的法家理论进行辩护，认为开创大业不能跟普通人商议，因为这些人安于旧习、墨守成规。统治者只要制定好政策法规，使国富民强，让他们分享成功的利益就可以了。秦孝公觉得很有道理，让他出任左庶长（副宰相）的要职，负责拟定新法，主要包括以下三个方面的内容：一是用连坐的方法把全国凝结成行政效率极高的准军事集体；二是所有人（包括宗亲贵戚）都按军功确定相应的等级待遇；三是通过各种奖惩手段保障和鼓励作为军事后盾的农业生产。不难看出，商鞅变法的核心在于以军事能力为目的，以严刑峻法为手段，以国家富裕为保障，这几乎给秦朝政治定下了基调。后来陆续实施的改革措施也大都成为统一天下后的基本制度，例如把都城迁往咸阳（陕西），把四散的村落合并为三十一个县，设置县令和县丞等官员；废除井田制，统一各种量器的计算单位，实行新的赋税制度。这无疑从政治、经济、军事等各个方面为强有力的中央集权做了社会总动员。

变法令颁布一年后，数以千计的人前往国都控诉新法的不便，连太子也触犯了法律。商鞅认为，新法无法顺利施行，正是上层人士带头违反的结果，太子是国君的继承人，不能施以刑罚，于是处分了他的老师公子虔，在另一个老师公孙贾的脸上刺字，以示惩戒。第二天，国人听说此事，无不小心翼翼地遵守法令。十年以后，全国一片路不拾遗、山无盗贼的太平景象，人们勇于为国作战，不敢再行私斗，乡野秩序井然。有些当初反对变法的人，此时也来称赞新法，商鞅把他们称作乱法的刁民而全部驱赶到边疆居住，从此再也没人议论法令的是非了。这两件事情清楚地说明，法家虽然强调法律面前人人平等，但又以最高的君主意志作为终极归宿，偏向前者固然很好，偏重后者则极易演变成个人专权，乃至为暴政铺设道路。

商鞅变法的效果可谓立竿见影，国内自不必说，尤其是在诸侯争霸的格局中，不仅彻底扭转了劣势，而且逐渐战无不胜，一跃而成最富实力的竞争对手。特别具有象征意义的是，周显王二十六年（前343），秦孝公被授予首席诸侯的地位，各国都来致贺，公子少官率军与他们在逢泽（河南开封）举行会议，朝见天子。也就是说，秦国仅用二十年左右的时间就彻底改变了自身的面貌和命运，并以滔滔洪水不可阻挡之势走上了一统天下的道路。后来的事情似乎反而变得相当简单，周显王二十九年（前340），魏国求和，把都城从安邑（山西夏县）东迁大梁（河南开封）。周显王三十七年（前332），苏秦领导的连横条约土崩瓦解。周慎靓王三年（前318），击败楚、赵、魏、韩、燕五国联军，次年大败韩国，杀死八万人，各国震惊，后又吞并蜀国。周赧王三年（前312），打败楚国，杀死八万人，楚怀王集中所有兵力决战，再次失败。周赧王三十七年（前278），攻占楚国都城郢（湖北江陵）。周赧王五十九年（前256），周天子联合诸侯抗秦失利而到秦国叩头领罪，进献所属三十六城和三万人口。秦庄襄王元年（前249），兼并东周，历史进入秦朝纪元。秦始皇帝二十六年（前221），灭亡齐国，最终完成了统一大业。

真理哪怕再往前一小步也可能成为谬误，在不到一个半世纪的时间里，秦国从边疆蛮夷一举翻身成为天下的主宰，巨大的胜利使最高决策层没有及时发现并纠正原有政策的先天性缺憾，以至于在夺取天下和治理天下的不同情势下，法治的优势被无限放大，反过来变成秦朝的软肋，使其一触即溃，大概这正是盛极而衰、祸福相依的道理吧。

其实，商鞅的个人遭遇已为秦朝做了一次预演，只是时人并未觉醒罢了。在他主政期间，制定的法律极为严酷，亲临渭河处决犯人时，鲜血把河流都染红了，由是招致深深的怨恨。不过，他自我感觉良好，甚至充满自信地问朋友赵良，与秦穆公时期百里奚相比，谁治国更高明？赵良直言不讳地回答，百里奚担任国相六七年，三次为晋国扶立国君，一次拯救楚国于危难之中，劳累不乘车，盛夏不撑伞，没有车马随从前呼后拥，更不舞刀弄剑咄咄逼人，辞世之时，男女老少痛哭流涕，儿童不唱歌谣，舂米之人不唱劳作的曲子，通过遵守丧礼表达哀悼之情。现在的情况正好相反，凌辱权贵，摧残民众，弄得公子虔被迫杜门不出已达八年之久，祝欢被杀，公孙贾被刺面，这些都不得人心；保卫措施做得极为严密，车马众多，随从彪悍，这是以权势压人，如同早晨的露水，来日无多；可是面对如此危险的情境而没有任何反省，依然独断专行，积蓄怨怒，一旦秦王有个三长两短，被逮捕的罪名不在少数。商鞅自然听不进这番忠告，但预言很快变成了残酷的现实，五个月后，秦孝公去世，商鞅被公子虔的门人指控谋反，遭致车裂，满门抄斩。

百里奚和商鞅无疑是秦国发展史上里程碑式的人物，一个以德服人，一个以法治人，秦国在他们治理期间成为霸主。有意思的是，百里奚感动了国人，而“春秋五霸”之一的事业和地位在秦穆公身后戛然而止；商鞅遭到广泛的反对，国家却从此蒸蒸日上，势不可当。这种对照，或许在决策者心中也被反复较量过，结果天平越来越向后者倾斜，因此，秦国上层的态度颇耐人寻味，虽然他们以极端的方式处死商鞅以发泄心中的不满，但商鞅所推行的政策不仅丝毫没有受到影响，而且被一直延续发展，直至覆亡都没有任何实质性的反思和调适。对照后代变法人亡政息的遭遇，这可以算得上是个异数，秦朝毫不掩饰的功利主义取向由此可见一斑。要不是陈胜和吴广在蕲县大泽乡（安徽宿州）振臂一呼，时间的车轮也许仍将继续沿着既定的轨道无情地碾过。

秦灭六国以后，以法家思想为指导，旨在加强中央集权（包括君主个人权势）的原有国策被复制和放大。秦始皇帝二十六年（前221），采纳李斯的意见，以郡县制取代周朝分封制，由朝廷直接任命地方官员；同时收缴销毁民间兵器，把各地豪强十二万户迁到咸阳以便控制，还统一法律制度和度量衡。当然，最引人瞩目的是把法家唯君主意志的思想贯彻到意识形态领域，给秦朝的“硬件”配上了相应的“软件”，这主要表现在以下四个方面：

（一）抬高名分。秦始皇自认为德行功业超过了华夏始祖三皇五帝，夏商周三代的君主更是不在话下，故而把称号改为皇帝，自称朕，发号施令称制书、诏书，追尊庄襄王为太上皇。这套为后世所沿用的称谓实属狂妄至极，倘若仔细推究，除了满足秦始皇的虚荣心以外，深层意蕴恐怕是把皇帝置于王之上，借此镇服先前称王的六国旧地，顺理成章地确立君臣名分，在义理上为统一奠定了基石。孔子说，名不正则言不顺，言不顺则事不成（《论语·子路》），看来秦始皇是深谙此理的。后世君主自然只能全盘照搬而无法回复到三代了，否则政权的合法性会受到质疑。

（二）杜绝评议。秦始皇认为，用谥号评定君主生前的言行，属于儿子议论父亲，臣子议论君主，有悖纲常，应予废除，自己为始皇帝，后世以序数计算，称为二世、三世，以至万世，无穷无尽地传承下去。这除了秦始皇的超级自信和美好愿望以外，更是直接否定了对帝王的盖棺定论，屏蔽了“春秋笔法”的约束性作用，使得天子的绝对权威能在制度和现实两个层面获得更大的自由空间。

（三）禁绝异端。秦始皇帝三十四年（前213），李斯提出，当前最大的社会问题是，虽已天下太平，法令统一，但儒生不好好学习现行的规章制度，只知道一味效法古代，甚至仍像战国时期那样，听到朝廷的命令就纷纷根据各自的学说妄加评判，非议当下政治，蛊惑扰乱民心，乃至煽动一些人诽谤攻击国家政令。根据法家的认识，若不禁止这种情况，势必造成君主权势下移，臣下拉帮结派的风气盛行。为此，李斯主张采取以下四项措施：一是禁止藏书，除秦国历史、医药、占卜、种植以外，民间私藏的所有书籍都应按期上交焚毁，过期不交者脸上刺字，并罚以修长城的劳役。二是禁绝议论，凡是私下谈论《诗经》和《尚书》等典籍者处死，借古非今者诛九族。三是加强管理，官员发现违法情况而不举报与之同罪。四是推广法律，只有法规条文可以学习，并由官吏担任老师。这条得到天子批准的焚书令，无疑是以暴力手段强制推行软暴力的愚民政策，目的是为了从根本上确保君主意志的唯一性和有效性，从而为控制天下提供内在保障。

（四）诛杀异己。秦始皇帝三十四年（前213），求取长生不老药的侯生和卢生在背后讥评天子暴戾后畏罪潜逃。天子无比震怒，以其毁谤今上，妖言惑众，进而逮捕审问所有儒生，因为互相告发，四百六十余人被判活埋，更多的人流放边疆。天子还大肆向全国宣扬，让世人都知道此事，以惩戒后世。通过这些条令和案例，秦朝完成了对民众从思想到行为的绝对控制，集权和专制达到了前所未有的顶峰。

从表面上看，秦始皇的上述做法取得了全面成功，事实上，意识形态具有两面性，积极引导可以更好地为政权服务，一味压制反而会激起更强烈的反抗，古人早就懂得“防民之口，甚于防川”（《国语·周语上》）的道理，在看似封锁得最严密的地方，往往可能是最脆弱之处。唐代诗人章碣《焚书坑》阐述得最明白：“竹帛烟销帝业虚，关河空锁祖龙居。坑灰未冷山东乱，刘项原来不读书。”也就是说，焚书的初衷是为了维护和稳固统治，结果却适得其反，引发全国上下一致反对，政权的根基遭到严重毁坏，连不读书的人都纷纷起来反抗，秦朝的覆灭已在必然之中。

从历史发展的逻辑来说，秦朝政治在秦始皇晚年几乎已经到了难以承受的极限，然而，继位的秦二世不是悬崖勒马，而是变本加厉，快速地把秦朝推向了崩溃的深渊。他向赵高坦言，人生在世，犹如白驹过隙，既已统治天下，就该享尽一切喜欢的事物。后者趁机献媚，这是明君能做到而昏君做不到的事情，只是沙丘（河北广宗）改遗诏夺皇位之事，位高权重的宗亲大臣有所怀疑，心中不服，恐怕会有变故发生，所以暂时还不能专心享受。秦二世询问对策，赵高献计，只要实行严厉的法律和残酷的刑罚，使有罪之人株连他人，趁势诛杀皇室重臣，提拔亲信替代他们，大家全都蒙受天子的恩德，祸害会被除掉，奸谋会被揭发，也就可以高枕无忧，纵情享乐了。秦二世觉得很有道理，于是修订律法，务求严酷苛刻，让赵高负责审讯惩处，致使十二位皇子被斩首示众，十名公主被车裂而死，受牵连遭逮捕的人更是不可胜数。

就在皇族惊恐、天下震动的时候，秦二世元年（前209）七月，陈胜、吴广首举义旗，各地百姓纷纷响应。次年起义军的声势已相当浩大，秦二世把责任全部推到丞相李斯身上，多次谴责他不能平叛；后者不知如何是好，但又贪恋爵禄，故而迎合上意，引用申不害和韩非的法家理论来阐释明君的含义，声称像尧舜那样身体力行替民众操劳，无异于把国家当作自身的桎梏，不是明智之举，也算不上是至高无上的君主。只有明察臣下的罪过，重用刑罚，独断专行，才能杜绝进谏，隔绝仁义，并且无人反抗，才能称心如意地为所欲为。秦二世对这番煽风点火十分高兴，更加严苛地动用刑法，以征收重税者为能臣，以杀人众多者为忠臣，结果路上的行人有一半是罪犯，死人的尸体在街市中堆积如山，人人惊恐，愈加盼望着发生变乱。汉高帝元年（前206），沛公刘邦率先攻入咸阳，秦王子婴投降，仅仅统治天下十五年的秦朝土崩瓦解了。

秦朝的迅猛崛起和快速败亡，引起后人的警惕和反思，有一种颇为流行的观点认为，秦朝的症结在于统一天下后没有像周朝那样实行分封，而自汉初以来，分封制仍在一定范围内长期存在，或许正是这种观念的实证。宋代司马光和明代王夫之分别从不同的角度做了深刻解析，可以为我们破疑。司马光《资治通鉴》开篇明确指出，实行分封制的周朝在法纪败坏后，逐渐走上了一条不归之路，标志性事件是周威烈王二十三年（前403）分封晋国大夫魏斯、赵籍、韩虔为诸侯。从晋国来看，这是大夫长期专权和互相兼并的直接结果；站在周天子的立场，也几乎可以算是一次常规性活动，似乎都不值得大惊小怪，但司马光认为此事非同小可，因为他从这件看似稀松平常的“小事”中看到了周朝倾覆的必然命运及其原因。通过宏观地考察西周后期以来的历史，司马光发现了一个惊人的现象，即从周幽王和周厉王时代起，天子丧失德行，周朝的气数每况愈下，法纪朝纲也随之分崩离析，诸侯相互任意征讨，大夫擅自干预朝政等事件屡见不鲜，礼教沦丧已有十之七八。在这种情况下，周朝的政权还能绵延不断地延续下来，关键在于周天子尚能守定名位。例如晋文公为周朝立了大功，向周襄王请求允许死后可以享用王室专用的隧葬，得到的批复是，周朝的制度明白无误，隧葬专属于王室，没有改朝换代而别人享有天子的权力，这是天下所共同反对的，不然的话，叔父既有权力，又有土地，想要随葬，哪里用得着请示呢？晋文公终因畏惧名分而不敢违反原有的制度。正因如此，就实际势力而言，虽然周王室控制的地方只有曹国和滕国那么大，管辖的臣民也只有郑国和莒国那么多，远远比不上晋、楚、齐、秦等实力强大的诸侯国，可是经过几百年，仍是天下的共主，大国也不敢凌驾其上，究其原因，仅仅在于周王室还保有天子的名位。互相争霸的诸侯慑于名分而不敢僭越天子，诸侯国内专擅朝政的大夫也是如此，例如鲁国季氏、齐国田常、楚国白公胜、晋国智伯等，势力都足以驱逐国君而自立，终究没有迈出这一步，不是力量不足，也不是于心不忍，而是担心以下犯上会遭到天下的讨伐。现在则不然，晋国大夫公开凌辱国君，瓜分国土，周天子非但没有派兵征讨，反而加封赐爵，使大夫升格为诸侯国君，这样一来，周天子所拥有的最后一点名分也丧失殆尽，周朝的法纪被彻底败坏了。

因此，有人提出，当时周王室已十分衰微，相反，三晋的力量非常强大，即使周天子不想承认他们，恐怕也无济于事。司马光严肃地批驳了这种似是而非的实用论观点，认为三晋的强盛不假，但他们若是打算我行我素，不顾天下的谴责而公然以武力侵犯礼义，就不会前来提请周天子的批准，而是自立为君了。这样的话，事情的性质就完全不同，没有经过周天子册封而自立为诸侯国君，属于叛逆之臣，人人得而诛之，若有像齐桓公和晋文公那样德才兼备的诸侯，必定会依据礼法进行征讨。如今周天子准许了他们的请求，晋国大夫一跃而为合法的诸侯，就再也不能以任何名义加以讨伐了。从这一点来说，不是三晋破坏了礼法，恰恰是周天子葬送了周朝的法纪，由是造成了极为严重的后果。就天下而言，礼法遭到遗弃，智慧受到推崇，武力成为标杆，诸侯的厮杀变本加厉，诡诈的游说四处盛行，这是乱世（战国）开始的标志。就周朝而言，建国之初分封的诸侯国相继消亡，权势日益集中到少数强权者手中，王室日渐式微，覆亡的迹象愈加明显，造成了谁都无法挽回的必然趋势。由此看来，分封与否并非周朝盛衰的关键；法纪则不然，这是君主统率天下的唯一法理依据，也是其最重要的职责。大概因为周朝是历史上统治时间最长的朝代，作为其独特政治架构的分封制被有意无意地放大，而法纪的作用相应地被低估了。

其实，秦朝并非心血来潮地实行郡县制，而是对这个问题有着十分深切的体会，我们不能因人废事，抹杀他们的认识。秦始皇帝二十六年（前212），丞相王绾提出，燕、齐、楚三国的故地距离咸阳过于遥远，不设王侯恐怕难以镇抚，应分封皇子。天子让大臣评议，李斯认为，周文王和周武王分封的子弟族人很多，可是他们的后代彼此疏远，相互攻击如同仇敌，周天子也无法制止。现今四海一统，只有把全国划分为郡县，对皇子和功臣重加赏赐，才便于朝廷进行控制，使天下没有二心，此为安定国家的方略。这种看法得到天子的认同，他甚至把长年无休止的战争，一概归结到诸侯身上：假设重新封侯建国，无异于自行招引兵事，培植战乱，想要获得安宁几乎是不可能的。由此可知，尽管分封制因不符合秦朝加强中央集权的一贯国策而被抛弃，但从东周的实情来看，诸侯争霸，王权旁落也是不争的事实，在这个意义上，分封制不仅没能真正起到安邦定国的作用，反而成为祸乱的重要根源，何况这种制度与礼法紧密相连，郡县制更利于施行法治，这已是不可逆转的历史潮流。

王夫之《读通鉴论》开篇比较了周秦之际以郡县制取代分封制的重大政治变革，总体而言是充分肯定，认为这是大势所趋，符合天理人心，因而实行了两千年而得到广泛认可。具体来说，分封的结果必然是世袭，久而久之，极易导致愚顽之人窃据高位，优秀分子沉沦下僚，不利于整个社会阶层的中和，难以达到“位得其人而人尽其才”的良性循环；与郡县相伴随的是选举，既可以完全解决上述弊端，又能依法治民，可谓出自天下之公心。不过，王夫之进一步指出，郡县制有自身难以克服的缺陷，只是相对于分封制而言，两害相权取其轻。也就是说，分封很难避免诸侯扰乱法纪，而选举不当则会让郡县长官残害百姓，只是前者无法可解，后者可以随时免官罢了。王夫之还深入地从天子和民众的不同角度分析利弊，历史地来看，秦汉以来，天子孤立无援，国祚均未超过夏商周三代，但人民再也不用遭受东周那样长达数百年的战乱之苦了，就这一点而言，郡县制虽致使国祚不长，对天子不利，但若从天下来考虑，则又远胜分封制。当然，秦朝设置郡县乃是出于私心，只是主观愿望和客观效果产生了错位，选举同样存在诸多弊端，祸害地方的官吏代不乏人，但这不是郡县制本身的过错。总之，没有实行分封并非秦朝的亡国之因，至少算不上主要原因。

排除了这一点，我们几乎可以肯定地说，秦朝乃是兴于法治，亡于法治。西汉贾谊《过秦论》的解剖始终堪称经典：秦国凭借一点点地盘发展到握有万乘大国的权势，控制了冀、兖、青、徐、扬、荆、豫、梁八州，与秦国地位相等的六国诸侯都来朝拜，经过了一百多年，又以天下为家，以崤山和函谷关为宫，然而，一旦来自社会底层的陈胜发难，很快宗庙被毁，天子死于他人之手，成为普天之下的笑柄，这正是不施仁义，而夺取天下和治理天下形势大不相同的缘故。贾谊暗喻的意思是，秦朝不懂得创业和守成的辩证关系，把前期获得成功的法宝当作放之四海而皆准的真理，有恃无恐地用于后期，终于从商鞅变法走向了焚书坑儒，当年攻无不克、战无不胜的利器，如今成了自毁家门的重磅炸弹。也就是说，法治若不是从仁义之心而来，就会像一匹脱缰的野马，毫无节制，最终伤人伤己。因此，秦朝在意识形态领域强化法治的四条代表性措施，除了名分上的不得已外，其他无一例外均被抛弃。当然，秦朝的失败，为汉朝寻找到儒表法里的不二法门提供了可资借鉴的铺垫和教训。

忠实践行法家思想的秦朝早已成为反面典型而受到严厉批判，这说明我们一直在反思中探寻美好的政治制度。虽然秦朝已在历史的烟云里渐行渐远，以法、术、势为核心的法治思想也已发生质的变化，但作为世界政治的核心内容之一，法治问题在现时代同样值得重视和深思。法治不健全固然令人担忧，更需要努力的是法治和民主的有效结合，尤其是民主对法治的监督，这对孪生姐妹才能在良性互动中相辅相成，相得益彰。

换句话说，不仅要依法治国，更要让法治在程序正当和实质正义等方面最大限度地体现民情民意，只有这样，才能更好地建设阳光政府、简约政府、高效政府，全面促进整个社会的和谐发展。与此同时，各级机关在依法行政的过程中还应充分估量多种具体情况，大力发挥法治的优势而避免它的短处，尽可能保护绝大多数人的利益，毕竟，法治只是手段，不是终极目的。

第二章

西汉：韬光养晦利天下

若将历史的积累无限透支，等到惊觉时，恐怕早已过犹不及，难以修复了。汉武帝改变了西汉（前202—9）初期数十年韬光养晦的国策，把国势推向顶峰的同时，也使其成为衰败的开端。

当然，任何长效政策的制定，都有其必然的时代依据，绝不是心血来潮的结果。汉初承接的是秦朝严刑酷法的弊政，矫枉必须过正，只有滑向天平的另一端，才能真正起到纠偏治乱的作用。因此，汉高帝元年（前206），攻克秦朝首都咸阳后，沛公刘邦召集各县父老和有声望之人，与他们约法三章，杀人者处死，伤人和抢劫者抵罪，其余秦朝法律通通废除。又向大家讲明起兵只是为了推翻残暴的秦朝，绝不会伤害百姓。人们十分高兴，争相带着牛羊酒食款待他们，刘邦恳切辞让，理由是仓库中的粮食还很多，不想让大家破费。人们更加高兴，唯恐他不在秦地称王。这是刘邦的第一次重大施政，既为汉朝的建立积累了丰厚的政治资本，也为汉初政治定下了基调，具有重要的方向性意义。

在治国层面上，韬光养晦是指自我克制，对内戒绝骄奢淫逸，养育百姓以安天下，对外谨防穷兵黩武，靖边安民以图发展。刘邦攻灭秦朝后的举措，表现出宽简治国和以民为本的精神，是对韬光养晦的最好诠释，汉初四朝的政治均是沿着这条线路展开。

汉高帝时代，对内休养生息，抚平秦朝暴政以及连年战争所造成的创伤。汉高帝五年（前202），平定项羽后，汉王刘邦认为，夺取天下的大业已告完成，理应让军队和百姓得到休整，故而赦免斩刑以下的所有罪犯。即位之后又推出以下三项措施：一是因躲避战乱而没有登记户籍的人返乡，恢复以前的爵位和田地住宅；二是官吏应根据法律义理教化百姓和处理纠纷，不得鞭笞侮辱军中将士；三是爵位至七大夫以上者可享用封地的赋税，其他人一概免除税收徭役。不久，天子下令正式大赦。通过与民更化，营造宽松的政治环境，为人民富足奠定了制度基础。

对外和亲为主，为国内发展赢得充分的时间。汉高帝八年（前199），匈奴冒顿单于屡次侵扰北部边境，天子十分忧虑，刘敬提出和亲的对策，主要有以下三个理由：一是从国内形势看，天下刚刚安定，将士劳困，不宜再行用兵；二是从冒顿本人看，他弑父夺位，把父亲的妃子占为己有，用暴力建立起权威，难以用仁义说服；三是从和亲效果看，若能将大公主下嫁，赠送丰厚的礼物，冒顿必定仰慕汉朝，立她为阏氏（皇后），生下儿子则是太子，每年再用汉朝多余而匈奴缺乏的东西频繁地馈赠慰问，乘机派能言善辩之士前去讲解礼节，使冒顿学会做汉朝女婿，而他的继承人是天子的外孙，自然不会与外祖父分庭抗礼。因此，只有和亲才能不经一战而让匈奴渐渐臣服，不过，要是把宗室或后宫女子假称公主，一旦他们得知，不肯尊敬亲近，终究没有用处。天子打算依计而行，无奈吕后日夜哭泣，何况鲁元公主已下嫁赵王张敖，最后只得册封庶民家的女子为大公主，远嫁匈奴，同时派刘敬前往缔结盟约。不管和亲的如意盘算是否奏效，但这种前所未有的外交策略遭到司马光和王夫之等人一致谴责，唐代诗人戎昱《咏史》最具代表性："汉家青史上，计拙是和亲。社稷依明主，安危托妇人。岂能将玉貌，便拟静胡尘。地下千年骨，谁为辅佐臣？"把和亲贬为汉代最拙劣的政策，然而，在当时国力尚弱，难与匈奴争锋的情况下，和亲尽可能争取到了无须倾全国之力以守边的相对和平环境，为积蓄力量提供了难得的时机，至少可以算是最不坏的方略。

需要指出的是，由于人性固有的弱点，韬光养晦的自我克制是件极难的事情，并非天性生成，而是后天教化的结果。陆贾时常在汉高帝面前称道《诗经》和《尚书》而遭到斥骂，因为天子觉得在马上打来的天下，哪里用得着《诗》《书》。陆贾毫不客气地反驳，在马上得天下，就可以在马上治天下吗？前代有很多正反两方面的例子，明君商汤和周武王都是逆上造反取天下，顺势怀柔守天下，文武并用，才是长治久安之策；相反，吴国夫差、晋国智伯瑶、秦始皇都是穷兵黩武而灭亡，倘若秦朝拥有天下后，效法先圣，推行仁义，又怎么会有汉朝呢？天子面带愧色，让陆贾总结前代治国成败，尤其是秦亡汉兴的道理。陆贾把国家存亡的征兆结集为

《新语》十二篇，每奏一篇，天子都称赞叫好，左右也齐呼万岁。由此可见，天子虽不学无术而善于用人，能采纳他人意见，从而为后代创立了规模宏远的制度。

汉惠帝时代几乎完全延续了先前的政策，萧规曹随就是典型例证。相国萧何去世后，曹参继任，所有法令概不变更，完全遵照前任的规定，又挑选为人质朴拘谨而不善言辞的敦厚长者为相府属官，斥退那些言谈行文严苛而追逐名声的官员，然后只顾日夜痛饮美酒。下属和宾客见他如此作为而欲劝说，可是每次见面曹参就让他们喝酒，直到大醉而归也没有开口的机会，这逐渐成为常态，有人犯些小错误更是一味包庇掩饰，相府终日无事。曹参之子曹窋担任中大夫（议论补正），天子向他埋怨相国不理政事，认为这是因自己年轻而受到轻视，让他回家时以私人身份探问，谁知曹参勃然大怒，打了儿子两百板子，呵斥他快点回宫侍候，国家大事还轮不到他置喙。次日，天子责备曹参，并告知是自己让曹窋相劝的，曹参立即脱帽谢罪，反问天子自觉圣明威武比先帝如何，答案自然是否定的；接着又问自己的才能比前任如何？答案照样是否定的。曹参认为关键就在这里，汉高帝和萧何荡平天下，修明法令，只要天子垂衣拱手，臣下谨守职责，遵循原有的法度而不随意更改，自会天下太平。天子赞同。曹参前后为相三年，民间唱歌称颂：萧何制法，整齐划一，曹参接替，守而不失，做事清净，百姓安心。

这个时期，对内依旧施行德政。例如，让人推荐孝顺父母、和睦兄长、努力耕作之人，免除他们的赋役。对外仍然奉行和亲。以宗室之女为公主，嫁给冒顿单于。当时，此人实力强大，写信给吕太后，措辞极为亵渎傲慢，吕太后大为恼怒，召集将相大臣，准备杀掉对方来使，发兵攻打。樊哙自称愿率十万军队横扫匈奴，中郎将（主管宫廷宿卫）季布认为他樊哙该杀，因为汉高帝七年（前200）平城（山西大同）之围，汉兵有三十二万，他身为上将军而不能解围，百姓的哀苦之声至今尚未断绝，受伤的士兵刚能起身，竟又妄称以十万军队横扫匈奴，这是当面撒谎，想要扰乱天下；况且匈奴好比禽兽，听到他的好话不必高兴，听到他的谩骂也不值得生气。吕太后认为有道理，于是派大谒者（主管内外传达）张释送去回信，非常谦逊地致歉，还送上两乘车和八匹马。冒顿接信后派人前来道歉，表示他不懂得中国的礼仪，感谢天子的宽恕，同时献上马匹，与汉朝和亲结好。

文景之治更是以黄老之术治国的典范，成就了一段盛世佳话，这主要表现在以下三个方面：（一）从严自我约束。帝王高高在上，真正行之有效的外在约束少之又少，自我约束因而显得尤为难能可贵。例如以往一旦出现灾异，秘祝官（主管祈祝）就会把造成过失的责任从皇帝转移到臣下身上，汉文帝废止了这种做法，认为哪怕是百官的过失，也应由天子负责，推诿过错等于彰显自己失德。听说祠官（主管祭祀）在祈福祷告中，仅让天子一人独享神灵的福荫而不与大众分享，认为这是在加重自身的过失，规定往后不再为个人祈祷。此外还通过营造良好的言论环境虚心纳谏，废除诽谤罪和妖言罪，理由是古代明君专设鼓励献计献策的旌旗，树立书写批评意见的木柱，希望以此激励臣民进谏，从而保证朝政清明。上述两种罪名只会使臣子不敢畅所欲言，天子也无从了解所犯的错误，更不可能吸引远方的贤良之士来到朝廷。

汉文帝在位二十三年（前180—前157），宫室园林、车马仪仗、服饰器具均未增加，于民不便的禁令条例通通废弃。打算修建一个露台，工匠计算出费用是一百斤黄金，这相当于十户中等人家的财产总和，天子认为住着先帝的宫室，尚且经常担忧使它蒙羞，还要露台何用？他身穿黑色粗丝衣服，宠妃慎夫人的衣裙不拖到地面，帷帐也不刺绣花纹。修建霸陵全都使用陶制器物，没有金银铜锡等装饰，利用山陵地势而不另建高大的坟堆。吴王刘濞伪称有病不来朝见，受赐几案手杖。袁盎的批评激烈尖锐，常被宽容采纳。张武收受贿赂，反被赏赐钱财以使之心中愧疚。总之，天子全力以德政教化臣民，国家安宁，百姓富裕，后世很少能做到这样。

（二）从宽对待民众。民为国本，虽然这是众所周知的道理，但真正采取实际行动为民分忧者，历史上又有几人呢？汉文帝至少在以下三个方面做出了表率：一是关心底层，命救济鳏寡孤独和穷困之人，八十岁以上每月赐给米、酒、肉若干，九十岁以上另赐絮帛，县令要亲自检查所赐之米，由县丞或县尉送上门，赐给九十岁以上老人的东西，由啬夫（乡官）和令史（县令属官）送去，地方长官应派人监督，责罚不按此办理者。二是减免赋税，通过部分或全部减免农业税，让更多的人实实在在受益。汉文帝前二年（前178）举行亲耕仪式，以提倡重视农业，当年的田租只征收原来的一半。十年后又重申，虽然屡次鼓励农业，但始终未见成效，说明官吏没有认真执行命令，反倒让人民生活困苦而不加体恤，故而把原定土地税的一半赐给农民。次年再度指出，农民辛勤劳作还要缴纳租税，这使得从事农耕本业和工商末事没有区别，说明劝勉农业的政策还不完备，应完全免除农业税。三是简化丧事，直到去世，仍在为臣民考虑，遗诏谦称没有德行，未能帮助民众，死后无须厚葬，也不赞成为服丧尽孝损害身体，更不能扰乱天下的正常生活。官民哭吊三天就脱下丧服，不禁止娶妻嫁女和饮酒吃肉，穿丧服哭祭的亲属不要赤脚，孝带不要超过三寸粗，不在车辆兵器上蒙盖丧布，不要调发人员到宫中哀哭，依礼当为者早晚十五次，礼仪完毕即停止，其他时间不要前来，棺椁入土后，“大功”之人穿丧服十五天，“小功”十四天，“缌麻”七天即可，陵寝周围的山脉河流保持原貌，不要改变，后宫嫔妃自夫人以下至少使，一概送归母家。

汉景帝基本上继承了汉文帝时代的治国理念，继位初年恢复征收一半田税，税率为三十分之一。后又规定男子二十岁为正丁，缩短了承担国家徭役和兵役的时间。还郑重申明，自己和皇后带头亲事农桑，不接受进贡并减少皇家的饮食供应以节省开支，只有人民乐于本业，天下才能安定。官吏贪求钱财，行贿受贿，侵夺百姓而让他们忍受饥寒劳苦的，各级官员若不恪守职责的，必将依法严惩。

（三）从轻施加刑罚。考虑到无罪受罚有失公允，废除把罪犯家属收为奴婢及相互连坐的律令。汉文帝前十三年（前167），齐国太仓令淳于意犯罪，当处以肉刑［黥（着墨刺面）、劓（割鼻）、刖（断足）、宫（割势）、大辟（死刑）五种刑罚］，他的小女儿缇萦上书，痛陈父亲做官廉洁公平，自己甘愿没入官府为奴代之受刑，使其父有改过自新的机会。天子怜悯她的孝心，宽赦其父，并认为肉刑残酷而不道德，不符合为民父母的本意，还会杜绝人们向善的道路，故而废止（死刑除外）。同时规定，只要不从服刑地潜逃，可以根据罪名的轻重，到一定年限即予释放。丞相张苍和御史大夫冯敬根据这个精神修订了相关条令，髡刑（剃发）改作城旦（男犯筑城）和城旦舂（女犯舂米），服刑数年后赦免；黥髡改作钳（束颈）为城旦和城旦舂；劓刑改为笞（鞭打）三百；斩左脚改作笞五百；斩右脚、杀人后自首、官吏有前科又犯笞刑者，全部改作公开斩首。这一时期，天子谦虚自守，将相多是勋旧，少文采而多质朴，君臣以亡秦弊政为鉴，处理国政以宽厚为本，耻于谈论别人的过错，这样的风气影响到全国，改变了过去互相检举攻讦的局面，官员安于其位，民众乐于其业，府库储蓄每年都有增加，人口繁衍较快，社会风俗归于笃实厚道，禁令法网宽松，对犯罪嫌疑人从宽发落，刑罚大量减少，甚至一年之内全国只审判了四百起案件，出现了停止用刑的景象。

汉景帝时代也大致如此，鉴于汉文帝时代斩左脚改为笞五百，劓刑改为笞三百，许多人被打死的情况，把鞭笞的数量各自减少两百，后又把鞭笞的数量分别再减少一百，还规定笞杖用竹子做成，长五尺，根部手握之处，竹管的直径为一寸，末梢为半寸薄的竹片，竹节要磨平，行刑时鞭打臀部，从头到尾由一人执行，受刑之人由是得以保全。不过，这样一来，死刑很重而其他刑罚很轻，人们把违法犯罪看得不重了。

对匈奴依然坚持和亲，对南越也变汉高后时的扼杀为安抚，先是修葺赵陀在真定（河北正定）的祖坟，指派专司守墓的民户，四时祭祀，罢免进攻南越的博阳侯陈濞，给身在国内的赵氏兄弟尊贵的官位和丰厚的赏赐，然后让陆贾带着天子的书信出使，赵佗谢罪称臣。

或许，世事总有两面性，任何政策在取得极大成就的同时，也孕育了朝相反方向发展的可能，就像无为之治让汉朝迅速强大起来，风向也开始悄无声息地发生着转变。东汉班固准确描述了这个过程：周秦之际的政治弊病，在于法网繁密，政令严厉，而奸邪盗贼依旧防不胜防，汉初废除繁苛的政令，让民众休养生息。汉文帝用谨慎俭朴的作风治理国家，汉景帝遵守成规而不改，五六十年间，彻底移风易俗，人民淳朴敦厚，若论盛世，周代的成康之治，汉代的文景之治，堪称表率。

详细来说，汉初承接的是秦末营造繁多而财力匮乏的疲敝社会，就连天子也无法配齐四匹同样毛色的马来拉车，有的将相只能坐牛车，平民百姓没有积蓄，汉高帝不许商人穿丝绸衣服和乘车，还加重租税，用这些办法限制他们牟利。

汉惠帝和汉高后虽然放宽了针对商人的律令，但这类人的后代仍不许担任官吏；朝廷计算官员俸禄以及官府各项费用的总额，据此向民间征收赋税，可是自天子以下的封邑都把山川、园池、市井商业税作为各自的经费来源，不再向朝廷领取；来自崤山以东的粮食经由陆路和水路转运到首都，供给各级官府使用，每年不超过数十万石。

到了汉文帝和汉景帝时代，清静无为，廉正恭俭以安养天下，至此七十多年间，国家无事，只要不发生旱涝灾害，足以人人自给，家家足用，城乡的粮仓装满了粮食，府库储满了剩余的物资，国库的钱财堆积如山，串钱的绳子都已腐朽，无法清点数目，太仓的粟米层层累积，因太满而流出仓外，只好在外面堆着，以至于腐烂而不能食用；普通人居住的大街小巷都能看到马，田野里的马匹更是成群结队，骑母马的人会受到排斥而不能参加聚会；把守里巷大门之人吃的是白米好肉，官吏可以在任期内把子孙抚养成人，有人还把官名改作姓氏，但每个人都自重自爱而不愿触犯法律，以道义为先而避免羞辱。另外，这个时期，法律宽松而国家富足，有人依仗钱财骄横不法，乃至兼并土地，豪强更是在乡间作威作福，横行霸道，享有封地的宗室贵族、公卿大夫以及其他官员，逐渐互相攀比奢侈，房屋、车辆、衣服都不顾名分和地位放肆僭越，没有限度。大概事物发展到鼎盛就会走向衰败。此后，汉武帝对内穷奢极侈，对外攻打夷狄各族，天下萧条，历代积累的财富全都耗费尽了。

汉武帝时代的内外政策发生了显著转向，对内以法治取代德治，重用酷吏就是明证。最著名的当属廷尉（主管司法刑狱）张汤，此人心怀狡诈，执法不公，但是善于揣摩上意，博取名声，汲黯骂他是刀笔吏，根本不配做公卿，要是按他的主张去做，将使整个社会陷入重足而立、侧目而视的恐惧之中。这并非耸人听闻，张汤和赵禹制定法律条文，务求繁密苛刻，尤其是为了控制在职官员，制定了知人犯罪而不举报即被判刑的“见知法”，使大家互相监视侦察，用法更加严苛。当然，这一切的根源在于天子用法制控制国家，喜欢执法严厉的官吏。这些官吏大多以残暴的手段治理地方，而底层吏民对犯法愈加不当回事，致使东部地区贼寇蜂起，大股数千人，攻打城邑，夺取兵器，释放囚徒，杀死长官；小股数百人，抢劫杀掠，难以计数，道路断绝。天子派兵围剿，株连甚广，但被打散逃亡之人往往重新聚集，占据山川险要，官府也无可奈何。朝廷为此出台了“沉命法”，规定没有及时发现或是擒获所有盗贼，主事人员一律处死。小吏惧怕治罪而不敢奏报，长官害怕牵连也不让报告，以致变乱越来越多而各地上下串通，隐瞒不报，空以虚文应付以逃避法网。

与此同时，随着国力的增强，俭朴之风被渐渐抛诸脑后。例如修筑柏梁台所造铜制承露盘，高二十丈，有七人合抱之粗，装有神仙手掌承接露水，据说用拌和玉粉可以长生不老，宫室建造由此一天比一天兴盛。相应地，角、鱼龙、曼延等杂技游戏开始兴起，世风日渐奢靡，谦虚谨慎荡然无存。另外，西域各国的使者络绎不绝，天子每次到沿海地区巡游都要带上他们，从大都市或是人口稠密的地方经过，定会准备丰厚的物品，散发财物丝帛作为赏赐以显示富有，还进行大规模的角抵游戏，演出奇戏，展示各种怪物，聚集很多人观看，每逢赏赐则大摆宴席，酒池肉林，让外宾到处参观仓库所储存的物品以展示广大富强，使之倾慕惊骇。

对外以作战取代和亲。自从元光二年（前134）马邑（山西朔州）之围后，汉朝断绝了与匈奴的和亲，拉开了双方长期交战的序幕。尽管接连取得巨大胜利，但也消耗了大量国力。元朔二年（前127），卫青击败楼烦王和白羊王，夺取了黄河以南地区，主父偃提议在此设置朔方郡（内蒙古蹬口），朝廷派苏建征发十多万民夫筑城，并修缮秦朝蒙恬所建的要塞，由于水陆运输的路程过于遥远，百姓劳苦，耗资高达数十百万，钱粮为之一空。元朔五年（前124），卫青出塞六七百里，俘获右贤王手下各部首领十余人，男女部众一万五千余人，牲畜近百万头。元朔六年（前123），卫青从塞北出击，斩杀数千人。当时，朝廷连年征调十几万人出征，人员马匹的伤亡相当严重，需要用于赏赐的黄金更是多达二十余万斤，这还不算兵器衣甲和运送粮草的费用，大司农（主管国家财政）府库枯竭，无法供应军需，故而准许民众出钱购买爵位，交钱免除禁锢和偷盗贪赃之罪，乃至设立称为武功爵的赏官，第一级为铜钱十七万枚，以上递增，共值黄金三十余万斤，这些人可以优先获得任命，做官的途径变得繁杂，官职变得混乱败坏。元狩四年（前119），霍去病出塞二千余里，穿越沙漠，擒获屯头王和韩王等三人，以及将军、相国、都尉等八十三人，其余七万零四百四十三人，在狼居胥山祭祀天神，在姑衍山祭祀地神，还登上瀚海旁边的山峰眺望。卫青和霍去病两支部队出塞时，官私马匹加起来共十四万匹，入塞返回时只剩不到三万。这些战役先后消灭对方八九万人，汉军也伤亡数万，从此匈奴迁往很远的地方，沙漠以南没有单于王庭，汉军渡过黄河，从朔方以西到令居县（甘肃永登），开通河渠，设立田官，有五六万人屯垦，进而蚕食到匈奴旧地以北，但因缺少马匹，不再大举进攻。

西域方面，元鼎二年（前115），在匈奴浑邪王旧地设置酒泉郡（甘肃），从内地迁人充实，又从中分出武威郡（甘肃），与西域的联系日益加强。天子非常喜爱大宛（乌兹别克斯坦）的汗血马，命名为天马，派出大批使者前往搜求。元封三年（前108），赵破奴率七百骑兵生擒楼兰王（新疆罗布泊），大破车师（新疆吐鲁番），乘机以兵威困迫乌孙和大宛等国，使酒泉到玉门（甘肃）都有汉朝的边防要塞。

西南方面，元光五年（前130），设置犍为郡（四川珙县），蜀郡（四川成都）的地域也大为扩展。元鼎六年（前111），剿平南越，设置南海（广东广州）、苍梧（广西梧州）、郁林（广西桂平）、合浦（广西）、交趾（越南河内）、九真（越南清化）、日南（越南广治）、珠崖（海南琼山）、儋耳（海南儋州）九郡。元封二年（前109），迫使滇王投降，设置益州郡（云南晋宁）。至此，这一带新增十七个郡，仍按当地旧有习俗治理，不收赋税，朝廷为安置官兵和平定叛乱所费甚多。

若加上元封二年（前109）征讨朝鲜，可谓四面用兵，少有停时。当然，和亲并不是最佳选择，立足于自身实力坚决抵御外族入侵，不仅是必要的，而且是正义的，只是决策者的思维惯性或者是好大喜功的常人心理使之不会就此止步，而是一步步走上了过犹不及之路。此后的数次征伐，就有炫耀武力和有恃无恐之嫌，例如元封六年（前105），任命李夫人的哥哥李广利为贰师将军，调用附属国骑兵六千及各地品行恶劣者数万人征讨大宛以获取好马。在战事进行了三年而不利的情况下，再次调遣五十余名校尉军官、正在服刑的囚徒、品性不佳的青年及边塞地区的骑兵共六万多人到敦煌（甘肃酒泉）增援，背负私人装备跟随者尚未计算在内，还有牛十万头，马三万匹，驴和骆驼数以万计，粮食兵器不计其数，举国震动。又增调十八万戍卒进驻酒泉和张掖（甘肃）以北地区，乃至把犯罪的官吏、逃亡者、入赘妇家的男子、商人、原属商人户籍者、父母或祖父母属商人户籍者共七类人全部罚为士兵，运送粮食的役夫和车辆绵延不

绝。次年攻破大宛，西域震恐，从敦煌以西直到盐泽（新疆罗布泊）处处建有亭燧，轮台（新疆巴音郭楞蒙古自治州）等地亦有汉朝的屯田兵卒。为了获得良马，也为了给宠爱的李夫人家封侯，天子竟然如此兴师动众，劳民伤财，结果自然难以圆满。天汉二年（前99），李广利进击匈奴右贤王，擒斩万余人后返回，途中遭重兵包围，汉军阵亡了十分之六七。两年后再度出塞，失利而还。征和三年（前90），李广利出战匈奴，全军覆没后投降。

汉武帝对这个问题还是有所认识的。太子刘据仁慈宽厚，温和谨慎，可天子嫌他不如自己精明强干，使卫皇后和太子常有不能自安的感觉。天子还明确告诉卫青，汉朝处于草创阶段，外族侵扰不断，若不变更制度，后世将失去准则和依据；如不出师征伐，国家就不能安定，因而不得不让人民受些苦，倘若后代也这样做，无异于重蹈秦朝灭亡的覆辙。太子稳重好静，要找以文治国的君主，没有比他更合适的了。每当太子劝阻出兵，天子总是笑着回应，由自己担当艰苦重任而把安逸留给后人，不也挺好吗？大概正因如此，才有后来深刻的体悟和改悔。征和四年（前89），天子向群臣忏悔，自即位以来，做了许多狂妄悖谬之事，使天下愁苦，后悔莫及，今后停止所有伤害民众和浪费财力之事。田千秋直言，方士所说的神仙之事，没有明显的功效，也应罢斥遣散，天子不仅同意，还经常感叹往日愚惑，受了他们的欺骗，神仙之事全是胡说八道，节制饮食服用药物，至多可以少生病而已。搜粟都尉（专掌征集军粮）桑弘羊提议在轮台屯田以威震西域，天子没有同意，并对以往的所作所为深表悔恨，认为有关部门主张增加税收，每人多交三十钱用于加强边防，这是加重老弱孤寡的负担，过去虽然迫使车师归降，但因路途遥远，粮食缺乏，数以千计的人死于途中，何况再往西，以前李广利兵败，将士或死或俘，四散逃亡，每念及此，常感悲伤，轮台屯垦之事，是使百姓困苦之举而非优待他们，不忍再听。至于大鸿胪（主管诸侯及少数民族事务）建议以封侯作为赏赐，招募囚犯刺杀匈奴单于，这是连春秋五霸都不肯做的，况且也无法施行。天子明确指出，当今的急务在于严禁官吏苛刻暴虐，废除擅自增收的赋税，全力务农，恢复为国养马而免税的政策以补充战马的损失，不使军备削弱而已。此后不再派兵出征，封田千秋为富民侯，以示与民休养生息，增添财富，又以赵过为搜粟都尉，此人精通轮耕保持地力的代田之法，在土地耕耘技术和农具制造方面有所改良，使人们用力少而收获多，感到非常便利。

班固较为客观地描述和评价了这段历史。汉武帝时代，由于担心匈奴吞并西域而与南羌结盟，所以在黄河以西设立四郡，打开玉门关，疏通前往西域的道路，以此切断匈奴的右臂，隔绝它与南羌和月氏等部落的联系，单于失去外援，不得不逃向远方，沙漠以南没有匈奴王庭。此时汉朝历经五世，特别是经过文景之治数十年的休养生息，财富有余，兵强马壮，逐渐向外发展，因而看到南方的犀牛和瑁，就设置珠崖等七郡；喜欢西南的酱和竹杖，就设置牂柯郡（贵州且兰）和越巂郡（四川西昌）；听说天马和葡萄，就远交大宛和安息（伊朗）。由是，四面八方的珍奇物品蜂拥而入，朝廷也开始大规模开辟园林，扩建宫殿，生活考究，用度奢华。建立酒池肉林以款待各国的使节宾客，又作鱼龙和角抵之类的游戏观赏玩乐，再加上贿赂馈赠，迎来送往，所耗费的军旅费用，更是不计其数，以致国库开支不足；只好实行酒、盐、铁专卖的政策，铸造白金币和鹿皮币，乃至坐车乘船和饲养六畜都要纳税，造成民力枯竭，财源用尽；接着又碰上灾荒，致使贼寇蜂起，交通断绝。朝廷为此专门派出使节，手持代表权力的斧钺，到各地惩罚诛杀，才勉强克服了困难的局面。正因如此，汉武帝末年决心放弃新疆轮台，还颁布哀痛的罪己诏，表达了悔过之意。

司马光进一步比较了汉武帝和秦始皇的异同，在他看来，汉武帝穷奢极欲、刑法繁重、横征暴敛，对内大肆兴修宫殿，对外征讨四方蛮夷；又迷惑于神仙鬼怪之说，毫无节制地外出巡游，使得国家疲敝，很多人被迫成了盗贼，这些方面与秦始皇几乎没有不同，问题在于，为何秦朝因此亡国而汉朝由此鼎盛呢？大概汉武帝尚能遵守先王之道，懂得如何治国，乐于接受忠直刚正的谏言，厌恶被人欺瞒蒙骗，喜好贤才，赏罚分明，晚年还能改正先前的过失，把继承人托付给合适的大臣，故而有导致秦朝倾覆的错误却避免了类似的灾祸。

此后，汉朝的政策无非是由汉武帝时代向文景时代调适，当然，完全恢复是不可能的，昭宣中兴时期的国政大抵如此。汉昭帝继位伊始就给缺乏种子口粮的贫苦农民发放赈贷，后又明确这些东西不必归还，并免除当年的田赋。谏大夫（专掌议论）杜延年看到汉武帝奢侈浪费和屡次兴兵而使国家陷入困难之中，多次提醒大将军霍光：连年收成不好，离乡背井之人尚未全部返回家园，应当回归汉文帝时代的治国方针，提倡节俭，为政宽和，顺从天意，取悦民心，年景也会随之好转。汉武帝末年，财力虚耗，户口减少了一半，汉昭帝减轻赋税徭役，把七岁至十四岁所应缴纳的口赋减少十分之三，在与民休息的同时，恢复与匈奴和亲，渐渐复兴了文景时代的安定繁荣局面。

汉宣帝时，解散车骑将军张安世和右将军霍禹所属的两支屯戍部队，把没有使用过的皇家池塘和禁苑借给穷人从事生产活动，不再修缮各郡国的宫室别馆，官府把公田借给返回原籍的流民，贷给种子粮食，免去他们的财产税和徭役，还免除瘟疫流行地区当年的田租赋税。针对汉武帝时代法网森严，律令苛细，司法官竞相以苛刻为贤明，执法平和往往多有后患的情况，专门设置促进司法公正的廷尉平，天子也经常参与裁决，并规定不许任用巧诈的官吏，不良风气慢慢得以扭转。

面对匈奴五单于争立的局面，汉宣帝采纳御史大夫萧望之的建议，不是兴兵讨伐，而是吊丧慰问，为之解救灾患。五凤四年（前54），匈奴单于称臣，朝廷把边塞地区的屯戍士卒减少十分之二。三年以后，呼韩邪单于朝见，天子赏赐甚厚，并帮他讨平不服从的部落，先后供给谷米三万四千斛，自此西域各国全都遵从汉朝的号令。

这些调适措施成效卓著，但从施政理念来说，儒表法里已取代黄老之术而居于主流地位了。汉宣帝父子的观念冲突最能说明问题，太子刘奭温柔敦厚，喜欢儒家经典，看到天子多用精通法令之人，以刑名之术控制臣下，特意提出不宜过分依赖刑法而应重用儒生。不料天子非常生气，并理直气壮地反驳和教导，汉朝自有一以贯之的制度，即王道和霸道兼用，哪能像周朝那样纯粹使用礼义教化呢？况且俗儒不识时务，总爱以古非今，混淆名称和实质，让人无所适从，实难委以重任。大概对这个问题有着特殊的敏感，天子不禁叹息，太子将是败坏汉朝基业之人。

司马光通过辨析王道和霸道，区分真儒和俗儒，严厉批判了汉宣帝之言。从本质上讲，王道和霸道并无不同，两者名义上的区别在于，夏商周三代鼎盛之时，无论制礼作乐还是发动战争，都由天子决定，所以称为王道；后来天子微弱，不能控制局面，实力强大的诸侯率领盟国共同征讨叛逆以尊奉王室，则称之为霸道。其实，它们都以仁义为旨归，任用贤能，奖励美善，惩罚邪恶，禁绝凶残，铲除暴乱，只不过名位上有尊卑之分，德行上有深浅之别，功业上有大小之差，政令上有广狭之异罢了，并非像黑与白、甘与苦截然相反。汉朝之所以未能恢复夏商周那样的盛世，只是因为君主没有去做，而不是先王之道无法再行于后世。儒门之中有君子，也有小人，汉宣帝所说的俗儒，当然不能让他们来治理天下，可是为何不去访求真儒而授以重任呢？例如后稷、契、皋陶、伯益、伊尹、周公、孔子等人都是大儒，即使退而求其次，汉朝的功业恐怕也不止现在这样吧？至于汉宣帝认为太子懦弱而难以自立，不懂得为政之道，因而必然败坏汉朝基业，这是合乎情理的；如今公开宣扬王道不可施行，儒者不堪使用，显然是太过分了。汉宣帝作为中兴明主，以此训示子孙，不足为后人效法。

尽管司马光极力为儒家正名，可是再也没有人真正去实践纯粹的王道理想了。历史在不可逆转之中透露出来的信息是，儒学尚且不能单独成为治国手段，韬光养晦无为而治更是遥不可及的梦想。儒表法里已然成为治理天下的不二法门，只是西汉的继任者一代不如一代，无人再有汉武帝和汉宣帝那般娴熟驾驭帝王之道的能力，西汉的宏大基业和绚烂光辉也就这样日渐黯淡下去了。

历史不容假设，我们无法确知延续文景时代的政策会有怎样的结果，只能从汉武帝的宏伟转向中透过既有的史实来考察，至少可以肯定的是，韬光养晦是处于上升阶段的高级政治智慧，具有很强的适用性，对现时代而言依然如此。

20世纪80年代末，邓小平同志把它作为中国当下的外交战略方针，这是在深刻认识中国国情和世界局势的基础上做出的英明决策，有利于抓住机遇，自我发展，毕竟我们与发达国家的差距还很大，迎头赶上需要较长时间，只有立足国内，埋头苦干，才能由弱变强，真正实现中华民族的伟大复兴。

第三章
东汉：文教兴国非虚言

国家实力分为软硬两种，政治、经济、军事等硬实力通常会受到显而易见的重视，文化、意识形态等软实力则比较容易被忽视，但若从滔滔不息的历史长河来看，一个是立国行政的基础和保障，另一个可以优化提升综合国力，彼此相辅相成，缺一不可。

东汉（25—220）自汉和帝以下皆为幼主，外戚和宦官相继专权，再加上两次党锢之祸大肆屠杀士大夫，朝政可谓混乱黑暗到了极点。然而，即使经历了黄巾起义的巨大冲击，东汉政权仍然得以延续了数十年，这正显示出文教非比寻常的作用。

早在东汉初创之时，这个问题就已受到高度重视。光武帝建武元年（25），天子即位伊始就立即寻找卓茂的下落，虽然此人已是七十多岁的高龄，仍被任命为太傅，封褒德侯，因为他宽厚仁义、谦恭友爱、恬淡坦荡、朴实无华，从未与人发生过争执，品行才干各不相同的人无不一致爱戴。他在汉哀帝和汉平帝时代担任密县（河南新密）县令，把民众当做亲生儿女，推行仁政教化；辖区内，路不拾遗，夜不闭户，升官离任时，大家流着眼泪为他送行，王莽摄政后辞官归乡。

司马光把这件事情视作光武帝取得成功的重要因素，孔子说过，推举善行，教育能力不足的人，人们就懂得互相劝勉（《论语·为政》）。正因如此，舜任用皋陶，商汤拔擢伊尹，两位品德高尚的人在位，邪恶之人只好自动离去。东汉初年，群雄逐鹿，四海沸腾，世人所推重的，只是那些冲锋陷阵和权谋善辩之人，唯独光武帝起用忠厚守法之臣，直接从社会最底层提拔为公卿，这也是他能够光复汉室而长治久安的根本原因之一。

以正统儒家思想为指导，不仅适用于常规施政，军事行动也不例外。建武二年（26），偏将军冯异接替大司徒邓禹担当征讨赤眉军的重任，临行前，天子郑重地训示，京畿地区（西汉首都长安）接连遭受王莽和更始帝之难，现在又是赤眉军横行，生灵涂炭，无处哀告。受命西征为的是率领正义之师解救人民的苦难，对于那些投诚者，只需把首领送至首都洛阳，其余的人一律遣散回家，同时摧毁所在地的一切军事设施，使他们无法再聚集起来即可。出征的目的并不一定要攻占土地，荡平城池，关键在于平息叛乱，安抚民心。将领们虽然善于战斗，但也有喜好掳掠的毛病，所以要努力管好部众，不要增加民众的痛苦。冯异谨记在心，所过之处，宣扬天子的威德信誉，许多地方相继归降。

司马光高度肯定了光武帝的仁义之言，一般来讲，世人无不期待安居

乐业，不愿烽火连天，可是对于周武王用兵，人们视为美德而极力赞颂，因为他一心只为天下的安定。这种境界说明，军事行动只是不得已而为之的手段，终极目的在于传播威望德行，使百姓安乐而已。光武帝之所以能夺取关中，正是遵照这个原则的结果，把行军打仗化作美好的事情。

上述两个事例足以证明，光武帝推重教化，并非一时心血来潮，而是把它视为施政的重要任务和基本手段。有件事情颇具隐喻意味，建武十七年（41），天子回章陵（湖北枣阳）祭祖，宗室的伯母、姑母、婶娘们借着酒兴议论：刘秀小时候谨慎守信，与人交往并不殷勤应酬，只知道柔和而已，没想到今天竟能如此。天子听后大笑，表示治国也会照样推行柔和之道。此即偃武兴文、以文教德政化成天下的意思。因此，自从平定四川以后，除非有紧急情况，不再谈论军事。太子请教用兵之道，天子认为这不是他该问的。邓禹和贾复等功臣知道天子的志向，纷纷交出兵权，潜心研究儒家经典，从而避免了许多朝代大杀开国元勋的惯性，为后代树立起良好君臣关系的榜样。

光武帝虽然戎马倥偬，但在礼乐教化方面成就斐然。例如兴建用于朝会和祭祀的明堂、观测天象的灵台、太学辟雍，重新修订典章制度，向天下公布用符命预言世事的谶纬之书。还亲临太学，召集博士互相论难，因桓荣阐述经文精义胜过其他人而予以厚赏，又让学生们一边击磬，一边唱儒家雅歌，整整一天才结束。任命桓荣为议郎（顾问应对），教导太子。册封钟兴为关内侯，教授太子和皇室宗亲《春秋》，由于他坚决辞让爵位，只好以此封赏他的老师丁恭。

明章盛世巩固并推进了上述做法。东平王刘苍等人确定了在京城南郊祭天和北郊祭地所用冠帽、车马、衣服的体式，以及祭祀光武帝所用歌乐和八佾舞的形式，建立起基本的礼乐制度。更为重要的是，汉明帝以身作则，用实际行动做出了表率。在南阳（河南）召集地方学校的师生演奏庙堂正乐。以李躬为国三老，桓荣为五更（年老致仕的耆旧），在太学举行养老之礼，仪式结束后，天子讲论经书，儒生请教疑难，在外观看聆听的官民不计其数。册封桓荣为关内侯，自始至终以门生之礼尊奉，并让三老五更终生享受二千石俸禄，赐给全国的三老（主管教化的乡官）每人一石酒和四十斤肉。

正因天子推崇儒学，上自太子和诸侯，下至功臣高官的子孙，无不学习儒家典籍。天子专为外戚樊氏、郭氏、阴氏、马氏的子弟在南宫设立学校、安排讲解五经的老师、选拔学问超群的贤才，这些学生号称“四姓小侯”。即使是期门和羽林等禁卫武官，也通晓《孝经》章句的含义，连匈奴都派出贵族子弟到汉朝学习。这样一来，上行下效，内外风俗为之一变。例如刘平治理全椒县（安徽滁州），施惠于民，有人增报资产以多纳税，有人自减年龄主动服役，监狱没有羁押的囚犯，人们各得其所。益州（四川成都）刺史朱辅把朝廷的德政传播到遥远的蛮夷之地，从汶山（四川茂汶羌族自治县）以西，前代力量所未及的白狼等百余国称臣纳贡，白狼王唐曾做诗三首，歌颂汉朝的恩德，朱辅让人翻译成汉语进献。

汉章帝东巡至东郡（河南濮阳），先向当年的老师张酺行弟子之礼，请他讲解《尚书》一篇，然后改行君臣之礼，厚加赏赐。途经任城（山东

济宁），平民郑钧以仁义著称于乡里，受赐终生享用尚书俸禄，时人称之为“白衣尚书”。在定陶（山东菏泽）举行耕藉之礼，在泰山（山东泰安）祭告，在汶上（山东济宁）明堂祭祀五帝，在曲阜（山东济宁）祭祀孔子及七十二位弟子，公开演奏黄帝、尧、舜、禹、汤、周六代古乐。天子问孔僖，如此盛大的典礼，让孔家特别荣耀吧？后者回答，明君无不尊师重道，如今皇帝屈驾降临，这是尊崇先师，发扬君主的圣德，荣耀则不敢当。天子大笑道，不是圣人的子孙，哪能说出这样的话。授以郎中（侍从官）之职。

经过自上而下的带动，学术风气变得越来越浓。建初四年（79），校书郎（校勘典籍）杨终建议，汉宣帝广召儒生，在石渠阁讨论五经，现今的学人只知道注释分析章句，破坏了经书的主旨；应当遵照前代先例，重新研究弘扬经典大义，作为后世永久的法则。于是将领、大夫、博士、郎官和儒生在白虎观集会，对经书的不同见解展开辩论，由天子最终裁决，把结果记录下来，撰成《白虎议奏》，著名儒家学者丁鸿、楼望、成封、桓郁、班固、贾逵及广平王刘羡参加了这次会议。礼制方面，曹褒以旧典为基础，加入五经和《谶记》的内容，依次编写了从皇帝到平民的笄冠、婚嫁、祭祀、丧葬、灾凶等仪式共一百五十篇。天子认为众人的意见很难统一，而典章制度需要及时确立，所以接受了这套礼仪大典，不再让有关部门评议。虽然后来因学术论争而废止，但学风严谨可见一斑。

行政方面也日渐尊重经典，例如《春秋》重“三正”而慎“三微”（夏正建寅（正月），殷正建丑（十二月），周正建子（十一月），是为三正，三正之始，万物皆微，故亦称三微），因而每年的十一月、十二月不许判决罪犯，只能在初冬十月进行。

此后的继任者虽然都是幼主，但在礼教方面还算勤勉。汉和帝到太学举行乡射礼，利用朝会之际召见儒生，让中大夫（议论补正）鲁丕、侍中（侍从应对）贾逵、尚书令（总揽事权）黄香就经书的难点相互论难，鲁丕的观点得到天子赞同，受赐礼服冠帽。他还就学术态度问题做了专门阐述，探讨经文乃是传述先师的理论，并非发表个人看法，故而不能彼此推让，否则道理难以明白，而且质疑者一定要说清根据，解答者务必讲明观点，意见分歧时，各自申说先师的理论，以便了解经籍大义，不使儒生因言辞不当而获罪，也不让精微深刻的见解有所遗漏。这从侧面反映出良好的学风。行政方面仍是依经据典，例如北匈奴前来称臣纳贡，表示愿意和亲通好，重修呼韩邪单于时代的旧约，天子因其礼数不周而没有接受，仅予重赏而不回报。

邓太后主政的汉安帝时代，征召济北王刘寿和河间王刘开五岁以上的子女四十余人、邓家亲近子孙三十余人，建立官舍，教读经籍，并亲自监督考试。她告诫堂兄河南尹邓豹和越骑校尉邓康等人，处于末世的皇亲国戚和官宦人家，穿暖衣、吃美食、乘坚车、骑良马，只因对学术毫无见识，不懂得善恶得失，往往成为灾祸败亡的开端。不仅如此，身居高位者的德行学养还会深刻影响国政。例如司徒（主管民政）刘恺提出，过去规定二千石以上的官员不得守丧三年，这无益于推行伦理教化和倡导优良风俗。尽管恢复古制后不久因宦官作梗而被重新取消，但这场争议至少说明孝道思想不是减弱而是强化了。

政策是否可行，照样依据经书。例如天子在诏书中明确宣布，各地进呈的新鲜食物，多数违反时令，或者烟熏火燎强使成熟，或者尚在萌芽即行收割，没有长出滋味就已夭折，违背了顺应天时化育万物的通理。《论语·乡党》有言，不吃不合时令的东西。今后凡供奉皇家陵园宗庙及御用食物，务必等到成熟之后再献，共减省二十三种。司徒鲁恭奏言，前代制度规定立秋开始审理轻刑案件，四年前改为孟夏四月，实乃上违天时，下伤农业，因为《月令》所说的四月判决轻刑，仅是为了使罪行轻微且已定案的犯人免遭长期囚禁而及时宣判，其他案件仍应从立秋开始。另外，汉章帝规定判案必须在十一月前结束，这使得有些官员匆忙草率地结案。清河国相叔孙光贪污被治罪，两代子孙遭到禁锢，朝廷准备依例处罚居延（内蒙古额济纳旗）都尉，太尉（主管军事）刘恺认为，根据《春秋》大义，对善行的报偿应当延及子孙，对恶行的惩处应仅限于罪犯本身，目的是引导人们向善。禁止贪官的子孙为官，让无罪之人感到恐惧，不符合先王慎用刑罚的原意。

尽管历代都不乏德行操守无比高洁之人，可是以平民身份受到同时代人高度一致的礼赞，黄宪称得上首屈一指，这也同样证明文教的无量功德及其在东汉的兴盛。此人出身贫贱，但品行学问名重一时。享有“神君”美誉的荀淑偶遇十四岁的黄宪，大感惊异，拱手为礼与之交谈，久久不肯离去，甚或称其为老师。荀淑接着去找袁阆，见面即把黄宪比作颜回。同郡的戴良富有才华而心高气傲，每次见到黄宪却十分恭敬，回家后一副若有所失的样子。母亲问他是不是从牛医的儿子那里回来，戴良回答：没见黄宪时，感觉不到有什么地方不如他；见到之后，才真正明白他的高深莫测，自愧不如。同郡陈藩和周举曾也一致认为，三个月不见黄宪，卑鄙可耻的念头就会在内心重新出现。名士郭泰在汝南游历时，拜访袁阆没有过夜就告辞了，在黄宪那里接连住了几天才走，他向别人解释，袁阆好比泉水，清澈而容易舀取；黄宪如同汪洋大海，无法使之变得清澈或是混浊，简直不可估量。黄宪最初被本郡举为孝廉，后又受到三公府征召，他前往京城后随即返回，没有接受任何官职。

南朝范晔精辟地总结了东汉的时代偶像。的确，有关黄宪的言论和见解，几乎没有留下多少痕迹，后人只知道当时节操学识俱佳的社会名流都万般敬佩，见到他则可以清除内心的不良杂念。或许，黄宪的道德达到了颜回那样至全至圣的地步，无法言说。范晔还引用曾祖父范汪的评价加以说明：黄宪立身处世温柔敦厚，就像万顷碧波一般渊广，常人难以探测其深度，更不可能道出其境界，就算与孔门贤人并列，也毫不逊色。这已是对儒生的最高礼赞，也能让我们在对照中窥测这一历史时期的精神风貌。

汉顺帝时代，重新修缮太学，共建房屋二百四十幢，一千八百五十间。尚书令黄琼提议，先前左雄制定的选举孝廉之法，只限于儒学和文吏，有所遗漏，应增加孝悌和能从政，共为四科。由是一时人才济济，涌现了李固、马融、张衡等一代名儒。施政亦如前代，例如中常侍（掌权的宦官）张逵假传圣旨伏诛，牵连甚广，大将军梁商担心冤枉无辜而奏言，按照《春秋》义理，功勋归于元帅，罪犯仅办首恶，大狱会使无罪之人受害，无助于顺应和气，治平政事，成就教化，应当尽早结案。天子同意，治罪仅限当事人犯。

汉质帝时代，让各地推荐通晓五经之人入太学，文武官员也要把儿子送去，学习期满一年后考试，根据成绩的高低授予官职。官秩为一千或六百石、“四府”（大将军、太尉、司徒、司空）的僚属、“三署”（五官署、左署、右署）的郎官、四姓外戚小侯，这些人中的明经者，只要成绩优良，能力居上，就登记在册，依次升迁。此后，前来留学的人大大增加，太学生多达三万余人。汉灵帝熹平四年（175），由儒学大师校正五经文字，议郎（顾问应对）蔡邕用古文、大篆、隶书三种字体书写，刻在石碑之上（熹平石经），立于太学门外，作为标准。每天前来观看和临摹抄写者，多达千余辆车，填满了大街小巷。

如此众多的太学生为文教的广泛铺开奠定了思想和人才基础，尽管此后汉桓帝和汉灵帝昏庸无道，优秀的官员仍比比皆是。例如雍丘（河南杞县）县令刘矩，用礼义谦让教治民众，凡是有人诉讼，他都诚恳地劝告，愤怒可以忍耐，法庭不可轻进，不妨回去重新考虑。投诉之人深受感动，往往作罢离去。又如蒲亭（河南兰考）亭长仇香，陈元的母亲控告儿子忤逆不孝。仇香告诉她，最近经过他的房舍，院落整理得干干净净，耕作也很及时，说明不是恶人，只是没有受到教育，不知道如何做而已。仇香亲自来到他家，教以伦理孝道，讲解祸福因由，陈元感动省悟，成为孝子。考城（河南兰考）县令王奂以仇香为主簿（主管文书的佐吏）时说，听说不用处罚而用教诲来改变陈元，恐怕是缺少苍鹰搏击的勇气吧？仇香回答，苍鹰搏击不如鸾凤和鸣，所以没有那样做。王奂知道他是贤人，资助其入太学，受到郭泰等名流的礼重。又如南阳郡（河南）太守王畅，痛恨皇亲国戚和豪门大户，只要遇到大姓人家犯法，就立刻摧毁房屋，砍伐树木，填平水井，铲除炉灶。功曹（长官助理）张敞指出，文翁、召信臣、卓茂等人均以温和宽厚流芳后世。

为政严苛固然可以锄奸除恶，但是难以发挥长久的效果，与其急切地用刑，不如推行恩德；与其孜孜不倦地缉拿奸恶，不如礼敬贤能，从前舜重用皋陶，邪恶之人自然远离，化育民众应靠恩德而不是严刑峻法。王畅接受了他的意见，改为崇尚宽和，使教化得以普遍推广。

又如东海国相刘宽，仁爱宽恕，即使时间再仓促，也从不疾言厉色。官民犯错，只是用蒲草做成的鞭子抽打，使之精神上感到羞辱而不增加肉体上的痛苦。每次见到地方父老，总是鼓励他们积极从事农耕，遇到年轻人则勉励他们孝顺父母，友爱兄弟，大家都很高兴地接受。

随着时间的推移，太学生渐渐成为一支左右朝政的重要力量。汉桓帝永兴元年（153），宦官赵忠在家乡安葬父亲，制作了天子和王侯才能使用的玉衣装殓死者。冀州刺史朱穆命人调查核实，地方官吏畏惧朱穆的严厉，挖开坟墓，劈开棺材，抬出尸首来检查。天子闻讯大怒，罚他到左校署（主管制作木器）做苦役。太学生刘陶等数千人在宫门前为其申辩，并表示愿受黥刑（脸上刺字）代之受过，由是才得到赦免。延熹五年（162），中常侍徐璜和左悺向皇甫规勒索财物遭拒，转而诬陷皇甫规在平定诸羌之乱时以贿赂的手段使之归降，并以没有完全肃清叛乱为由罚他到左校署服苦役。三公及太学生张凤等三百余人在宫门前诉冤，因遇大赦而得免。

太学生和在朝官员的联合使他们的影响力进一步增强，以郭泰和贾彪为首的太学生，与以李膺、陈蕃、王畅为首的文官相互褒扬标榜，朝廷内外受这股风气的影响，竞相品评时政以为时尚，朝臣害怕受到舆论的谴责非议，都争先恐后地与他们结交。党人和宦官的对决由此不可避免地拉开了序幕。延憙九年（166），方士张成推算将有大赦，故意教唆儿子杀人，司隶校尉（监察京畿地区）李膺不顾赦免令而将其处死。张成一向与宦官交好，天子也向他问询占侯，宦官乘机唆使他的弟子牢修控告李膺结交太学生，组成朋党，诽谤朝政。李膺和范滂等二百余人被捕，太尉陈蕃也因积极营救而被免官。次年虽有大赦，但党人被遣送还乡，他们的姓名被编写成册存档，终生不许出来做官。由于受牵连的都是知名人士，度辽将军皇甫规以事不关己而感到耻辱，自称阿附党人，理当连坐，可是无人过问。

第一次党锢之祸后，李膺等人虽然遭到废黜禁锢，但受到文人士大夫的礼敬，他们互相赞誉，各有美号，窦武、陈蕃、刘淑为三君（宗师），李膺、荀翌、杜密、王畅、刘祐、魏朗、赵典、朱寓为八骏（英雄俊杰），郭泰、范滂、尹勋、巴肃、宗慈、夏馥、蔡衍、羊陟为八顾（德行表率），张俭、翟超、岑晊、苑康、刘表、陈翔、孔昱、檀敷为八及（导师），度尚、张邈、王孝、刘儒、胡母班、秦周、蕃向、王章为八厨（舍财救人的义士）。后来陈蕃和窦武掌权，重新起用李膺等人，陈、窦密谋诛杀宦官失败，李膺等人再次被废黜，禁锢终生。

事情并未就此结束，汉灵帝建宁二年（169），中常侍侯览的家属为非作歹，山阳郡（山东金乡）督邮（主管督察属员）张俭抄没其家财，上奏弹劾，前者指使被后者尖刻抨击过的朱并检举，声称以张俭为首的同郡二十四人互起称号，结成朋党，危害国家。对张俭的逮捕令下达后，大长秋（皇后的首席近侍官）曹节趁机暗示有关部门拘捕李膺和范滂等人。这两人自投监狱而死，前后共有百余人罹难，他们的妻子儿女被放逐到边郡。宦官把英雄豪杰和品性方正的儒家学者一概指控为党人，致使六七百人遭到流放或囚禁。只有张俭得以逃出塞外，直到解除党禁才返回家乡。可是为保护他逃亡而被杀者有十几人，受连累者几乎遍及全国，他们的亲属也惨遭灭绝，有些郡县甚至因此残破不堪。这说明当时朝政虽然腐败，但社会风气没有败坏，精英们有着广泛的民意基础。永昌郡（云南保山）太守曹鸾为他们申辩，指出党人或是德高望重，或是英俊贤才，本应辅佐皇室，参与决策，却被长期监禁，乃至驱逐远方，这正是近来灾异频现的原因，应予赦免以符天意。天子大怒，不仅把曹鸾打死，而且让各地重新调查党人的门生故吏和父子兄弟，把他们通通免职，永不录用。这种处分还扩大到党人家族五服之内的亲属。经过第二次党锢之祸，天下士人差不多被一网打尽，东汉政权也遭到了前所未有的重创。

中平元年（184），张角领导的黄巾起义爆发，首都震动，天子害怕党人参与，只好接受北地郡（甘肃庆阳）太守皇甫嵩和中常侍吕强的建议，大赦党人，允许流放边疆者重返故乡。五年后，董卓掌权，重新审理陈蕃、窦武以及党人的案件，予以恢复爵位，祭吊坟墓，擢用子孙。事隔整整二十三年后，党人才正式得到平反，只是此时天下离心，群雄并起，东汉已处于风雨飘摇之中，大势一去不复返矣。

不过，这个过程仍然延续了三十余年，这也可以反证礼乐教化对稳固政权的巨大力量。汉献帝建安二十四年（219），魏王曹操奏请孙权为骠骑将军，授予符节，封南昌侯，领荆州牧。后者向前者称臣，劝他顺应天命，即位称帝。曹操把孙权的信拿给大家传阅时说了句意味深长的话，“这小子是要把我放在炉火上烤啊！”侍中（顾问应对）陈群等人纷纷表示，汉朝的统治早已结束，这是有目共睹的既定事实，魏王的功德有如高山巍峨，天下人都寄予厚望，孙权从远方前来称臣，正是天意在人间的反应，达到了异口同声的程度，所以应当即刻登基，没什么可犹豫的。曹操只是淡淡地说，要真是天命所归，那我就当周文王吧。

司马光对东汉的文教做了全面而精辟的解析。

事实上，教化风俗是事关国运的根本大计和紧要任务，庸人总是有意无意地遗漏，只有明智的君子经过深思熟虑才能明白其长远的益处和功效。夏商周三代以后，教化风俗之盛，没有超过东汉的，光武帝适逢汉朝中期衰落，群雄四起，天下大乱，他以一介平民的身份，奋力起兵，征伐四方，在这些戎马倥偬的日子里，仍能推崇儒家经典，以宾客之礼延聘儒门学者，大力兴办学校，修明礼乐，等到武功完成，德政工作也普遍展开了。汉明帝和汉章帝遵循先人的遗志，亲临学宫拜见掌管教化的三老，手拿经籍向他们请教，上自公卿大夫，下至郡县官吏，全部选用精通儒学品行端正之人，就连虎贲卫士都学习《孝经》，匈奴贵族子弟也进入太学。这样一来，教化建立于上，风俗形成于下，忠诚厚道而重视道德修养之人，受到高官的尊重，也为民众所仰慕；卑鄙邪恶而丧失操守之人，不为朝廷所容，还会被乡里所鄙弃。

令人遗憾的是，自汉和帝以下，外戚宦官掌握大权，奸诈小人得势妄行，赏罚失去标准，贿赂公然盛行，贤愚不分，是非颠倒，可以说是大乱了。但是东汉政权仍旧得以延续而不至于灭亡，在于上有公卿大夫袁安、杨震、李固、杜乔、陈蕃、李膺等人，不惜冒犯权贵，在朝廷上据理力争，主持公义以挽救危乱；下有平民百姓符融、郭泰、范滂、许卲之辈，利用民间舆论矫正业已败坏的社会风气。因此，尽管政治污浊，风俗却不乖张，不少人甘冒斧钺诛杀的危险，前面的人倒下了，后面的人更加忠勇激奋，紧紧相随，哪怕接连被杀，也都视死如归。这不仅仅是因为这些人忠正贤德，更是光武帝、汉明帝、汉章帝教化遗存的结果。在这种情况下，若有明君发奋振作，东汉的统治依旧不可估量，不幸的是，经历多次伤害和衰败之后，遇上了昏庸暴虐的汉桓帝和汉灵帝，保护奸佞胜过骨肉至亲，屠杀忠良超过对待仇敌，百官的愤怒积压在一起，天下的不满汇合到一处，随后何进从外地召来军队，董卓乘机夺权，袁绍等人又以此为借口向朝廷发难，使得天子流亡，宗庙荒废，王室倾覆，人民遭殃，东汉的气数已尽，谁也无力回天。然而，各地掌握军队和占据地盘之人，在你争我夺的相互吞并之中，无不以尊崇汉朝为号召，尤其是以曹操的骄蛮强横，再加上其所建立的功业，改朝换代的野心早就蓄谋已久，可是直到去世仍不敢废掉汉朝天子以取而代之，并不是没有这种欲望，只不过畏惧名义而加以克制罢了。由此看来，怎能随意轻视和忽略教化风俗呢？

其实，历代治国者无不重视教化，这是经过历史和实践检验的宝贵经验，思想政治工作更是我党的优良传统和政治优势。邓小平同志指出，在工作中心转移到经济建设以后，全党要研究如何适应新条件，加强党的思想政治工作，防止埋头经济工作，忽视思想工作的倾向。江泽民同志指出，党的思想政治工作，是经济工作和其他一切工作的生命线，是团结全党和全国各族人民实现党和国家各项任务的中心环节，是我们党和社会主义国家的重要政治优势。胡锦涛同志指出，做好思想政治工作始终是党在宣传思想领域的一项基础性工作，是宣传思想战线的基本职责。尤其是面对错综复杂的国际环境，必须学会运用自己的思想文化在世界舞台上争取更大的话语主动权，然而，就目前的情况来看，文化软实力与综合国力的极度不相称，已成为重塑大国形象的软肋，因此，只有大力发展本国文化，积极向世界推广，才能具备与英语和基督教文化分庭抗礼的能力，尽管这注定是个漫长的过程，但舍此之外别无他途。

第四章

蜀汉：布德守法修美政

初看起来，历史似乎都是由偶然性碎片构成的，然而，经历了沉淀之后，还是不难发现背后的草蛇灰线。那些始终照亮黑夜的灯光，或许正是推动历史前进的必然性动力。在三国纷争的时代，蜀汉（221—263）先主刘备从社会底层到最终割据一方，若不是依靠这些亘古不变的政治法则，又何以能做得到呢？

刘备自称西汉中山靖王刘胜之后，但这个身世一直受到怀疑，更何况当时掌握地方政权的宗室子弟大有人在，例如荆州（湖北）刘表、益州（四川成都）刘璋。而刘备出身贫寒，早年丧父，与母亲相依为命，以贩履织席为业，称得上是穷困潦倒，若不是后来声名鹊起，恐怕皇室宗亲的身份只是自说自话。也就是说，刘备并没有先天的政治资本，虽然通过参加剿灭黄巾起义开始登上历史舞台，但当时功勋名望远在他之上的人多得

数不胜数，而且他似乎并不善于用兵，经常打败仗，长期只能在诸侯争霸的夹缝中不时依附强者。可以说，在汉献帝建安十三年（208）赤壁之战以前，刘备势单力薄，几乎快到没有立锥之地的边缘，然而即便如此，建安四年（199）曹操和刘备青梅煮酒论英雄时，刘备仍然称“今天下英雄，唯使君与操耳”，袁绍之流是不能算数的。这固然是在试探刘备，但以曹操当时的身份和功业，泛泛之辈恐怕确实难入他的法眼，能被试探并受到如此推重，或多或少能说明问题。

那么，刘备到底凭什么让曹操及世人对他另眼相看呢？建安十六年（211），刘璋派法正到荆州迎接刘备入川以讨伐汉中（陕西）张鲁，法正和庞统力主趁机夺取益州作为资本以成就大业，刘备说了番推心置腹的话，现今只跟曹操势同水火，此人严厉、凶暴、诡诈，自己则宽厚、仁慈、忠信，只有跟他背道而驰，事情才能成功，要是贪图小利而失去信义，恐怕得不偿失。这确实是刘备的秘密武器和政治底线。不过，庞统另有一套见解：天下大乱，本来就不是靠一种方法可以平定的，兼并弱小，进攻愚昧，用不合礼义的方法取得，再用合乎礼义的方法加以治理，也是古人所崇尚的。只要事成之后给刘璋广阔的封地，就不算违背信义，今若不取，终必落入他人之手。刘备这才同意。这份总结比照曹操而作的自我总结虽然简单，但是一语中的，切中要害，换句话说，刘备的政治基础和优势均在于仁德而非其他。

刘备广布仁德，即使在危难关头，也不例外。建安十三年（208），刘琮投降曹操，过后很久才告知刘备，此时曹军已逼近。在此生死存亡的危急时刻，有人主张进攻刘琮夺取荆州，刘备否决了这个建议，理由是刘表临死之前以儿子相托，不能只顾私利而背信弃义，否则将来有何脸面相见于九泉之下呢？于是率部撤离。谁知民众纷纷跟随，到达当阳（湖北宜昌）时已达十多万人，使得行军速度极慢。又有人提议，如今人数虽多，但真正有战斗力的士兵很少，倘若曹军追到，无法抵挡，所以应当率部火速前进，保守江陵（现属湖北荆州），不然的话，会被百姓拖累。刘备指出，凡欲成就大业者，必以人民为本，他们前来归附，怎能忍心丢下不管呢？

东晋习凿齿深情赞颂了这种处于道德制高点的言行，虽然处在颠沛流离和危险艰难之中，刘备坚守信义没有丝毫动摇；尽管形势极为不利，乃至事态万分紧急，仍然处处都不违背道德。因为追念刘表昔日的恩情，三军无不为之感动，眷恋追随的百姓，也都心甘情愿与之患难与共。刘备之所以能建功立业，有道德力量的必然性，绝不是偶然性所致。

在执政过程中，刘备更是着力推行仁政。建安十九年（214）占领益州后，有人建议把成都的肥田沃土和住宅分给将领，赵云坚决反对，主要有两点理由：一是从内部来说，西汉霍去病认为匈奴尚未消灭，不应考虑成家，今世国贼远非匈奴可比，更不能贪图享乐。二是从外部来说，益州民众刚刚遭受兵灾战祸，田地住宅理应归还原来的主人，使之恢复生产，安居乐业，然后才能征发兵役、收取租税而获得他们的好感，不应夺取他们的财物来宠爱自己的将领。

刘备赞许他的见解。由于仁义著于四海，有志之士无不争相努力尽职，益州人民也非常和睦。

刘备以仁德著称，诸葛亮则以守法见长，两人如鱼得水，配合得天衣无缝，成为明君贤相的典范。诸葛亮在治理蜀地初期就因时因地推行法治，但蜀人很不习惯，颇有怨恨之声。刘备手下第一谋士法正就此提出：从历史经验来看，汉高祖进入关中（陕西），约法三章而已，秦朝百姓感恩戴德，现今新得益州，没有布恩抚慰，反而用法从严；从主客关系来看，外来者也应降低姿态，所以最好放宽刑法，顺从当地人的意愿。诸葛亮以清晰的治国思路回应了这种颇具代表性的论调，秦朝暴虐无道，民怨四起，故而一介草民振臂一呼，天下顷刻土崩瓦解。在这种情况下，汉高祖可以通过宽简的政策获得成功。现在的情形正好相反，此前刘焉和刘璋父子只知道滥施恩惠，结果官员专权而为所欲为，上下关系全靠典章礼仪维系，名位不被看重，刑罚没有威信，德政无法实行，君臣之道遭到严重破坏，这正是蜀地政治败坏的主要原因。为此，只有树立法令的威严，区分官员的地位，人们才会感受到上面的恩德，珍惜爵位的荣耀，上下之间才能规矩合度，这才是符合实际的治国之道。

不过，诸葛亮并非法家式的严刑峻法，而是恩威并用，坚守原则，有两件事情最为典型：一是大义释孟获，以德服人。魏文帝黄初六年（225），孟获在南中叛乱，因为他深得当地人心，所以诸葛亮七次生擒他，又七次放回，最后孟获不仅主动留下来，而且表示永不反叛。二是挥泪斩马谡，守法如山。魏明帝太和二年（228），诸葛亮出兵祁山（甘肃礼县），先锋马谡驻守街亭（甘肃秦安），擅自违背指挥调度，放弃水源和山下的城邑而上山驻扎，为魏将张郃所败，蜀军前后失据，只得退回汉中。处斩马谡后，诸葛亮亲自吊丧，为之痛哭流涕，并善待其家属。蒋琬提出疑问，春秋时期晋楚城濮之战后，楚国令尹子玉自尽，晋文公喜形于色，时下国家动荡不安，杀了智谋之士，不是很可惜吗？诸葛亮流着眼泪回答，孙武之所以能取胜，关键在于用法严明；晋悼公的弟弟杨干（或作扬干）犯法，魏绛杀了给他驾车的人。方今天下分裂，战争刚刚开始，若是废弃军法，又怎能讨伐敌人呢？

赵云在这次战役中也败于箕谷，只是损失不大，尚有不少军需物资和剩余绢帛，诸葛亮让他分给将士。赵云认为，军事上没有取胜则不应赏赐，而应把这些东西存入府库，用作冬季的犒劳品。诸葛亮非常赞同，并在总结经验教训的过程中，对有功之臣微小的功劳也不遗漏，同时引咎自责，公开宣布自己的过失。一时士气大振，大家很快都忘记兵败之事。

魏明帝青龙二年（234），诸葛亮病逝，丞相长史（首席助理）张裔简明扼要地总结了他的治国理念，即行赏不遗忘疏远的人，处罚不宽恕亲近的人，封爵不许无功而得，刑责不因权贵而免，这就是贤者和常人都能忘身报国的原因所在。

西晋陈寿具体分析了诸葛亮的法治准则，即建立公正的制度并安抚百姓，严格执法以限制官员的职权，开诚布公，坦白无私，对于勤于王事和尽忠报国之人，即使仇人也必加重赏；对于玩忽职守和违法乱纪之人，即使亲属也必定处分；对于真心诚意悔过自新之人，罪行较重也给予释放；对于花言巧语企图掩饰之人，罪行较轻也要诛杀；再小的善行也予以表彰，再小的恶行也施行贬责。由于本着名实相符的原则，厌恶虚伪狡诈，再加上精熟各种事物，能从源头上进行梳理，故而蜀国上下对他怀着敬畏爱戴之情。刑法虽然严苛，但是没有怨恨，因为他是出于公心，而且赏罚分明。可以说，诸葛亮是懂得治国正道的卓越人才，完全能与齐国管仲和汉代萧何相等贤相并驾齐驱。

诸葛亮逝世后的两件事情颇能说明问题。长水校尉廖立自认为才气名声适合担任丞相副手，未能如愿而抱怨诽谤，被免为平民，放逐到汶山（四川茂汶），得到消息后痛哭不止。中都护李严（后名李平）在诸葛亮出兵祁山时为掩盖督运粮草不力之过，编造谎言迫使北伐中止，还恶人先告状，诬陷诸葛亮，被废为庶人，得知消息后发病而死。他一直希望诸葛亮能重新起用自己以弥补过失，但也知道以后的当权者绝不可能这样做。

东晋著名史学家习凿齿更为深入地探究了诸葛亮的法治精神。他说，春秋时期齐国伯氏因任用奸佞管理封邑而弄得民怨沸腾，被相国管仲收归国有，虽然后来只能吃粗粮度日，但终生没有怨言，就连孔子也觉得是件难以办到的事情。诸葛亮去世后，受过处罚的廖立为之哭泣，李严更是因而亡故，又岂止是没有怨言而已。世间大概水面最为平正，倾斜的物体都会以此为基准；镜子最为明亮，丑陋之人也不会因此发怒，之所以能使万物原形毕露而不招致怨恨，原因就在于无私二字，水面和镜子以无私而免遭诽谤，假设居上位者心怀怜惜众生的爱心，广布体恤宽恕的恩德，刑法只在不得已时才使用，并且执法公允适度，不以个人意志进行诛杀，还有谁不心服口服呢?

若是蜀汉君臣能坚持刘备和诸葛亮的为政方针，逐鹿中原或许还有希望，但事实正好相反，随着开国重臣相继谢世，朝政日渐紊乱，每况愈下，最显著的表现莫过于后主刘禅非但不推行德政，反倒亲小人而远贤臣，上下逐渐离心离德。尤其是宦官黄皓，此人花言巧语，逢迎献媚，深得宠爱。尚书令（总揽事权）董允正直无私，忠心耿耿，多次直言进谏，对上规劝刘禅，对下指责黄皓。刘禅对董允十分敬畏，黄皓也不敢胡作非为。董允辞世后，陈祗被提拔为侍中（顾问应对），此人表面端正威严，实则工于心计，与黄皓内外勾结，不仅使刘禅对董允的怨恨日益加深，而且让黄皓得以参与政事，升迁至中常侍（掌权的宦官），操弄权柄，最终断送了国家。魏元帝景元三年（262），姜维奏报，钟会在关中整治军队，图谋进攻，应派左右车骑将军张翼和廖化分守阳安（陕西宁强）关口和阴平郡（甘肃文县）桥头，以防患于未然。黄皓相信鬼神巫术，认为敌人不会自己找上门来，竟让刘禅绝口不提此事，以致群臣无人知晓，亡国也尽在情理之中了。

刘禅的失德还表现在不勤于政事，而经常外出玩乐，增加乐工歌妓的数量。作风随之败坏，国政也可想而知了。太子家令（东宫总管）谯周用光武帝的事例激切劝谏。当年王莽失败之时，天下豪杰群起争夺帝位，促使才智之士归附的，未必是势力的大小，更主要的是仁德的厚薄。虽然刘玄和公孙述的势力一度比较强大，但他们尽情享乐纵欲无度，不愿为人民多做善事，终至败亡。光武帝初到河北，冯异等人劝他多做别人所不能做的事情，于是他尽心治理冤狱，崇尚节俭，北部州县到处为之歌功颂德，名声很快传遍了四方。正因如此，邓禹从南阳赶来追随，素不相识的吴汉和寇恂发兵相助，其他如邳彤、耿纯、刘植诸人无不仰慕他的德行。至于抱病登车，或者背着孩子来投奔的人更是不计其数，所以他能由弱变强，最终成就了帝业。他想出宫游玩，铫期劝阻，随即就驱车赶回了；而颍川（河南禹州）贼寇作乱，寇恂请他亲临前线，二话没说就动身出发了。也就是说，平时想出去随便走走都不敢，遇到紧急公务则身先士卒，帝王想要多做善事就是这样。正如古人所言，人们不会平白无故地拥护某人，唯有把仁德放在首位，才能获得广泛的拥戴。而今汉朝正遭受厄运，国家分裂，鼎足为三，仁人志士无不盼望明君来实现统一，只有像先帝那样，才符合大家的期望。可是皇帝有时并不主持宗庙祭祀，而是时常到池塘园林玩赏，让人感到忧虑不安，因为肩负社稷重任之人是没有闲暇享乐的，何况先帝的遗愿尚未实现。应当减省乐官和后宫的人数，凡是需要增加的东西也只能遵照先帝所设的规模办理，为子孙树立节俭的榜样。可惜的是，无论是用光武帝来激励，还是对他本人进行指责，刘禅一概听不进去。

相对于刘备，刘禅可谓无德；相对于诸葛亮，继任的蒋琬和费祎可谓气度相类而才干不如。督农杨敏诋毁蒋琬办事糊涂，不如前任，主事官员准备惩治，蒋琬却大方地承认这是事实，不用追究。后来杨敏犯事入狱，蒋琬不抱成见，使其免治重罪。费祎谦逊朴素，功绩名望与蒋琬大致相当。然而，在治国方面，他俩无疑逊色不少。

有件事情颇能说明问题。魏邵陵厉公正始七年（246），蜀汉大赦。大司农孟光当众责备大将军、录尚书事（实有相权）费祎，大赦是偏颇的政策，坏人得到分外的恩典，好人没有任何实惠，如同树木一半茂盛而另一半枯槁，不适合在太平时期实施，只有社会极端衰微，万不得已时，才能姑且变通偶尔为之，现在朝野安定，官吏尽责，没有迫在眉睫的危急情况需要多次使用这类不平常的手段，为何要给那些为非作歹的奸恶之徒额外的恩宠呢？相反，诸葛亮当丞相时，有人批评他不肯大赦，诸葛亮明确指出，为政的根本在于德政而不是小恩小惠，从历史经验来看，汉代匡衡和吴汉都不愿大赦；从现实情况来看，先帝说过，他常听陈元方和郑玄两位大儒讲述治国之道，可是没有一次提到大赦，反面的例子是，刘表和刘琮父子每年大赦，还是无法避免亡国的命运。因此，蜀人称赞诸葛亮贤明，认为费祎远远比不上。

陈寿十分赞赏诸葛亮的治国理念，认为他在执政期间多次发兵征战，面对如此重大的事情而从不轻易下达赦免令，确实富有远见卓识，也是取得成功的重要原因之一。

此后的辅政者又与蒋琬和费祎相去甚远，蜀汉政治更是江河日下，越发不可收拾。魏元帝景元二年（261），刘禅任命董厥为辅国大将军，诸葛瞻为都护和卫将军，共同管理朝政，当时黄皓掌权，他俩根本不能纠正朝廷的过失，其他官员更是只知道依附。东吴五官中郎将薛珝前来访问后向孙休汇报，蜀汉君主昏乱暗弱而不自知，朝臣只求免责不思进取，朝堂上听不到忠正之言，所经之处百姓面有饥色，就像燕雀处于堂屋之上，母子互相戏乐，以为找到了最安全的地方，谁知烟囱破裂，房梁很快就要被焚毁，燕雀却依然怡然自得而不知大祸将至，讲的就是他们目前的情况。

其实，远不止薛珝一人看透了蜀汉的形势和结局，只是这样的智者都是旁观者，而非本国足以力挽狂澜的人物，因此，当曹魏邓艾率领人数不多的疲惫之师逼近成都时，投降派立刻占了上风，转瞬之间就亡国了。魏元帝景元四年（263），曹魏对蜀汉用兵，大多数人认为，司马氏掌握曹魏大权以来，国内屡次出现大乱，民众尚未完全归服，在此背景下劳师远征，必然难以取胜。东吴张悌完全不赞同这种看法，理由是双方的力量对比已相当悬殊，就曹魏而言，尽管曹操功盖中原，但人们对他只是畏惧威严而非感念恩德，曹丕和曹睿继位后，刑罚苛刻，劳役沉重，百姓东奔西走，没有片刻安宁。司马懿父子累世立有大功，又废除繁苛的法令，实行有利于民的政策，解救人民的困苦，再加上任用贤能，使人各尽其才，所以人心归顺，根基牢固，奸计也就得以实现了。正因如此，王凌、毌丘俭、诸葛诞先后在淮南反叛，而腹心之地丝毫不受影响，甚至高贵乡公曹髦被杀，四方也没有出现变乱。反观蜀汉，在内宦官专擅朝政，没有合乎民心的措施；对外穷兵黩武，一心争夺外部利益而不是从内部加强防务，使得国家疲敝。何况魏人的智谋还胜过蜀人，曹魏乘蜀汉危难之时攻伐，大概会战无不胜，而曹魏得志，正是东吴的忧患。吴人起初都取笑他的这番分析，得到验证后才信服。张悌以局外人的身份比较了曹魏和蜀汉的国政，算得上客观公正，由此可知，蜀汉的失败，表面是军事原因，实际是政治原因，即继任者未能坚守布德守法的治国精神，内部首先不攻自破，覆亡只是时间问题。

历史上关于曹魏和蜀汉的正统之争一直没有停息。朱熹《资治通鉴纲目》和罗贯中《三国演义》是力推蜀汉为正统的代表。不过，对后人而言，更重要的是继承古代政治的精粹，更好地为现时服务。《尚书·蔡仲之命》称“皇天无亲，唯德是辅”，在传统的理想国里，天下应是有德者居之，为政的最高境界是德治。正是在这个意义上，尧舜禅让虽是不具有普遍意义的“孤证”，但仍受到儒家的至高推崇，原因在于这种形式排除了武力和智力，为德政和德治铺平了道路。古人常说，贤者居上，能者居中，工者居下，智者居侧，这个近乎完美的权力结构形态或许也包含了这层意思。另外，法治代表公平正义，自秦朝以来，“王子犯法与庶民同罪”已成为全社会的共识，守法如山奠定了施政合法性的法理和道德基础。总之，德治和法治的结合，既可以避免德治演变成伪善，也可以避免法治演变成苛政，若是从这个角度来理解儒表法里，则可以清晰地看到它并非只是口号和手段，而是古人政治智慧的重要体现。

虽然德治和法治的具体内容在不同的时代不尽相同，但是德治以法治为依托，法治以德治为旨归，两者相辅相成、互相促进是无疑的。党和国家同样高度重视这些问题，不仅赋予它们全新的内涵，而且将其提升到治国方略的高度。1997年，依法治国的基本方针被写入党的十五大报告。1999年，“依法治国，建设社会主义法治国家”被载入宪法。2001年，江泽民同志在全国宣传部长会议上指出：我们在建设有中国特色社会主义，发展社会主义市场经济的过程中，要坚持不懈地加强社会主义法制建设，依法治国，同时也要坚持不懈地加强社会主义道德建设，以德治国。这说明对两者的认识已在理论和制度上取得了重大突破，为国家的长远发展打下了坚实的基础。

第五章
西晋：攘外务必先安内

几乎可以肯定地说，居上位者的眼光和智慧在很大程度上决定了国家能否长治久安。跳出历史之外，当然看得很清楚，身在其中时，恐怕未必尽然了。西晋（265—280—316）结束了汉末至三国数十年的混乱纷争，本是实现天下大治的极好时机，可是建国仅五十二年，统一仅三十七年就迅速亡于异族。归根结底，若是晋武帝采取正确的治国之策，深根固本，又何至于此呢？

晋武帝的短视，并非要在历史视野中审视才能看清，而是时人即已知晓。晋怀帝永嘉三年（309），总揽大权的太傅司马越怀疑朝臣对自己怀有异心，逮捕并杀害了尚书何绥等十余人。早在多年以前，何绥的祖父何曾参加完晋武帝的宴会后对家人说，每次见到皇帝，总是谈论一些日常琐事，从未听到过有关治国的长远打算，子孙后代十分危险，儿子辈还能幸免，孙子辈必定遭遇国难。虽有这样的预见，但他照旧生活奢侈，每顿饭耗费万钱，仍说没有下筷子的地方，儿孙更是有过之而无不及。何绥给人写信，用词无比傲慢，名士王尼看到后，断言他难以免祸。果不其然，到永嘉末年，何家已经无人留存在世了。

在司马光看来，何曾的生活剪影折射出晋武帝君臣的严重错误。从表面上看，何曾知道晋武帝苟且懒惰，只顾眼前利益，不去考虑长治久安之策，从而预知天下将要发生变乱，子孙必会卷入其中，简直可以算是先知先觉了。然而，面对这样的情况，何曾不是低调谦逊以避祸，而是照样奢侈无度，使得子孙不仅效仿，而且加以放大，终因骄奢而亡族，又似乎过于后知后觉了。更为重要的是，身为宰相，明知天子有过错而不予忠告，却在家里私下议论，属于严重的不忠行为，自然不可能起到未雨绸缪，挽救危亡的作用。开国君臣如此作为，西晋注定命运多舛。

晋武帝施政的种种弊端，还可以从其他大臣的言行中得到印证。例如青州刺史胡威提出刑罚过于宽松，天子自认为对尚书郎以下的官吏毫不宽容，而胡威主张只有对高级官员也如此，才能推进教化，彰明法度。事实上，正是在朝大员的放纵带来了极为恶劣的影响。最有名的当属后将军王恺和侍中（实有相权）石崇的奢侈比赛，谁胜出谁就受尊重，前者用糖膏刷锅，后者就用蜜蜡当柴烧；前者用紫色的蚕丝做成四十里长的屏障，后者就用锦缎铺展五十里；后者用花椒粉和泥涂墙，前者就用赤色的石蜡涂墙。王恺是外戚，常常得到天子的帮助，获赐过一株两尺多高的珊瑚树，石崇看后就用铁如意将其击碎了。王恺生气地认为这是嫉妒的表现，石崇淡定地把家里的珊瑚树全拿出来，三四尺高的有六七株，类似于刚刚被毁的还有很多，王恺惘然失意，不知所措。车骑司马傅咸猛力抨击这种风气，古时候人多地少而常有积蓄，是因为崇尚俭朴，对吃肉和穿丝织品有严格的规定；现今地多人少而物品不足，是因为竞相奢靡，所造成的浪费比天灾还要厉害，故而有必要整治穷奢极欲的习气，提倡节俭，否则相互攀比，永无止境。

可惜的是，晋武帝不仅无所作为，反而推波助澜，吏治别说焕然一新，甚至还不如前代。针对如何改进政务的问题，司徒左长史（首席助理）傅咸指出，国家和人民都不富裕的根源在于官吏泛滥，都督和监军从四人增加到十人，刺史翻了一番，户口只有汉代的十分之一，郡县的数量却大大超过以前，在政府系统之外，虚设的将帅幕府动辄上百个，诸侯还有大批属员，所有的俸禄都出自百姓。因此，当前最紧迫的事情，莫过于合并官署，停止劳役，从上到下致力于农业。这组数据真实地反映出西晋头重脚轻的政治状况，社会风气自然也没有得到根本好转。散骑常侍（侍从顾问）刘寔看到趋炎附势之风盛行，很少有人清廉自守，便写了《崇让论》作为对策，建议把官职授予善于举荐贤能的谦让之人，因为从人的本性来说，往往容易诋毁胜过自己的人；只有提倡谦让，贤人才能真正显现。这份提案的美好愿望是希望扭转不良的时代风尚，但从客观情形来看，势必难以产生实际效果。

这种局面的形成，与晋武帝本人有莫大的关系，这位开国之君一直沉溺于欲望之中不能自拔，所谓上梁不正下梁歪，政治清明又怎么可能实现呢？这主要表现在以下两个方面：一是贪图美色，先是挑选公卿以下人家的女子补充六宫，隐匿不报者以不敬论，在此期间不许民间嫁娶。接着让低级将吏及清白人家的五千女子候选，母女的哭号声响彻宫中，传到了外面。平定东吴的次年，又把孙皓的五千宫女纳入后宫。由于嫔妃的数量创纪录地将近万人，天子经常乘着羊车任意行走，在自动停下的地方宴饮就寝。宫人争先恐后地把竹叶插在门上，用盐水洒地，诱使羊车停在自己门前。由于大部分时间都花在享乐上，处理政事日渐懈怠，皇后杨芷的父亲杨骏及其弟杨珧和杨济掌权，许多旧臣被疏远。吏部尚书山涛多次劝谏，天子心虽知之而不能行之。二是大肆捞钱，天子富有四海尚且如此，官场作风也就可想而知了。但天子似乎不以为然，还颇为自得地问司隶校尉（监察京畿地区）刘毅，自己可与哪个汉代帝王相比，得到的答案是汉桓帝和汉灵帝，只是他俩卖官的钱都进了官府仓库，而皇帝你将钱装进了个人口袋，单凭这一点，恐怕还不如两位昏君。天子用优容的方式替自己解围，宣称那时是听不到这种话的，现有如此正直的臣子，已经远远胜过了。

然而，最为重要的是，晋武帝在以下三件事情上的错误决断，给西晋埋下了注定覆亡的祸根。

（一）选立白痴太子和巧诈太子妃。尽管帝制时代的礼法规定是嫡长子继承制，但这仅是通常情况下的原则性要求，并非没有其他选项，前代破例之事亦不少见，毕竟国家才是第一位的，而从历代的实践来看，明知弱智而不改立，可谓绝无仅有。究其原因，天子是知情的，只是给身边的利益集团绑架了，因为他早已察觉太子不聪明，也担心这样无法继承大

业，可是皇后杨艳坚持认为，《春秋公羊传》明白无误地规定“立嫡以长不以贤”，不应随意改变传统规则。更为糟糕的是，在选择太子妃的问题上，天子再次被绑架。尚书令（总揽事权）贾充和侍中任恺各自结党倾轧，为了巩固地位，前者通过杨皇后劝说天子放弃卫瓘之女而选立他的女儿为太子妃。天子认为卫女有五可而贾女有五不可，卫氏种族优秀，儿子众多，容貌姣好，身材修长，皮肤洁白；贾氏向来嫉妒，子女不多，容貌丑陋，身材矮小，皮肤黝黑。尽管如此，最终还是迎娶了生性妒忌而机巧狡诈的贾南风。

这两个人作为未来的接班人组合在一起，结果自然不难预料，何况贾南风的权力欲从来表现得非常露骨。为了考察太子，晋武帝临时设宴召集所有东宫官员，同时把尚书决定不下来的事情密封起来交给太子决断，贾南风得到消息后无比恐惧，找人代拟作答，引用了很多古义，给使张泓提醒，天子素来知道太子不甚好学，答题征引过多古义，必会引起对起草人的怀疑责问，反而增加太子的不足和过错，不如直截了当作答。贾南风觉得很有道理，立即让张泓准备草稿，太子亲笔抄录下来，天子看后果然十分满意。不过，这种自欺欺人式的满意迟早会现出原形，晋惠帝继位后的乱政就是最好的注脚。晋惠帝在华林园听到蛤蟆的叫声，就问这是为公事叫呢，还是为私事叫？听说不少人因灾荒而没有饭吃，反问为何不吃肉粥呢？正因如此，国家权力掌握在小人手中，政出多门，权贵互相推举，类似于市场交易，外戚贾、郭两家更是肆意妄为，官场贿赂成风，正如鲁褒《钱神论》所激愤批判的那样。在这股拜金之风的带动下，政治腐败，官员贪婪，风俗淫靡，政权根基遭到前所未有的破坏，这正是当时的真实写照。

（二）委派宗室掌握地方军政大权。对于分封制的实施，经过汉代初期的反复，本来已在汉武帝时代找到了较好的解决办法，可是晋武帝仍反其道而行之，因为他总结曹魏覆灭的根本原因在于禁锢宗亲，致使朝廷孤立无援，所以大封皇族，赋予他们实权，最后自取其祸。泰始元年（265），以叔祖司马孚为安平王，叔父司马榦为平原王，司马亮为扶风王，司马伷为东莞王，司马骏为汝阴王，司马肜为梁王，司马伦为琅琊王，弟弟司马攸为齐王，司马鉴为乐安王，司马机为燕王，子侄司马望等十七人也被封王，这些人还可以自行选择封国官吏。像这样大型的册封远不止一次，简直快成国家常典了。太康十年（289），除汝南王司马亮仍旧都督豫州军事外，迁南阳王司马柬为秦王，都督关中军事；始平王司马玮为楚王，都督荆州军事；濮阳王司马允为淮南王，都督扬州和江州军事，均持节就任封国。又立皇子司马乂为长沙王，司马颖为成都王，司马晏为吴王，司马炽为豫章王，司马演为代王，皇孙司马遹为广陵王，淮南王之子司马迪为汉王，楚王之子司马仪为毗陵王，迁扶风王司马畅（司马骏之子）为顺阳王，其弟司马歆为新野公，以琅琊王司马觐（司马伷之子）之弟司马澹为东武公，司马繇为东安公。

最具实质意义的是，这些分封与各地兵权紧密相连。咸宁三年（277），卫将军杨珧提议，分封诸侯是为了屏藩朝廷，倘若他们都留在京师，就失去了护卫的意义。而且，异姓将领在边境领兵时，应让皇室参与其中。天子深表赞同，根据食邑的数量把封国分为三等，大国三军，共五千人；次国两军，共三千人；小国一军，共一千一百人。诸侯全部分驻封国，担任都督者靠近任所。改封扶风王司马亮为汝南王兼任镇南大将军，总督豫州军事；琅琊王司马伦为赵王，总督邺城（河北临漳）军事；东莞王司马伷为琅琊王，镇守徐州；汝阴王司马骏为扶风王，镇守关中（陕西）；太原王司马颙为河间王；汝南王司马柬为南阳王。又封皇子司马玮为始平王，司马允为濮阳王，司马该为新都王，司马遐为清河王。相形之下，地方政府的军事实力反而被削弱，因为自汉末以来，刺史对内处理民事，对外统领兵马，天下重新统一后，这两种职权被分开，州郡的兵员也被裁撤，大郡仅置武官一百人，小郡五十人。交州牧（越南河内）陶璜指出这种做法的弊端，譬如交州和广州横跨几千里，服从者仅五千余家，尚未归顺者有六万户，两州唇齿相依，只有依靠军队才能镇守，保持陆路和水路畅通，不应减损兵力以显出官府力量薄弱。天子不听，到晋惠帝永宁年间（301—302）以后，贼寇蜂起，但州郡没有军队武器，控制不住形势，天下逐渐大乱，而各地诸侯已有足够的资本抗衡中央。

（三）对中原胡人的威胁视而不见。古人主张夷夏之辨，强调内中国而外夷狄，并不是夜郎自大或者傲慢偏见，而是针对农耕民族和游牧民族的不同特点所制定出来的有效国策。客观地说，西戎和北狄向来是中原政权的最大威胁，因而古人确立了让夷狄远离都城的制度。自汉魏以来，羌胡和鲜卑等归降部落散居在关塞之内，多次发生杀死官员和祸害民众之事。侍御史（主管纠察）郭钦从政治势力分布图中敏锐地捕捉到了这种空前的威胁，因为中原历经战乱人口减少，胡人乘机占据西北各郡，一直延伸到内地的京兆郡（陕西西安）、弘农郡（河南三门峡）、魏郡（河北临漳），一旦发生战乱，胡人的骑兵从平阳（山西临汾）和上党（山西长治）出发，不用三天就能到达孟津（河南洛阳），而北地郡（陕西富平）、西河郡（山西汾阳）、太原国、冯翊郡（陕西大荔）、安定郡（甘肃镇原）、上郡（陕西榆林）就会落入他人之手。因此，应趁平定东吴的余威，把中原胡人全部迁往边境地区，并在他们经常出入的地方加强防卫，这是关系到千秋万代的长远策略。这说明有识之士已经看到了问题的严重性，而胡人的变乱也已发生数起，泰始六年（270）河西鲜卑秃发树机能叛乱，泰始七年（271）匈奴刘猛叛变出塞后进犯并州，太康二年（281）慕容鲜卑入侵昌黎郡（辽宁义县），可是天子对这些征兆和忠告充耳不闻。

晋惠帝元康九年（299），太子洗马（侍从官）江统为此专门写了《徙戎论》提醒朝廷，更为详尽地阐述了胡人问题的流变及应对措施，可惜依然没有引起重视。这篇策论主要从以下三个方面展开论述：

第一，胡人问题的历史演变及现状。可以说，在历代对外关系中，西戎和北狄为害最深，因为他们贪婪残暴，没有仁爱之心，往往强盛则叛离侵扰，连汉高祖都被困于白登（山西大同），汉文帝驻军霸上（陕西西安）；衰弱则敬畏服从，匈奴单于在汉元帝和汉成帝那样的非鼎盛时期也来朝见。因此，古人的对策是积极防御，在胡人朝贡时不放松守备，作乱时也不出兵远征，只是不让疆域受到侵犯而已。周朝式微以来，各地诸侯因利害关系存心各异，抛弃了先前的定制，有人招抚利诱胡人为己所用，使之得以进入中原，与华夏错杂而居。直到秦始皇统一天下，北击胡人，南逐越人，才把他们完全赶出去。事情并未就此完结，光武帝建武年间，马援在陇西郡（甘肃临洮）打败为乱的羌人，把余部迁到冯翊郡至河东郡（山西夏县）一带。经过数年的繁衍生息，到汉安帝永初年间（107—113）又起来反叛，打垮守军，屠城破邑，乃至击败邓骘，一直进入河内郡（河南沁阳）。十年间双方俱衰，任尚和马贤仅能压制他们，无法完全肃清残余势力，只要有机会，这些人仍会不断骚乱，成为当时最严重的寇患。曹魏和蜀汉对立后，西戎也分属两国，魏武帝把武都郡（甘肃陇南）的氐人迁往秦川，想以此削弱贼寇增强国力而抵御蜀汉，这实际上是权宜之计，不是从万世的利益来考虑，结果造成了目前京城附近到处都是胡人的局面。

第二，处置胡人问题的对策及评估。之所以不能让胡人靠近首都，主要原因有三：一是文化差异，所谓非我族类，其心必异。二是易生事端，一旦民众对胡人习以为常，玩忽欺凌，使他们怀有刻骨铭心的仇恨，只要人口增长，就会伺机叛乱。三是危害至深，胡人本性贪暴，又居于中心地带，没有任何屏障和工事阻隔，可以肆无忌惮地烧杀抢掠，收取财物，使祸乱迅速蔓延，结果难以估量。鉴于这种必然的趋势已是经过验证的事实，最好的办法是，趁着军队威势正旺，战时体制尚存，把冯翊郡、北地郡、新平郡（陕西彬县）、安定郡的羌人安置在先零、罕、析支（大抵青海河曲地区）等地，把扶风郡（陕西泾阳）、始平郡（陕西兴平）、京兆郡的氐人遣返陇右（大抵甘肃至青海一带），安置在阴平郡（甘肃文县）和武都郡，只要发给路上所需的口粮，使之自行返回故乡，归附本族，属国都尉和抚夷护军按照辖区集中管理，就能使汉夷分开，各得其所。这样一来，即使他们有扰乱华夏之心，挑起战端的预兆，也会因相距极远，山河阻隔，为祸的地区不至于太广。

有种代表性的反对意见是，氐人之乱刚刚平息，关中饥馑，瘟疫流行，百姓愁苦而盼望着休养生息，要让疲弱之众去迁移心存疑忌的敌人，只怕无法完成这项事业，还会导致先前的灾害尚未来得及消除，新的变故又会冒出来。事实上，氐人归顺，既不是力量有余而悔改，也不是感念国家的恩德，而是走投无路，害怕被武力剿灭的缘故，因此，在他们心存恐惧之际，足以借助武力威慑一举制伏，尤其是在他们四散逃离而没有重新聚集，且与关中人为敌的情况下，迁往偏远也不会怀念原来的地方。另外，关中人口百余万，夷狄差不多占了一半，无论是否迁徙，都要有足够的粮食，万一出现欠缺，就得倾尽所有来保全他们的生计，绝没有弃置沟壑而不侵夺的道理。假设将其迁走，沿途供给口粮，然后使之在新的居留地自力更生，关中就能得到另一半粮食，这是花费迁徙者途中所需而缓解人地矛盾、消除盗贼的根源，以一朝一夕的开销，成就长年获益的基础。圣人谋事，首先是在事情还没发生时就已处置，动乱还没形成时就已消弭，其次是排除阻碍，渡过困境，转祸为福，转败为胜。现今承受着旧措施带来的恶果，若是不思改变，害怕短暂微小的移民工程，忘却一劳永逸的宏大方略，吝啬数月之间的麻烦劳苦，留给后世永久的心腹之患，就不能算是开创基业而为子孙着想。

第三，匈奴是处置胡人问题的重心。必须清醒地看到，并州匈奴最值得警惕。汉献帝建安二十一年（216），呼厨泉单于被曹操诱骗入朝而成为人质，部落散布于并州六郡，魏元帝咸熙年间（264—265）分为三部，后来发展成四部。泰始年间刘猛叛逃塞外，入侵并州，元康四年（294）郝散之变也发端于谷远（山西沁园）。现在匈奴有五个部落，数万户人口，再加上骁勇善战，威力远远超过氐人和羌人。倘若发生意想不到的战事，并州最值得忧虑。这绝不是危言耸听，例如齐王曹芳正始七年（246），毋丘俭讨平高句丽后把残部迁到荥阳（河南郑州），刚开始只有百户，现已猛增至数千人，数代之后必定更加繁盛。众多肥壮的犬马尚且互相撕咬，胡人遍布中原并非治国有成的象征，而是迟早引发变故的火药库。为政的忧虑在于国家不安定，遣送胡人正是解决这个问题的长远之策，既可以慰藉他们客居怀乡的思绪，又能消除汉人心中的芥蒂。这份论证深入具体，有理有据，但朝廷置之不理，仅十多年后，担忧就变成了残酷的现实。

晋武帝在上述重大问题上的失策，使得乱象在他身后迅速显形。其实，当时已有不少智者把朝政看得十分透彻。例如王彰向张宣子解释拒绝太傅杨骏征召的理由：自古同一姓氏相继有两位皇后的家族无不败亡，何况杨骏亲小人而远君子，专权放纵，失败已成定局。而且，晋武帝不为国家长远规划，继位之君无法胜任，辅政者又不是合适的人选，祸事很快就会到来。果不其然，晋惠帝继位的次年，皇后贾南风诛杀杨骏，太后杨芷也被贬为平民，为其母求情免死而不得。游学至太学的董养感慨，从大赦的文书来看，谋反这类极恶都能赦免，唯独杀害祖父母和父母不在此列，因为这是为法律所不容的，处死太后之母，说明天道人事的法则已经灭绝，动乱就要兴起了。

关内侯索靖预知天下将要大乱，指着洛阳宫门前的铜骆驼叹息，大概以后只能在荆棘丛中看到它了吧。张翰和顾荣担心灾祸即将来临，前者直接辞职回乡，后者故意荒废政事被贬。颍川（河南禹州）隐士庾衮听说齐王司马冏（司马攸之子）整年不上朝，慨叹晋朝已然式微，祸乱近在眼前，带着妻儿到林虑山中（河南林州）避难。

这些并非耸人听闻，而是事实如此。晋惠帝永熙元年（290），太傅杨骏排挤本应辅政的汝南王司马亮，独自掌权。次年，皇后贾南风联合楚王司马玮和东安公司马繇杀死杨骏，司马亮和太保卫瓘接掌朝政，贾皇后又以阴谋废立为名，勾结司马玮杀死他俩，再以矫诏为名杀死司马玮，大权独揽。元康九年（299），贾皇后设计废掉太子司马遹。次年，赵王司马伦先是劝说贾皇后杀死司马遹，然后以此为由又杀死贾皇后以及反对派淮南王司马允。永宁元年（301），司马伦篡夺帝位，齐王司马冏联合成都王司马颖、河间王司马颙、常山王司马乂、新野公司马歆剿灭叛逆，迎天子复位，专制国政。这场战事前后六十余天，近十万人丧命。此后，三位诸侯拥兵自重，头脑清醒的人认识到兵祸并未止息。太安元年（302），司马颙因素与司马伦亲善而不自安，假称长沙王司马乂为内应而兴兵，司马冏攻袭司马乂，兵败而亡。次年，司马颙和司马颖以论功不平和滥杀忠良为名，共讨当权的司马乂，伤亡多达六七万人，东海王司马越趁双方相持之际除掉司马乂，太子司马覃被废，司马颖被立为皇太弟，把控朝廷。永兴元年（304），司马越偕同天子征伐司马颖失败，天子被遣送至邺城，司马越逃回东海，其弟东瀛公司马腾联合乌丸和羯朱等异族反败为胜，司马颖和天子逃回洛阳，又被司马颙的部将张方挟持至长安，司马颙控制政权，削去司马颖的皇太弟身份，改立豫章王司马炽。次年，司马越再次集结大军征讨司马颙获胜，护送天子回洛阳，所部鲜卑人在长安大肆抢掠，杀了两万多人。后来，司马颖被杀，司马颙也被南阳王司马模所杀，司马越在“八王之乱”中取得最终胜利，掌握了全部权力。

螳螂捕蝉，黄雀在后。就在司马氏拼命内斗之时，处于腹地的少数民族乘机而起，势力空前壮大。晋怀帝永嘉五年（311），朝廷最后一支有战斗力的部队被匈奴汉国石勒歼灭，十多万人无一幸免，刘曜乘胜攻入洛阳，屠杀三万多人，天子被俘，两年后遇害。晋愍帝建兴四年（316），刘曜围攻长安，天子出降，次年遭到杀害。西晋就这样如同昙花一现，把中国历史带入了前所未有的“五胡乱华”时代。

在统一的正统王朝中，西晋的覆灭显得无比刺眼，表面是外力作用的结果，实际仍是内因主导所致。假如晋武帝能为国家大计长远谋划，确立起恒久有效的制度，并且知人善用，不被身边的利益集团所左右，天下何愁不治？俗话说，堡垒最容易从内部攻破，正是司马氏自相残杀得奄奄一息，才给胡人的崛起提供了绝佳时机，匈奴刘曜可谓捡了个卞庄刺虎式的便宜。

由此看来，攘外务必先安内是治国的基准性原则，即国内政治始终是第一位的，尤其是当八亿农民仍是社会构成的主体时，国家的长足发展还要经历相当长的时间，对此更要有清醒的认识。因此，在国际舞台上除了发挥应有的作用并承担相应的责任以外，理应继续韬光养晦，不能图虚名而处实祸，在主动争取话语权的同时，时刻警惕被捧杀，因为只有自身的真正强大才是中华民族伟大复兴的唯一道路。

第六章
东晋：意识形态亦长城

政治归根结底是人心聚合的反映，正是这根若隐若现、若有若无的红线，在最深处牵引着历史前进的方向，意识形态也因而显示出内在原动力的巨大威力。东晋（317—420）无疑是西晋的延续，只不过丧失了半壁江山而已，可是它并未吸取前朝倾覆的教训，改弦易辙，而是继续沿着惯性的轨道前行，内斗不止，先后有晋元帝时王敦之乱，晋成帝时苏峻之乱，晋海西公时桓温废立，晋安帝时桓玄之乱，最后亡于刘裕的所谓禅代。追根溯源，两晋意识形态的偏误或许是最深层的动因。

其实，晋代干宝早就做了详尽而深刻的解析。首先，主体思想错位是由盛转衰的主因。历史地来看，司马懿顺应时势，奠定了建国大业，司马师和司马昭继承并巩固了前代基业，晋武帝使天下归于一统，然而好景不长，晋武帝陵墓的泥土尚未风干，变乱就接二连三发生。在旷日持久的

“八王之乱”中，宗室子弟相互争权，势利小人把持朝政，早晨还是商朝伊尹和周朝周公那样力挽狂澜的贤辅，晚上就成了夏桀和盗跖之类凶狠残忍的恶棍，国家权力屡次落入为乱之人的手中，朝廷军队也被分散在四面八方，地方上缺乏镇守一方的人才，关隘城门还不如乡间茅屋坚实牢靠。这样一来，造成了前所未有的恶果，胡人相继践踏中原大地，多次僭越帝王之号，在“五胡乱华”的乱世中，晋怀帝和晋愍帝失去应有的尊严，受尽侮辱，最终仍不免身死国灭。归根结底，从硬实力来说，是大权旁落而无德无才之人主持国政；从软实力来说，则是苟且偷安而意识形态逐渐变得混乱，从内部促成了覆亡的命运。

其次，玄学大兴是主体思想错位的表现。从历代通行的治国原则来看，支持广泛就不会倾倒，人心牢固就难以动摇，用人得当就政治清明，上下有序就国家安定。周朝是典型的例子，从教导民众耕种五谷的后稷开始，经过十六代，周武王才正式成为君主，根基深厚，因而拥有天下八百年。晋朝的兴起已远不能与前人相比，再加上朝廷缺乏品性纯正之人，乡野少有德高望重的贤者，风俗淫靡乖僻，乃至连基本的价值判断都失去了正确的标准。究其原因，引发大厦轰然坍塌的根源在于儒学的衰败和玄学的兴盛。社会及学校以老子和庄子的思想为旨归而废弃儒家六经，谈论道理的人以虚无玄虚为学问高深而贬低礼义教化，修身养性的人以放纵随意为通达明理而轻视节操信用，求官之人以通过非常手段得逞为骄傲而鄙视遵循正道，为官之人以不辨是非和不问政务为高雅而耻笑恪守职责。正因如此，三公尚书（主管司法）刘颂屡次论述依法治国的道理，御史中丞

（负责监察）傅咸数次上书纠正朝政的过失，却被称作庸俗的官吏。要是像周文王从早到晚忙得顾不上吃饭，或者像周朝仲山甫勤于王事毫不懈怠，更会被人嗤之以鼻，贬得一文不值。相反，那些擅长玄谈而旷废职守，以及工于迎合而肆意妄为之人，却声名显赫于海内。结果主流思潮混淆了是非善恶，社会舆论把人们引向追逐私欲的道路，最有代表性的是铨选制度遭到破坏，选拔人才不是看重才德而是其他东西，世家子弟可以不论资历次序破格超越，寒门人士即使才能出众也可能永远沉沦下僚；百官没有为国荐贤的公心，士人丧失远离名利的操守。社会更是如此，妇女不懂得纺织刺绣等女工，随心所欲，以至于忤逆公婆，私杀婢女，父兄不以为罪，天下也无人非议。不仅散骑常侍（侍从顾问）刘寔著《崇让论》提倡举贤让能而无人应和，刘颂制定考核办法规范官员选任而得不到采用，而且礼制法度和刑罚政令在这种风气中遭受严重破坏，治国的根基先行颠倒错乱，离灭亡也就不远了。

再次，政局紊乱是主体思想错位的结果。朝臣的言行充分证明了这一点，从步兵校尉（禁军将领）阮籍放浪形骸和违背礼教可以了解名教败坏的由来，从河南尹庾纯和权臣贾充的明争暗斗可以发现高级官员行为不端，从平定东吴后王濬和王浑互相争功可以知晓将帅不和，从郭钦和江统建议把外族强制迁出可以预感胡人将要挑起事端，从司隶校尉（监察京畿地区）傅玄和刘毅切中时弊的言论可以掌握官吏的奸邪之事，从傅咸激切的奏议和鲁褒诙谐的《钱神论》可以看到贿赂成风的时代面貌。社会风气和国家趋势到了如此地步，倘若由中等才智、只知守成的君主来治理，仍然难以避免祸乱，何况晋惠帝是弱智之君，朝政完全受控于宵小之手；晋怀帝在变乱的时局下登上帝位，受制于势力强大的权臣；晋愍帝即位于朝廷奔波流亡之后，已是徒具虚名，晋朝大势已去，哪怕是称雄一代的治世奇才，恐怕也无力回天了。

从以上论述可知，两晋学术主潮是玄学，即以道家思想阐释儒家。开风气之先者是何晏，阐发老子和庄子的思想，主张天地万物以“无”为根本，据此可以洞悉事物的真相，成就天下的事业，是放之四海而皆准的真理。这种新理论受到王衍等人的推重，士大夫开始把虚浮放诞当做超凡脱俗，乃至松懈荒废职守。针对这种习气，裴頠写了《崇有论》，从理论和实践两个方面分析其弊端，就理论而言，“有”具备独立的价值和作用。虽然“有”是从“无”而来，但生成以后，两者就有了区别，各自在不同的领域发挥效用，治国显然不是无为的地盘，崇“有”更为有益。就实践而言，崇“无”论导致道德风俗败坏。那些高谈阔论的人大量列举有形的过失，极力颂扬空无的美好，使人迷惑并沉溺于这种似是而非的言论之中，一人唱而百人和，贬低政绩，轻贱功业，崇尚游手好闲之职，蔑视经世致用之才。人情趋向如此，砥砺德行的风气更加衰落，以虚无立论被称为玄妙，居官不理政被称为风雅，不讲究操守被称为旷达，放纵之人借机违背祭祀丧葬礼仪，忽视形貌举止仪态，轻慢长幼次序，混淆贵贱等级，更有甚者到了赤身裸体的地步，可谓无所不至，士大夫的操行被彻底毁坏了。然而，主流观念已经成型，裴頠的议论未能有所救助。

不难看出，玄学对现实政治和社会风尚的影响广泛而深远，身居高位或引领潮流之人往往是玄学忠实的助推者。例如位居三公的王戎，对国家政事没有任何匡正补救，经常把事情委托给下属，自己到处游玩，赏识提拔他人也只看重虚名，最有名的事例莫过于问阮咸的儿子阮瞻，儒家注重名分，道家明了自然，他们的宗旨是否相同？阮瞻回答："将无同！"（莫非同）王戎赞赏不已，召他为官，时人称之为"三语掾"。尚书令（总揽事权）王衍聪明秀美，山涛见后赞叹良久："何物老妪，生宁馨儿！然误天下苍生者，未必非此人也！"意思是说，怎样的女人才能生出这等孩子，但是贻误天下者，未必不是此人。这番话确实颇有见地，王衍善于清谈，不务俗事，名望极高，朝野无不倾慕仿效。他和弟弟王澄喜欢品评人物，时人以此作为标准。河南尹乐广、阮咸及侄子阮修、胡毋辅之、谢鲲、王尼、毕卓等人俱以放荡任性为通达，甚至醉酒发狂而赤身裸体也不以为非。胡毋谦之见父亲畅饮，厉声叫着他的表字说："彦国！年老，不得为尔！"胡毋辅之反而笑着让儿子一起喝酒。吏部郎毕卓夜里醉后溜到邻居家存放酒瓮的房间偷喝，被看管的人绑了起来。乐广打趣他，名教之内自有乐处，何必如是。这类记载在《世说新语》中比比皆是，足以反观当时的社会风貌。因此，晋穆帝永和十二年（356），桓温第二次北伐时遥望着中原深有感触地说，使神州沉沦，百年基业变为废墟，王衍等人不能不担责任。此言不虚。

对于玄学的解构性危害，并不是没有催人警醒的声音，只是积习已成，难以扭转。陈頵向王导指出，中华大地之所以遭到颠覆破坏，主要是选用人才失当的缘故，徒有虚名和言过其实者优先，脚踏实地和谦虚自抑者靠后，竞相推波助澜地追逐浮华，导致国家衰落。这种现象的根源在于玄学扰乱蛊惑人心，修养名望被视为弘雅，勤于政事被认作庸俗，职守不被看重，制度形同虚设。因此，只有改弦更张，明确赏罚的标准并切实执行，就像光武帝在密县（河南新密）提拔卓茂，汉宣帝在桐乡（浙江嘉兴）重用朱邑，才能完成大业，中兴可待。针对司马睿的属官大都逃避具体事务以求安逸，录事参军（总录文簿）陈頵再次进言，先前太平时期，朝臣把恪守职责视作平庸，觉得傲慢纵逸才是优雅，最终致使国家败亡；可是流弊至今仍在，很多人崇务虚名以抬高自身，无疑是在重蹈覆辙，应当罢免那些接受任命而称病不履行职责的人。这些主张均未得到认可。

东晋依然积重难返，无力拨乱反正，这从掌握行政权力和左右舆论风向的社会名流身上看得最为清楚。以下三组人物颇具代表性：

（一）著名隐士。殷浩、豫章郡（江西南昌）太守褚裒、丹阳尹丞（江苏南京副长官）杜乂以善谈《老子》和《周易》而在江东负有盛名，殷浩尤其受到推重。桓彝称赞褚裒有皮里《春秋》，即表面上不做评论，内心自有褒贬。谢安称赞褚裒即使不说话，也气度弘远。只有庾翼轻视他们，认为应当束之高阁，等到天下太平之后，再慢慢商议所能胜任的职务。殷浩多次拒绝官府的征辟，摒绝世事，隐居墓地将近十年，时人把他比作管仲和诸葛亮。江夏相谢尚和长山令（浙江金华）王濛经常观察他的出仕和隐居来推测江南的兴亡，两人共同前往探视后，知道他有坚定的志向，不由得感叹："深源（殷浩表字）不起，当如苍生何！"庾翼请他出任司马，晋康帝任命他为侍中和安西军司，概不从命。庾翼写信劝说，王导树立的榜样不值得效仿，虽是谈玄论道，事实上助长了浮华豪奢之风，德行完美的君子遇到机会不应错过。仍旧不听。不过，从出山后的实际作为来看，殷浩显然不称于如此高的评价，倒是庾翼所言更为贴切。

（二）中层官员。丞相王导的属员王濛不修小节，与之齐名的刘惔赞扬他性情通达，节操清高，当时的风流雅士以他俩为首。王导的中兵属王述，沉稳安静，每当坐客争相辩驳论理时，他安然处之，三十岁尚未出名，被认为痴呆。王导因其门第而用之，见面后只问他在东方时的米价，王述睁大眼睛不回答，王导由是认定他并不痴呆。每次只要王导说话，满座无不赞美，王述神情严肃地指出，人非圣贤，哪能每件事都是对的。王导为之改容。会稽王司马昱清心寡欲，善于谈玄，以刘惔、王濛、韩伯为谈客，以郗超为抚军大将军掾，谢万为从事中郎（参谋）。郗超年少时就卓绝出众，不受羁绊，他的父亲郗愔吝啬无比，积蓄无数，曾经打开库房任其取用，他在一日之内给亲朋故旧散发殆尽。谢万也卓尔不群，很有名望。

（三）执政大臣。庾亮擅长谈论老庄之学，深受晋元帝器重，以中书郎（掌管诏命）身份侍讲东宫，天子喜好刑名之学，把《韩非子》赐给太子，庾亮指出，申不害和韩非行事刻薄，有伤教化，不值得君主留心。总领中书职事谢安酷爱音乐，连服丧期间都不停止演奏乐曲，士大夫纷纷跟风，成为时尚。王坦之写信劝告，礼法是国家的珍宝，理应为天下人倍加珍惜。谢安没有接受。晋孝武帝太元八年（383），前秦入侵，京师震恐，谢玄入朝求教应对之策，谢安只是平静地答复，已经另有安排了，然后闭口不言。谢玄不敢再问，只好让张玄再次请示指令，谢安反而驾车出游山间别墅，亲戚朋友云集，叔侄俩下围棋博戏，谢玄向来棋高一着，但由于心怀恐惧，在有利的形势下不能取胜。谢安登山漫游，直到很晚才返回。桓冲对国家基业深表忧虑，想要派三千精锐来保卫首都，谢安固执地阻拦，声称朝廷早已处置妥当，士卒武器均不匮乏，这些人应回原地驻防。桓冲对幕僚叹息，谢安有身居庙堂的气量，但并不熟悉带兵打仗的方法，大敌当前还尽情游玩，高谈阔论，只派未经战事的年轻人前去抵抗，而且军队数量有限，训练不足，结局已然可知，只怕要遭受异族的统治了。虽然后来在淝水之战中击败前秦，但为政之风由此可见一斑。

当然，批驳之声也不绝于耳，只是相形之下显得较为微弱。主要有以下两种情况：

（一）理论批判。王导的属官李充认为，老子所说的“绝仁弃义，民复孝慈”，并不是指仁义之路被断绝后才能产生孝敬慈爱，而是少有人真心推重仁义，多数人只是利用这个名义谋取私利，所以越是宣扬仁义，距离圣人的本心越远。他还针对浮华虚无的学风写了《学箴》，肯定仁义是不能丢弃的，真正要去掉的仅是危害仁义的东西而已，以期正本清源。钟情儒学的范宁常说王弼和何晏的罪恶比桀纣还要严重，有人认为这是过分贬低，范宁指出，桀纣的肆意暴虐让他们很快身死国灭，成为后世的鉴戒，已经完全不会混淆视听。相反，王弼和何晏蔑视抛弃经典文献，用荒诞空无的言论使得仁义沉沦，礼崩乐坏，士大夫改变正确的道路，中原因

是覆没，遗风余俗至今仍在贻害世人，可见桀纣只是为害自身，为祸一时；王弼和何晏则是为害世人，为祸历代。

（二）现实批判。卞壶俭朴廉洁，踏实严厉，裁断事务直接贴切，不肯随便趋同潮流，因而受到名士的贬责。阮孚嘲讽他少有闲暇舒泰之时，就像嘴里含着瓦石，难道不觉得累吗？卞壶慨然反讽，各位君子以道德恢宏博大和行为风流倜傥相互崇尚，相形之下，庸俗贪鄙之人舍我其谁？当时贵族子弟大都仰慕王澄和谢鲲的为人放荡不经，卞壶在朝堂上严词厉色地批评他们违背礼义，有伤教化，罪过极大，中原倾覆正是由此而起。他想对此进行整治，当权的王导和庾亮不听，只得作罢。刘翔也痛恨士大夫以骄奢、酣饮、放纵互相推崇，在权贵显要的宴会上大声疾呼，天下动荡已超过三十六年，宗庙社稷化为废墟，黎民百姓生灵涂炭，这正是朝廷焦虑、忠臣效命的时候；各位君子却沉湎于安乐游戏，尽情纵欲，以奢侈淫靡为荣，桀骜怪诞为贤，忠直之言不闻于耳，征战之功从未建立，准备拿什么尊奉天子而救助人民呢？何充等人十分惭愧。

还有人提出了具体的建设性意见，可惜收效更微。例如江南发生严重饥荒，益州（四川成都）刺史应詹建言，自从晋惠帝元康年间（291—299）以来，轻视经典，重视道学，把玄虚放诞当成旷达，把儒学清俭当作鄙俗，应当优崇奖励儒家官员以革新风俗教化。国子祭酒（国立最高学府长官）袁瑰和太常（主管宗庙礼仪）冯怀因江东逐渐安宁，奏请兴建太学并招收学生。不过，士大夫仍习惯于推崇老庄，儒学始终不景气。李辽提出，复兴儒学看起来可以慢慢筹划，实际上需要尽快办理，应在南兖州

（江苏镇江）修建孔庙，指派专门的民户负责日常洒扫，同时开办学校，延聘教师，选招学生。朝廷置之不理。

除了玄学以外，佛教日渐兴盛并在社会上层传播开来。晋孝武帝尊奉佛教，在宫内设置精舍让僧徒居住，极端奢侈挥霍，所亲近者又多是三姑六婆、和尚尼姑，这些人相互勾结，争权夺利，公然贿赂，滥行赏罚。尚书左丞（尚书省副次长）王雅进谏，没有起到任何作用。左卫领营将军许营也指出，现在上至朝中小吏和军中武官，下至男女奴仆和不知生父只取母姓的人，不经官府的考察举荐就能当上郡守县令，乃至入朝为官，至于和尚尼姑和乳娘等人，更是争先恐后地引荐亲朋好友，毫不忌讳地卖官鬻爵，甚或直接任命官吏，以致教化失去标准，法令很不明确，盗窃抢劫遍地，无辜横遭暴行。而且，佛是清远玄妙之神，可是许多和尚尼姑连佛教最粗浅的教义不淫、不盗、不杀、不说谎、不酗酒“五戒”都不能遵守，何况精妙的佛法呢？更有受流行歪风迷惑之人，一方面争相拜佛，另一方面搜刮百姓，用民脂民膏布施，显然不符合佛教义理。奏章呈上之后没有回音。从这里似乎可以看到“南朝四百八十寺”（杜牧《江南春》）的先声，也似乎可以略窥六朝政治的概貌了。

自古以来，长城和长江是攸关国家命运的两条实体生命线，而意识形态作为同样重要的内在生命线往往被忽略。确切地说，自汉武帝“罢黜百家，独尊儒术”以来，儒家思想的正统地位是维护政权不可或缺的一极，因为它是凝聚人心而达成共识的基础和核心，儒学的式微给两晋带来的混乱就是最好的明证。

随着时代的变迁，意识形态的具体内涵发生了翻天覆地的变化，可是它的基准性地位和作用丝毫没有减弱。党和国家对这个问题一直高度重视，1986年，十二届六中全会通过了《中共中央关于社会主义精神文明建设指导方针的决议》；1996年，十四届六中全会通过了《中共中央关于加强社会主义精神文明建设若干重要问题的决议》；2011年，十七届六中全会通过了《中共中央关于深化文化体制改革，推动社会主义文化大发展大繁荣若干重大问题的决定》，这些纲领性文件说明精神文明和物质文明休戚与共，相辅相成，只有两者长期良性互动，中国特色的社会主义事业才能取得更好更快的发展。

第七章

前秦：修明政治服四夷

人性是相通的，政治的基本准则也是如此。前秦（351—394）是历史上首次统一北方的少数民族政权，它的快速崛起和迅即灭亡，主要原因并不在于氐族的身份，而是通行治国原则运用得当与否。这个非正统朝代的兴亡再次证明，政治直指人心，修明政治方能聚集人心，此乃施政的要义所在。

在五胡十六国的乱世中，继匈奴汉国（后为前赵）和羯族后赵之后，氐族前秦迅速发展壮大，逐渐成为中原的主导性力量。从表面上看，武力是动乱年代的唯一依凭和终极仲裁，可是深究起来，无论创业还是守成，修明政治才是长治久安的必然途径。晋穆帝永和七年（351），前秦建国，鉴于后赵的严苛残暴和奢靡浪费，开国之君苻健废除不利于民的繁苛政令，减免横征暴敛的赋税，撤掉无用的器物，换下华丽的服饰，改行宽简节约和尊重儒生的政策，访问民间疾苦，搜罗杰出人才，因而深受欢迎。这个良好的开端为前秦的勃兴奠定了坚实的政治基础。

苻健之子苻生继位后凶暴至极，前秦呈现风雨飘摇之势。晋穆帝升平元年（357），苻坚除掉暴君苻生后即位，他任用贤才，劝勉农桑，抚恤贫困，设立学校，表彰节义，人们非常高兴。以下三件事情颇具代表性：一是革除暴政，追认被苻生杀害的太师鱼遵等人的官位，按照礼仪重新安葬，对他们的子孙根据才能加以擢用。二是任人唯贤，阳平公苻融善于谋划，刑法政令规范清明，荐举贤才不遗余力，经常参与商议国事。三是执法如山，看到尚书省文案凌乱，当即以王猛取代尚书左丞程卓的职务。这些措施，革新了朝政，稳定了人心。

从整体上看，苻坚在位二十八年（357—385），无疑是前秦的中坚，甚至可以说，前秦的成败主要由他造就，而他施政的二重性更值得后人反思。毫无疑问，就个人品质而言，苻坚是个宽容大度的人。晋海西公太和四年（369），前燕慕容垂因受可足浑太后和太傅慕容评的迫害，率领其子慕容令、慕容恪之子慕容楷等人来归。苻坚异常高兴，厚加礼遇，赏赐数万。王猛认为，慕容氏父子如同龙虎，不是能够驯服驾驭的人，一旦得到风云际会的时机，必将无法控制，不如尽早除掉。苻坚向来对王猛言听计从，唯独此次坚持己见，理由是正要招揽各路英雄廓清四海，为何反而要杀掉他们呢？况且已经诚心诚意接纳，平民百姓尚且不食言，何况万乘之君呢？因而任命慕容垂为冠军将军，封宾徒侯，慕容楷为积弩将军。次年攻打前燕，王猛以慕容令为向导，又借喝酒之机以临别纪念为由骗取了慕容垂的随身佩刀，抵达洛阳后，王猛贿赂慕容垂的亲信金熙，让他拿着信物，装作密使通知慕容令，他父亲已在回国的路上，赶紧找机会出发。慕容令将信将疑，却又无法核实，再三犹豫后选择了出逃。王猛立刻上报此事，慕容垂非常害怕，匆忙逃亡时被抓获，可是苻坚赦免了他。前燕由是怀疑慕容令是诈降的奸细，把他流放到遥远的沙城，迫使其再次组织叛乱而被杀。

司马光深入分析了此中的利害关系，从历史事实来看，周朝得到微子而取代商朝，秦国得到由余而称霸西戎，吴国得到伍员而攻克楚国，汉朝得到陈平而消灭项羽，曹操得到许攸而大破袁绍。这些经验说明，敌国的贤臣投奔过来为我所用，无疑是取胜的良好凭借。虽然后来慕容垂趁前秦惨败于淝水之战而建立后燕，但他当时因功勋卓著而受到前燕权臣的怀疑，在穷途末路的情况下归依前秦，时日尚浅，还不可能有异心。王猛号称一代贤相（“关中良相唯王猛，天下苍生望谢安”），出于妒忌而设计陷害慕容垂，堵塞了投奔者的门户，损害了国家的向心力；况且使用市井小人的欺骗勾当，不是君子所为。幸好苻坚的容忍度极好，善待慕容垂，树立起礼贤下士的形象，断绝了前燕对他的情义，收买了敌国的人心，使前秦占据了道义和舆论的上风。

正因气度弘雅，所以能善纳谏言，及时纠正错误，这样的事例屡见不鲜。例如他到邺城（河北临漳）西山狩猎，十多天后仍流连忘返。乐官王洛劝阻，他随即回宫，王猛提醒他不可忘记这番谏言，苻坚赐给王洛一百匹帛，不再进行此类活动。他与群臣饮酒，命秘书监朱肜为酒正官，让大家喝到烂醉如泥，秘书侍郎宦官赵整编了《酒德之歌》，指出夏桀和商纣王都是因酒而亡国，理当引以为戒。苻坚欣然接受，以此作为饮酒的禁戒，此后宴饮只是礼节性地表示一下。慕容垂的段夫人深得苻坚宠幸，两人共同乘车在后宫游玩，赵整作歌唱道，不见雀来入燕室，但见浮云蔽白日。苻坚脸色大变，向他道歉，并让段夫人下车。凉州刺史梁熙把前秦的威德传到西域，大宛（乌兹别克斯坦境内）随之进献汗血宝马，苻坚引用汉文帝拒绝接受千里马的典故，使人作《止马之诗》而送还。

在此基础上，推行德政显得顺理成章，苻坚也确是这么做的。例如大旱期间减少饮食，取消歌乐，后妃以下全都换下绢丝衣服，开发山林湖泽与民共享，停止战争，因而未曾发生灾荒。晋穆帝升平四年（360），匈奴刘卫辰投降，前秦在内地划拨农田给他们耕种，春来秋返。可是云中护军贾雍违命袭击掠夺，苻坚很是愤怒，因为他正以恩信安抚夷狄，将领却贪图小利而败坏大事。他不仅废黜贾雍，让其以布衣身份兼领职务，还归还匈奴所有财物，好言抚慰。刘卫辰就此进入关内定居，时常进贡，曾经把从前秦边境掳掠的五十多人作为奴婢献上，苻坚责备他并把这些人放了回去。晋孝武帝太元元年（376），攻克凉州后，前秦准备征伐西方边境的氐族和羌族部落。苻坚指出，这些地方是不同种族混杂而居，并不统一，不会对中原构成威胁，应当先礼后兵，若不服从，再讨伐也不迟。于是派殿中将军张旬前去劝降，但这些人凭借地势险要拒不降服，庭中将军魏曷飞随即发兵，大肆抢掠，苻坚对他违背命令无比恼怒，鞭打了二百下，还杀了前锋都护储安谢罪，人们深为感动，八万三千多部归降。

法治和德政相辅相成，是治国不可或缺的部分，苻坚同样非常重视，故而任命执法如山的骁骑将军邓羌为御史中丞，咸阳内史王猛为侍中、中书令、兼领京兆尹。光禄大夫强德是强太后的弟弟，向来为非作歹，王猛上任后就将其拘捕，奏请处置，还没等到回复即予处决，苻坚赦免也为时已晚。王猛和邓羌志同道合，斩除邪恶，纠正冤案，无所顾忌，几十天之内依法罢黜处死的权贵豪强和王公贵戚多达二十余人，朝野震动，奸猾之徒不敢出声，辖境内路不拾遗。苻坚不由得感慨，今日方知天下有法律。晋海西公太和三年（368），苻生之弟晋公苻柳、魏公苻廋、燕公苻武、苻坚之弟赵公苻双叛乱失败，四人全部被杀，但苻坚宽宥了苻廋的七个儿子，还把其长子袭封魏公，其余为县公，继承苻生及没有后人的兄弟。苟太后对独不给苻双立后嗣大为不解，苻坚的解释是，天下是高祖苻健的，他的儿子不能绝后，而苻双危害国家，即使是亲弟弟也不能徇私。

苻坚不仅躬行这样的理念，而且推广儒家思想，培养选拔人才。在太学考察儒家经义的学习情况，与博士一起谈论讲习，并坚持每个月来一趟。后又进一步提出，天下虽未完全太平，也可暂停武备，修明文教，以实现王猛高雅的志趣，这就更应尊崇儒家思想，禁止老子和庄子以及宣扬符命的谶纬之学，违者严惩不贷。尚书郎王佩因违反禁令被杀，阅读传播这类非主流学问的人也绝迹了。同时广泛选择生员，太子和公侯朝官的子弟一律就学，京城内外的四禁、二卫、四军之中长期宿卫的将士也要参加学习，每二十人配备一名经生，负责教授章句，后宫也设学官教导嫔妃，由宦官和宫女先向博士受业。王猛去世后，苻坚觉得百官都不称心如意，故而设置处理诉讼的台观，每五天来一次，以访求隐没在民间的人才。

可以说，治国首在人才，而人才必须首先要有正确的意识形态，这是社会、学校、政府能够良性互动的因由所在。苻坚准许公爵封国分别设置郎中令、中尉、大农三种官职，自行选用除郎中令以外的所有官吏。当富商赵掇等人车马服饰奢华而被大家竞相推举时，黄门侍郎程宪奏明此事，苻坚指出，原本是想让王公选拔有才华的儒生，不料混乱到这般地步，有关部门即刻彻查。并规定凡是选聘不当者全部降为侯爵，往后选任之事都由吏部尚书负责，不是官员身份不许乘车马，首都方圆百里之内，工商差役之徒不得穿金银锦绣的衣服，违者斩首示众。平阳公、平昌公、九江公、陈留公、安乐公都受到处罚。苻坚又让各地举荐孝悌、廉直、文学、政事等方面的人才，得当者受赏，失当者受罚，因而没有人胡乱塞责，或是请托贿赂。读书人勤于自勉，即使宗亲外戚，无德无才也弃而不用，由是上下称职，农田得以修整，荒地得到开垦，府库充盈，盗贼绝迹。苻坚还让关东州县特别荐送学问上精通一经或者技艺上有所专长之人，罢免所有享受百石以上俸禄而不具备上述才能之人，使之重新成为庶民。

在所有人才中，苻坚对王猛的信用堪称一段佳话，他常把两人的关系比作刘备和诸葛亮，可谓名副其实。王猛是汉人而受重用，这让旧有勋贵颇为不满，姑臧侯樊世是氐族豪强，辅佐苻健扫平关中，攻击王猛是坐享别人耕种的果实，王猛也不示弱，声称不仅要让他耕种，还要让他做成熟食。樊世发狠赌咒要把王猛的脑袋挂在长安城门上，苻坚得知后对王猛说，定要杀掉这个老氐，群臣才会恭敬从命。恰好在商议事情时两人起了争执，樊世想要起身打王猛，苻坚盛怒之下把他杀了，此后百官见到王猛大气都不敢出。晋简文帝咸安元年（371），攻灭前燕后，车骑大将军王猛受命管理东方六州，他深感责任重大，故而恳请将此重任改授给亲近贤明之人，自己可以镇守一州，相机选授郡县官员的工作也停止了。苻坚推心置腹地表明心迹，郑重申明他俩道义上是君臣，亲情上胜过骨肉，远超齐桓公和管仲，燕昭王和乐毅，刘备和诸葛亮这些前代范例；而且对君主而言，寻访人才时辛劳费力，得到后就放心省事了，以六州相托并不是以此表示优待尊崇，而是为了解除东顾之忧，他本人也可获得安逸，要是所用非人，祸患随时会出现在意料之外，所以宁肯空着三公之位也要先分守东方。此外，刚建立的政权急需人才，应尽快补充官吏，等到教化融洽之后，自然会让他以上公的身份西返。于是王猛一如既往地料理政事。

苻坚所言的确不是虚套，他与王猛完全有资格跻身君臣知遇的典范之列。晋穆帝升平三年（359），王猛被加授辅国将军兼司隶校尉，在宫中宿卫，而仆射、詹事、侍中、中书令及其他兼任的职务不变。他极力辞让，并推荐苻融、任群、朱彤分别接替这些兼职，苻坚没有同意，而是给他们另授官职。王猛三十六岁那年，一年之内五次升迁，权倾内外，凡是诋毁他的人都被苻坚治罪，再也没人敢说三道四。王猛果然不负众望，刚正清廉，是非鲜明，任人唯贤，守法如山，督导农桑，训练军队，富国强兵，战无不胜，前秦大治。担任丞相后，苻坚无为于上，百官统属其下，军国政务无不经手。苻坚甚至要求太子苻宏和长乐公苻丕等人像对待他本人那样侍奉王猛。后来，王猛的辞世让苻坚无比痛心，他特意发表声明，有丞相在时，常觉得为君很容易；失去他后，操劳得头发胡须都半白了，政事教化仍可能陷于沦废，因而派人巡视各地，考察民生民情。

前秦的衰败固然是从王猛身后开始的，但若苻坚秉持正确的治国理念，或许还不至如此，只是事实正好相反，原有的偏误被积累放大，偏离正道也越来越远了。苻坚施政的弊病主要体现在以下两个方面：（一）滥施恩惠而扰乱法治。苻坚没有区分清楚恩德和德政，以致赏罚不能服众，法治遭到破坏。晋简文帝咸安二年（372），灭掉前燕后，对亡国负有重大责任的慕容评未受追究，受其迫害而于此前逃亡至前秦的慕容垂把他比作商纣王身边的奸臣恶来，希望除掉此人，苻坚只是将其调任范阳太守。

司马光精辟解析了这件事情的恶劣影响，民众若是对国家的灭亡感到高兴，那是因为有人替他们除去了祸害；前燕慕容评愚顽不灵，贪婪暴戾，对上蒙蔽君主，专擅朝政，对下猜忌贤能，排挤功臣，加速了国家的倾覆；亡国之后不仅没有慷慨就义，反而四处逃亡躲避，直至被擒获。对于这种祸国殃民之辈，苻坚不是明正典刑以儆效尤，而是宠爱放纵，授以官位，可谓偏爱一人而不顾一国，注定会大失人心。也就是说，这与慕容垂当年来归的性质完全不同，而苻坚做了同样的处理。正因如此，他广施恩惠都无人报答，待人诚恳而无人感激，以至于最后功业溃败，不得善终，正是刑赏不得要领的结果。

对本国的佞臣如是，对叛乱的皇族亦然。晋孝武帝太元五年（380），行唐公兼幽州刺史苻洛自以为有消灭代国的功劳，要求授以开府仪同三司（比拟三公的荣誉虚衔）的资格，未被允许而心怀怨恨，趁调任西南之机反叛，但很快兵败被俘。苻坚赦宥了他，只是将其迁到凉州西海郡（青海境内）。类似的事例还有，晋孝武帝太元七年（382），大司农东海公苻阳、员外散骑侍郎王皮、尚书郎周虓谋反，苻阳是苻法之子，声称是为父复仇；王皮是王猛之子，声称是图谋富贵；周虓是东晋降将，声称是忠于晋朝。苻坚宽恕了他们，只把苻阳迁到凉州高昌郡（新疆吐鲁番），王皮和周虓迁到朔方郡（内蒙古蹬口）以北。

司马光深刻剖析了这类失当处置的严重后果，赏罚分明是治国的基本要求，有功不赏，有罪不杀，即使尧舜也无法实现大治，可是苻坚对为乱之人一概宽赦，使得用心险恶之流总是心存侥幸，以至于对作乱习以为常，因为就算力量不足而成擒，也不用担心被杀，这样的话，怎能真正肃清奸邪而平息祸乱呢?《尚书》说，威严压倒私情必定成功，私情压倒威严注定失败。《诗经》也说，别听狡诈欺骗之言，警惕两面三刀之人，制止暴虐劫夺，杜绝坏人作恶。苻坚显然背离了治国的通行原则，走向灭亡也尽在情理之中了。

可惜的是，苻坚自始至终没有认清这一点，哪怕在生死存亡的危急关头，也依然故我。晋孝武帝太元八年（383），前秦在淝水之战中惨败，回师途中，慕容垂自请到北方平叛，顺便拜谒先帝陵庙，得到苻坚的首肯。权翼提出两条理由劝阻，一是就国家层面而言，军队新败，四方有离心的倾向，应把名将召集起来安置在首都以稳固根基，安定枝叶；二是就个人层面而言，慕容垂勇猛谋略过人，世代为中原豪杰，只因躲避灾祸而来归附，其本心绝不甘于仅做冠军将军，就像苍鹰在饥饿之时依附于人，听到狂风骤起就有飞越云霄的志向一样，此时正应紧闭藩笼，绝不能放任其为所欲为。苻坚虽然认同上述看法，但仍坚持万乘之君不能食言，并认为若天命真有兴废，也不是智慧和武力可以改变的。权翼批评他重视小信而轻视政权，慕容垂定然去而不返，关东之乱也会由此开始。但还是未能打动苻坚。果不其然，慕容垂随即谋划起兵，并杀了阻拦他的官吏。石越认为反形已露，应就此铲除，可是苻坚庶长子苻丕惦记着淮南战败后慕容垂鞍前马后侍奉守卫的功劳。石越一针见血地指出，此人对前燕尚且不忠，更不可能对前秦尽忠，错过这个时机就很难办了，还会后患无穷。苻丕终究没有听从。石越退下之后感慨，苻丕父子喜欢施小恩小惠而不顾国家大计，必会为他人所擒。

有个细节颇能验证苻坚的心理。晋孝武帝太元九年（384），慕容冲围攻长安。慕容冲十二岁时前燕亡国，与十四岁的姐姐清河公主同时被苻坚宠幸。在情势已今非昔比的情况下，苻坚做出了令人无比意外的举动，给慕容冲送去一件锦袍。慕容冲以皇太弟的身份回复，今日的志向在于夺取天下，哪会看得上这等微不足道的恩典，若能知天命，就该停止抵抗，尽早送回前燕末代君主慕容暐，自然可以宽恕苻氏以报答过去的好处。苻坚颜面尽失而勃然大怒，这才后悔没有听进王猛和苻融的意见，致使事情发展到如此地步。在兵临城下的危亡时刻，苻坚仍试图以旧时的恩泽来化解敌对双方的你死我活，未免有点不像大国君主所为。

（二）内部不稳而穷兵黩武。前秦在十余年之内相继剿灭了前燕（370）、前仇池（371）、前凉（376）、代国（376），攻取东晋的梁州和益州（373），进兵西域（382），统一北方，形成南北对峙的局面。然而，这样的快速扩张而未能及时消化，深深埋下了覆灭的祸根。其实，淝水之战后，东晋并没有乘胜荡平天下的计划和能力，反倒是前秦内部变乱四起，一触即溃，终至不可收拾的地步。不容否认，苻坚最为亲信倚重的王猛和苻融早就看到了这一点，并且多次提醒，只是他从未真正放在心上。王猛的政治遗言是，东晋虽然偏居长江以南，但是正统相沿，上下和睦，不能作为图谋的对象，鲜卑和西羌才是心腹之患，应逐步剪除以稳固江山。苻融也发出警告，鲜卑曾经横跨六州，南面称帝，兴师动众多年才将其制伏，他们原本就不是倾慕道义而来，但现在父子兄弟手握重权，威势超过勋旧，只是虎狼之心终究无法豢养，近来星象出现异常的变化，理当加以注意。苻坚认为这是杞人忧天，因为他的理想是要把天下变成一家，把夷狄当作赤子来对待，所以只要修养德行自我完善，灾异自会消除，也无须担忧外患。

苻坚持论甚高，但从一意孤行攻打东晋来看，仅是空谈高论而已。更为重要的是，他还采取自我削弱的错误政策，严重背离了强干弱枝的治国通则，以致最后成为孤立无援的瓮中之鳖。晋孝武帝太元五年（380），苻坚把三原（陕西咸阳）、九嵕、武都郡（甘肃陇南）、汧、雍等地十五万户划分开来，让亲贵分别统领，散居一方，如同古代的诸侯国。长乐公苻丕领三千户，仇池氐酋射声校尉杨膺为左司马，九嵕氐酋长水校尉齐午为右司马，各配一千五百户作为世袭卿大夫。抚军将军毛兴都督河州和秦州诸军事，长水校尉王腾为并州刺史，各配三千户。平原公苻晖都督

豫州、洛州、荆州、南兖州、东豫州、阳州诸军事，钜鹿公苻睿为雍州刺史，各领三千二百户。赵整编歌唱道，阿得脂，阿得脂，博劳（伯劳）舅父是仇绥，尾长翼短不能飞，远徙种人（氐人）留鲜卑，一旦缓急当语谁？苻坚报以微笑，没有理会，可是仅隔五年之后，一切被赵整不幸言中。

除了亲近重臣以外，伺机而动的慕容氏也把前秦的内政和苻坚的弱点看得一清二楚。阳平国常侍慕容绍对其兄慕容楷说，前秦自恃强大，求胜不止，北至云中，南至蜀汉，辗转运输万里之远，道路两旁坟墓相望，军队疲敝在外，民众困苦在内，危亡已然迫近。叔父慕容垂定能光复燕国，只需多加保重以待时机。不仅如此，原后赵将作功曹熊邈向苻坚讲述石氏宫室器物的华丽富赡，被任命为将作长史兼尚方丞，大规模建造舟船兵器，用金银装饰，精巧至极。慕容农提醒慕容垂，自王猛死后，前秦的法度日益荒废，现今再加上豪奢，灾难很快就会降临，图谶中的话即将应验，应结纳勇武杰出之士以秉承天意，机不可失。慕容垂会意地笑道，天下大事不是常人所能预知的。

慕容氏终于等到了这个机会，那就是苻坚不顾朝野反对执意南征。在群臣的谏言中，苻融的陈词尤为恳切，明确指出以疲惫之师远征，不但无法消灭东晋，还难以获得战功，况且真正怀有深仇大恨的鲜卑人、羌人、羯人布满首都，只有太子与数万弱兵留守，一旦心腹之地发生不测，必将追悔莫及，王猛是一代英杰，没有理由抛弃他的临终遗言。苻坚全然不听。晋孝武帝太元八年（383），前秦大举南侵，从每十个成人中抽取一人充军，良家子弟二十岁以下且有才能勇气，通通授官羽林郎，应征者多达三万余人，秦州主簿赵盛之为少年都统。满朝文武都不愿出征，唯独慕容垂、姚苌及良家子弟极力赞成。苻融详尽地分析形势，鲜卑和羌族原是国家的仇敌，总盼望着风云变幻以实现自己的愿望，根本不能采信他们的办法；良家少年都是富豪子弟，完全不懂军事，只知道阿谀奉承迎合上意，要是听信这些话而轻率进军，不仅无法成功，而且后患无穷。苻坚仍旧不为所动。慕容楷和慕容绍对慕容垂说，苻坚的骄纵傲慢已相当严重，中兴燕国就在此行。慕容垂无比肯定地回答，除了他们，还有谁能一起成就大业呢?

历史地来看，统一北方的朝代一战而亡，几乎可以算得上是个异数。大概凡事有因必有果，有果必有因，这完全是施政弊端的总爆发，淝水之战只不过提供了导火索而已。也就是说，后续的史实有其自身发展的内在逻辑，也注定会让苻坚始料不及。晋孝武帝太元九年（384），慕容垂在邺城改前秦建元二十年为后燕元年，礼仪服饰恢复前燕旧制。苻睿被慕容泓击败，姚苌畏惧苻坚治罪，逃到渭北，羌族豪强带领五万余户归附，姚苌自称大将军、大单于、万年秦王，实行大赦，改年号为白雀，建立后秦。次年，慕容冲在阿房城称帝，改年号为更始，建立西燕。前秦就这样土崩瓦解了。

苻坚也以悲剧告终。晋孝武帝太元十年（385），卫将军杨定被慕容冲所俘后，苻坚留太子苻宏守长安，自己根据谶书所言出走五将山，结果长安被慕容冲攻破，苻坚被后秦骁骑将军吴忠俘获，并被姚苌吊死在新平佛寺。

司马光深切辨析了苻坚败亡的成因，谈论这段历史的人大都认为苻坚不得善终，是因为没有杀掉鲜卑慕容垂和羌族姚苌等人。事实恐怕并非如此，东汉许邵评价曹操是治世之能臣，乱世之奸雄，假设苻坚不违背治国之道，慕容垂和姚苌将是前秦的能臣，又怎会作乱呢？其实，苻坚的失败，源于屡次取胜后骄傲的缘故。战国时期，魏文侯向李悝（或作李克）询问吴国灭亡的原因，李悝的回答是经常征战而又总是胜利。魏文侯大为不解，难道这不是国家的福份，反是亡国的动因？李悝指出，经常征战则民众疲敝，总是胜利则君主骄纵，以骄纵的君主统治疲敝的民众，没有不亡的道理，苻坚正是这种情况。

客观地说，在历代帝王中，苻坚的品性素养和执政能力已是相当不错的了，然而，即便如此也未得善终，更证实修明政治的艰巨性和长期性。甚至可以说，它已在某种意义上成为治国者唯一恒久的选择。

中国向来是多民族国家，要维护领土主权完整，构建多元和谐社会，唯有德政和法治双管齐下，以德服人，以法理事，此外别无他途。同时，面对纷繁复杂的国际形势，应继续坚持韬光养晦的方针，立足国内，首先解决好绝大多数人的所急所需，然后在世界上承担力所能及的责任和义务，绝不能图虚名而处实祸。事实上，只有自身足够强大，才能形成无法抗拒的向心力，并持续而久远地流传下去。

第八章

刘宋：国运有待继承人

众所周知，选立继承人攸关国家的前途命运，在历代政治生活中占有极重的分量，就这个角度而言，《周礼》规定，天子立一后、三夫人、九嫔、二十七世妇、八十一御妻，共一百二十一人。这并不是为君主的荒淫提供制度保障，而是在家天下和嫡长制的前提下，最大限度地储备人选以巩固政权。在古代政治理念中，“皇天无亲，惟德是辅”（《尚书·蔡仲之命》），判定执政合法性的核心标准是德行而非才能。刘宋（420—479）皇室子孙众多，可是除宋武帝和宋文帝外，君主失德，宗室不断自相残杀，改朝换代也就在所难免了。

公正地说，开国之君宋武帝来自社会底层，懂得民生疾苦，清简寡欲，严整有度，衣服住所非常简朴，很少游览宴会，后宫嫔妃也不多。获得后秦姚兴的侄女后，因过分宠爱而耽误了政事，谢晦稍加劝谏，就立刻将其遣送出宫。财产全都放在国库，没有任何私藏。岭南进献一种筒装细布，每筒有八丈长，他嫌太过精美华丽，耗费人力，让有关部门弹劾岭南太守，不仅归还细布，还禁止织造。公主出嫁，嫁妆不过二十万，再无其他锦绣之物。大家都严守禁令，没人奢侈浪费。尽管史书没有详细记载宋武帝对儿子的言教，但身教是不言而喻的。例如他把早年贫贱时用过的农具收藏起来，用以教诲子孙。可是宋文帝到丹徒（江苏镇江）祭拜京陵（祖父刘翘兴宁陵）时，见到这些遗物竟然觉得很没面子，侍臣连忙打圆场，以舜在历山耕种和大禹治水的典故说明，这是宋武帝仁德崇高和耕作艰难的体现。当年宋武帝到新洲割荻草，所穿布衫棉袄都是结发妻臧皇后所缝补，他把这些旧衣服交给长女会稽公主刘兴弟，让她以此警示后辈中的骄奢之人。可以说，宋武帝身体力行为后代树立了良好的榜样。

可惜的是，宋文帝尚且面带愧色，宋武帝所属意的继承人更是熟视无睹。太子刘义符常跟奸险之徒厮混。谢晦建言，天子年事已高，应考虑如何使大业万世长存，帝位至关重要，不能交给无法担此重任之人。天子提名庐陵王刘义真，谢晦拜访后称其德行低于才能，也不适合。的确，此人聪敏秀美，爱好文学，但性情轻浮，跟太子左卫率谢灵运、员外常侍颜延之及慧琳道人情投意合，过从甚密，宣称若能称帝，当以谢灵运和颜延之为宰相，慧琳道人为西豫州都督。然而，谢灵运傲慢偏激，不守法令，流放广州后被斩首弃市。颜延之嗜酒如命，放荡不羁。后来司空徐羡之等人密谋废黜刘义符，事成之后按长幼顺序当刘义真继位，而当权大臣利用他们兄弟间的宿怨，却把他贬为平民后杀害。

宋武帝的接力棒最终传给了刘义符，结果被谢晦不幸言中。这位新君在给父亲服丧期间跟侍从毫无节制地亲昵轻佻，嬉戏游乐。特进范泰严肃地提出批评：听说天子常在后花园习武练功，鼓声传到很远的地方，又在深宫禁苑打闹砍杀，在各部公堂喧哗嘶喊，这不仅无法威服四夷，而且会让远近觉得荒诞不经；天子即位后把政务交给宰相大臣，有商高宗武丁居丧不言的美誉，没想到却是亲近奸恶，恐怕不是治理国家和维持世风应有的做法。刘义符毫不理会，还在华林园建造了一排商店，亲自买入卖出，讨价还价，又划船取乐，晚上睡在龙舟上。宋文帝元嘉元年（424），徐羡之和南兖州刺史檀道济发动政变，将其废掉并杀死。

南朝裴子野一针见血地点出了刘宋皇室教育失败的缘由和恶果。古代明君教育子弟，必会延聘德高望重的师傅，儿子会说话时教授文辞，会走路时教导礼仪。宋朝的皇家教育一向不同，皇子在宫中时交给奴婢，居宫外时依靠跟班。担任“帅”和“侍”这两种重要职务的人都是等级低下的臣仆，他们口中不谈礼义，见识不知古今，却要担负起引导皇子言行的重任，谨小慎微之辈会把人引向小气鄙俗，狂妄粗暴之徒则可能把人引向凶暴邪恶。另外，皇子的师傅多由年迈体衰的大臣充任，“友”和“文学”等随从多是纨绔子弟担当，徒有虚名而已，何况皇子还不愿跟他们来往。至于年幼的皇子赴外就任，一般设有长史负责政务，典签推广教化，这些人也是窃弄权柄，恣意横行。正因如此，皇族虽然根深叶茂，但是优良的枝干凤毛麟角，再加上继位之君往往年幼，奸佞小人愈发层出不穷。可以说，除宋武帝和宋文帝以外，宋朝君主的作为无不令人发指，特别是宋明帝，亲近奸邪，昏庸无道，到了无以复加的地步，因而遭到天下人的唾弃，宋朝的气数也很快完结。执掌国家权力之人，应以此为鉴。

宋文帝在位三十年（424—453），居刘宋时代的一半，基本上延续了宋武帝的德行，仁慈俭朴，勤于政事，守法而不苛刻，宽容而不放纵，文武百官能久居其位，地方官员也以六年为任期，民众有所依托。这期间境内无事，人口繁盛，租赋从未增加，人民安居乐业，乡间读书之声不绝于耳，士大夫看重操守，普通人也厌恶无行。江左风俗以这时期最为美好，在六朝的乱世中，称得上是小康有成。

宋文帝不但严于律己，还通过各种途径教导皇族子弟。在给荆州刺史江夏王刘义恭的信中详尽阐明了以下三点基本要求：一是改掉急躁偏激的毛病，不能只要有想法就不顾一切达到目的，甚至没有想法也因受到外界的诱惑而随之产生欲望，这最容易招致祸端，应时刻警醒克制。比如，西汉卫青对士大夫以礼相待，对小人也有恩德；魏国西门豹因暴躁而佩戴苇草；晋国董安于因宽缓而携带弓弦，目的是为了自我警告，矫正性情，他们的美名得以千古传颂，相反，蜀汉关羽和张飞因任性偏执而不得善终，应深刻体察古人以为鉴戒。二是处理政事要遵循正道，平时做事择善而从，就会获得良好的声誉，不可一意孤行以炫耀独断英明。名分要格外珍惜，不可随便赏赐，用于亲信更要再三思量，即使没有额外的恩典，外间有所议论也并非不对。应多接见属员，见面次数少就不会亲近，无法知晓他们的思想感情，更不可能了解民间的具体情况。审讯刑狱多数要即时裁决，因为事先很难考虑周全，所以要虚心听取各方的陈述，谨慎处置，切勿把个人喜怒强加于人。凭权势欺凌自然人心不服，用威望统辖才会心悦诚服。三是个人生活应力求节俭，日常用品和衣服饮食要有节制，新奇器物和华美服饰不许制作，声色犬马和宴会玩乐不能过分，饮酒赌博和捕鱼狩猎不得参与，每月私人开支不应超过三十万，当然越节省越好，荆州府舍也不要为了追求新异而重新改建。

这封信可谓事无巨细，谆谆告诫。后来南谯王刘义宣替代衡阳王刘义季为荆州刺史，天子在正式任命前特意叮嘱，刘义季任职的时间很长，虽然没有特殊成就，但是洁身自好，胸怀宽广，待人诚实，驭下有方，深受士民爱戴，声名广为传颂，监察评议之人也并未提出调离的动议，只是为了历练同辈而调换。往后若有任何事情处理得不如前任，就会同当地人产生隔阂，使之认为换人不当，因而要尽心尽力，不要让别人指指点点，说出别的话来。刘义宣赴任后勤勉严格，各种事情处理得有条不紊。

宋文帝对儿子也言传身教。元嘉二十二年（445），天子为刘义季出任徐州刺史饯行，离宫之前要求儿子们暂时不要吃东西，到达送别地点后再设宴进餐。可是直到太阳西斜，刘义季仍未出现，大家饥饿难耐，这时天子才说，皇子从小生活在富裕安逸的环境中，不知道百姓的艰难，今天就是为了让大家体验饥饿困苦，以后才会生活节俭。

裴子野在充分肯定宋文帝用心良苦的同时，指出了刘宋皇室教育的深层隐患。宋文帝的这番训导确实无比正确，富足安康容易铺张浪费，贫穷艰苦自然节俭朴素，要使子弟懂得生于忧患方能成器的道理，最好让他们在贫贱中长大，只有这样才能深切地体察民间实情，更好地担当重任，乃至君临天下。宋文帝若真想做到这一点，就应降低儿子的官职待遇，教育他们树立良好的道德风范，磨砺自身的志向操行，然后付以国事，才不至于懈怠荒唐而可令远近悦服。然而，宋朝的实际做法恰恰与此背道而驰，比如，宋武帝为了巩固皇族地位，对尚在襁褓之中的婴儿都封爵，此后一直遵照执行，并委派这些爵位极高的小孩独镇一方。令人意想不到的是，从宋明帝直至宋朝灭亡，年幼的皇家子弟动辄几十人被掐死。既然国家存亡不靠他们维系，过早地将其置于万民之上的高位，实在不是什么好办法。

尽管宋文帝对皇室宗亲不遗余力地耳提面命，但他忽视了两个根本问题：一是未能有效调整前代制度的先天性缺陷，使得现身说法的成效不大。二是未能正确调节父子兄弟的关系，开启了皇家内部血腥残杀的序幕。最典型的例子莫过于对彭城王刘义康，正如司马光所言，两人的手足之情开始十分厚重，结果却以断绝兄弟友爱、损害君臣大义告终。刘义康先以嫌隙遭贬，后因牵涉孔熙先和范晔谋反而被从宗族除名，北魏南犯时无罪见诛。刘义季纵酒废事，终因酗酒过度而亡。

让宋文帝万万没有想到的是，他亲手打开的这个潘多拉盒子会如此迅速地报应在自己身上。当初袁皇后生下刘劭，觉得相貌异常，将来定会弄得国破家亡，想要把他弄死，幸亏刘义隆及时赶到制止。这多少带有点迷信色彩，但从宋文帝的宠溺来看，刘劭弑父也是有迹可循的。因为他眉清目秀，喜爱读书和延揽宾客，擅长骑马射箭，所以只要有所要求，天子均予满足，以至于东宫亲兵与御林军相等。元嘉三十年（453），天子认为皇族力量强大，唯恐内部发生变乱，特意加强了东宫兵力，多达上万人。

太子刘劭和始兴王刘浚犯了许多错误，多次受到责问而不思悔改，反而让女巫严道育进行巫蛊活动，密谋犯上作乱。事情虽已败露，但刘劭狡猾勇猛，且天子一直深深依赖于他，以致久议不决，使其得以弑君夺位，并杀掉了平素不喜欢的长沙王刘瑾、临川王刘烨、桂阳侯刘觊、新渝侯刘玠及刘义恭的十二个儿子。武陵王刘骏起兵讨逆，处决了刘劭父子五人和刘浚父子四人，南平王刘铄则因轻视新君而被毒死。

此后，无论是君主失德还是帝室内讧，非但没有得到有效纠正，反而愈演愈烈，更加不可收拾。宋孝武帝还不是刘宋君主中最恶劣的，所作所为都已十分不堪。他学问渊博，文章华丽，善于骑射，但是奢侈纵欲，对所宠幸的人滥加赏赐，国库为之一空。自东晋南渡以来，宫殿简朴，朝会宴饮仅在东西两堂而已，晋孝武帝末年才造清暑殿，刘宋以来也没有增改，而他大肆扩建，墙柱用锦绣装饰，甚至毁掉宋武帝旧居以建玉烛殿。当时旧屋床头有一截土墙，上面挂着麻葛灯笼和麻线蝇拂，侍中（掌管机要）袁顗盛赞宋武帝节俭朴素，他却自言自语，庄稼汉得到这种享受已很过分了。晚年的宋孝武帝更是贪财好利，凡是刺史等地方高级官员回京，定然限令他们进贡，还要一起赌博，直到把他们的钱赢光为止。他整天开怀畅饮，少有清醒的时候，常常伏在案几上昏睡过去，一旦外面有急事呈报，又会马上整好装束，精神抖擞，毫无酒意，所以臣下十分畏惧，不敢懈怠。

宋孝武帝的私生活更是骇人听闻，荒淫糜烂，为所欲为，不仅随心所欲地大兴土木，而且淫乱到不分亲疏尊卑的地步，丑闻流传民间，尽人皆知。尤为糟糕的是，国家政治也被卷入由此带来的荒唐之中。因为宠爱殷淑仪，所以对其子新安王刘子鸾的宠遇超过了其他人，除了赏赐无数，连他出任南徐州（江苏镇江）刺史，也要把吴郡（江苏苏州）硬行划归其治下。殷淑仪去世后，天子伤心不已，不断祭悼，乃至精神恍惚，无心处理政事。为了安葬殷淑仪，在龙山开凿出几十里山路，民众受不了这场苦役，许多人逃亡，自江南有葬礼以来，没有比这更隆重的场面了。又追尊殷淑仪为贵妃，另建祭庙供奉，还在凭吊时许诺厚赏哭祭悲伤之人。刘德愿立即捶胸顿足，失声痛哭，眼泪鼻涕流到了一起，随即被任命为豫州刺史。医师羊志也哭得极为悲痛，后来有人问起何以能做到，他说当时只不过是在哭自己死去的小妾罢了。

宋孝武帝的另一些行为简直难以解释了，每次宴会都让大家喝得酩酊大醉，再对他们极力嘲讽戏谑。侍中沈怀文不会喝酒，也不喜欢戏弄玩笑，被天子视为故意跟自己作对，由是遭致杀身之祸。天子又命大臣相互嘲笑攻击，以此取乐。吏部郎江智渊温文尔雅，受命让王僧朗本人嘲弄其儿子王彧，而江智渊严肃地指出不应有这样的笑谑，天子怒而辱骂他的父亲江僧安是个白痴，白痴同情白痴。江智渊立刻把脸埋在座席上痛哭流涕，自是宠信大减。后又因提议追谥殷贵妃为怀贵妃，天子认为不是最美的名号，更加怀恨在心，江智渊忧虑恐惧过度而死。由于天子总爱捉弄朝臣，自太宰刘义恭以下无不被污言秽语所羞辱，金紫光禄大夫（顾问应对）王玄谟被称作北方伧，仆射（副宰相）刘秀之被称作老抠门，颜师伯被称作大板牙，其他无论高矮胖瘦都有外号。黄门侍郎（侍从传达）宗灵秀体态肥胖，叩拜后起身不便，天子偏偏不断赏赐，就是要看他跌跌撞撞谢恩的样子，以此取笑。还经常让昆仑奴用棍棒殴打百官，自尚书令（总揽事权）柳元景以下均不免挨打，唯独忌惮蔡兴宗方正威严，不敢戏侮。

朝野以不同的方式劝谏，而宋孝武帝完全不当回事。他出城游猎至深夜才回，当值的侍中谢庄非要看到皇帝的亲笔命令才肯开门。事后天子问他是否想仿效东汉郅恽。谢庄回答，皇帝祭祀狩猎，出入有一定的规制，如今清晨出去，半夜方归，只因担心有不轨之事，所以定要看到敕令才敢开门。扬州秀才顾法在策论考试中写道，水源清澈则河流洁净，精神振奋则身体健康，亲历亲为则教化大行，言传身教则效果显著。天子很讨厌这种直接将责任归结到他身上的大胆直言，把试卷扔到了地上。

对待宗室方面，宋孝武帝是死死钳制毫不手软。他对皇族势力不断壮大深为厌恶，更不想让臣下操持权柄，太傅刘义恭看透了他的心思，先是提议裁撤录尚书事（实有相权）而得到应允，后又会同竟陵王刘诞建议裁减王侯的车马服饰、用具器物和歌舞制度，天子暗示有关部门把上述九条扩充为二十四条，主要内容有：处理政事时不能面南而坐，剑柄不能做成辘轳形状，属员拜见时只能自称下官而不能称臣，罢官后不再追加封赏。大明五年（461），雍州刺史海陵王刘休茂因与主持王府事务的朝廷官员不和，作乱未成而被诛。宋武帝第五子刘义恭打算奏请进一步限制宗族，包括不许统领沿边各州，收缴卫队的铠甲武器，禁止结交宾客朋友。侍中沈怀文坚决劝阻才作罢。天子即位以来，一直压制贬抑兄弟，平定刘诞之乱后，更是加强了对兄弟的控制。侍中沈怀文建言，汉明帝不让儿子的待遇超过光武帝之子，被后人传为美谈，现已诛杀管叔和蔡叔那样的谋逆之人，就应推崇周成王封叔虞于唐、封康叔于卫的举动，使国家有所依托。然而，事实正好相反，天子对兄弟毫不留情。孝建元年（454），他奸淫了南郡王刘义宣在京城的所有女儿，平叛后处死了他们父子十七人。次年，雍州刺史武昌王刘浑写了份檄文玩乐，号称楚王，改年号为永光，设立文武百官，结果被强令自杀。大明三年（459），宋文帝第六子刘诞因受猜忌反叛，兵败被杀。只有刘义恭深知天子猜疑残暴，担忧不能见容，故而言辞恭顺，曲意逢迎，才免于大祸。因此，天子去世时，朝臣无不额手称庆，以为度过了战战兢兢、如履薄冰的时代，谁知更险恶的日子还在后头。

客观来讲，前废帝刘子业不但完全缺乏为君的必备素质，而且大致可以定性为问题少年，最高权力被赋予这样的人，灾难自然在所难免。他在继位之初就懈怠无礼，对丧失君父没有半点哀痛之意，吏部尚书蔡兴宗指出，《左传》记载鲁昭公即位时毫无悲伤之色，叔孙豹知道他不会有好下场，今日国家的灾祸只怕要在此人身上显现。事实的确朝着这个方向发展，或许，他的思想行为已很难用常理推断，因为他连最基本的孝道伦理都置若罔闻。王太后病重，他竟然以病人屋里鬼多为由不肯前去探望，气得这位母亲要侍从用刀剖开她的肚子看看，怎么会生出这种东西。他让人重新绘制太庙里的先祖画像，参观时评价宋武帝是位大英雄，活捉了几个皇帝；宋文帝也不错，只可惜晚年被儿子砍了头；宋孝武帝是大酒糟鼻子而没有画出来，即刻叫人补上。就算撇开《春秋公羊传》“为尊者讳，为亲者讳，为贤者讳”的原则，常人恐怕也不至如此吧。

前废帝的荒淫无耻与其父宋骏一样出格。他的姑母新蔡公主刘英媚是宁朔将军何迈之妻，却被留在宫中，称为谢贵嫔；对外谎称其已死，杀了宫女顶替，用公主的礼仪安葬。又封她为夫人，特许可以乘坐挂有龙旗鸾铃的御车，所过街市戒严。何迈密谋废掉他而另立晋安王刘子勋，事泄伏诛。

不仅与此，前废帝到华林园游玩，让宫女赤身裸体追逐嬉笑，不从者当即处死。他还把所有妃子和公主召集起来，强迫随从凌辱她们，南平王刘铄之妃江氏不从而被鞭打一百，三个儿子南平王刘敬猷、庐陵王刘敬先和安南侯刘敬渊被杀。前废帝的姐姐山阴公主刘楚玉也是放荡无度，觉得自己跟皇帝虽然男女不同，但都是先帝所出，后宫可以有上万美女，而她只有驸马一人，实在太不公平。前废帝觉得很有道理，晋升她为会稽公主，并为之选了三十个面首（即美男子）。吏部郎褚渊容貌俊美，前废帝答应让他去侍奉，十几天中备受威逼，宁死不屈才得以放回。

前废帝对宗室同样心狠手辣。因妒忌胞弟刘子鸾深受父亲宠爱而迫其自杀，还杀了他的同母弟南海王刘子师和同母妹，掘毁殷贵妃的坟墓，甚至打算挖开宋孝武帝景宁陵，太史认为这样做不利才作罢。戴法兴对他严加管束而被逼自尽，柳元景和颜师伯密谋废立，事发后，他们想要拥立的刘义恭被肢解，挑出肠胃，剜出眼睛，用蜜糖浸渍，称为“鬼目粽”，五个儿子也被杀，其他涉案者无一幸免，此后朝臣随时会受到奴隶般的殴打羞辱。徐州刺史义阳王刘昶向来不为宋孝武帝所喜欢，民间经常讹传他要造反，前废帝让人对其用兵而使之逃奔北魏。他确实对这些叔父既忌恨又害怕，唯恐他们在外制造祸端，因而将其拘禁宫中，鞭笞侮辱，不顾人伦道德。湘东王刘彧、建安王刘休仁、山阳王刘休佑身体肥胖，被关到竹笼里称量，分别称为猪王、杀王、贼王，三人因年龄较长而常被押着跟随左右；东海王刘祎顽劣不堪，被称为驴王；只有桂阳王刘休范和巴陵王刘休若年纪较小，尚能自由。前废帝把饭放到木槽里，搅拌些杂食，在地上挖个坑，灌满泥巴和脏水，把刘彧剥光后放进去，让他用嘴拱槽里的饭吃，以此戏乐。不但如此，他先后十几次要杀掉他们三个，每次都亏刘休仁在谈笑间用谄媚的话讨好，才得以苟延残喘。有一次前废帝一怒之下把刘彧剥光，捆住手脚，用木棍抬着，吩咐太官准备杀猪，刘休仁笑着建议等皇子生下来后再杀，可以掏出肝肺来庆贺，这才化解他的怒气，次日放了刘彧。前废帝把朝廷弄得乌烟瘴气，天怒人怨，刘彧联合内侍弑君，并赐其同母弟扬州刺史豫章王刘子尚和姐姐刘楚玉自裁。

估计时人和后世读史之人大抵会以为宋明帝刘彧在前废帝朝受尽屈辱，定然发奋图强，一改旧习。可是事与愿违，他仍然沿着过去的轨迹前行。虽然早年宽厚平和，颇有令名，登基之初对曾拥护刘子勋称帝的官员多加宽赦，按才叙用，但晚年猜忌残忍，迷信巫术，颇多忌讳。言论文书要回避成百上千个像祸、败、凶、丧之类的字，“騧”看起来像“祸”而被改为瓜，稍有触犯，必受严惩，甚至被挖心掏肺。边境用兵频繁，国库空虚，官员断了俸禄，而他照旧奢靡浪费，每次制造器物，都要分正用、备用、次备用，各制三十件。亲信贪赃枉法，贿赂公行。以下三件事情很能说明问题：一是杀人无故，梦见有人报告豫章（江西南昌）太守刘愔谋反，醒后便诛之。二是布施无度，把原来的府邸改为湘宫寺，装饰得极为华丽壮观。原计划建十层佛塔，未成而改为两座，还颇为自得地向新安太守巢尚之夸耀，这是大功德，花费不少。通直散骑常侍虞愿毫不留情地驳斥，那是用百姓卖妻鬻子的钱所造，佛若有灵，也会慈悲为怀，哭泣哀叹，罪恶高过佛塔，何谈功德。天子震怒，把他驱逐出殿。三是荒淫无道，在宴席上让妇女脱光衣服给大家欣赏，王皇后用扇子遮脸，天子怒骂她是穷人家的寒酸相，竟然不跟大家一起取乐，王皇后毫不退让地回应，取乐的方法很多，但从未听说过姑嫂姐妹相聚观看裸体之类的欢乐。天子盛怒之下把她赶了出去。

对待宗室也一如前代。宋文帝和宋孝武帝排行都是第三，江州（江西九江）刺史晋安王刘子勋是宋孝武帝第三子，因此受到前废帝的忌恨，又因牵扯何迈谋逆之事而被迫起兵称帝，宋明帝刘彧击败寻阳（江西九江）政权，杀了刘子勋及安陆王刘子绥、临海王刘子顼、邵陵王刘子元。后又听从刘休仁的建议，赐死松滋侯刘子房、永嘉王刘子仁、始安王刘子真、淮南王刘子孟、南平王刘子产、庐陵王刘子舆、刘子趋、刘子期、东平王刘子嗣、刘子悦，至此，宋孝武帝的二十八个儿子被杀光。泰始五年（469），太尉刘祎谋反事发后自杀，其子辅国将军刘充明被废。两年以后，天子担心太子年幼，兄弟篡权，秘密害死南徐州刺史晋平王刘休佑、刘休仁、刘休若。在宋文帝的儿子中，只有刘休范人品低劣，才能平庸，不为所忌，才得以保全。

南朝史学家沈约简约描述了刘宋帝室内斗的过程，圣人制定法律，建立制度，定要称引古代明君，因为他们的道德风范足以成为后世效法的榜样。宋文帝在治国方面颇有建树，开创了“元嘉之治”的乱世繁荣，可是在对待皇室宗亲问题上遗患甚深。最典型的事例是，彭城王刘义康（刘裕第四个儿子）由于缺乏政治常识，只看到手足之情，不懂得君臣之礼，在已失去宠信并被猜忌的情况下还不醒悟，仍去冒犯，以至于只不过犯了仅需申斥训诫的小错，却招来杀身灭门的大祸。这就为后人树立了先例，使得宗室的自相残杀愈演愈烈，宋明帝更是变本加厉，无所顾忌，有过之而无不及。这样一来，皇权根基受到严重削弱，国家权柄逐渐转移，朝廷命运也随着人心而改变，宋室倾覆已成必然之势，好比降霜结冰，虽是渐进的过程，但成因可以追溯到很久以前。

南朝著名史学家裴子野则深入分析了刘宋帝室内斗的恶果，就连禽兽都有保护同类的天性，所以吞食猛虎的野兽不会伤及自己的儿子，跟狸猫搏斗的飞鸟不会顾及别人的巢穴，可是宋明帝昏庸无道，为了确保儿子顺利继位，不惜大肆屠杀同胞兄弟，灭绝人伦。宋朝的覆亡，不是天意，而是咎由自取。从历史经验来说，大凡亡国之君，无不对邪恶的亲信推心置腹，对至亲的近属深恶痛绝，信任依赖旁人，不顾一切地“窝里斗”。事实上，兄终弟及，国祚尚能绵延；他人登基，宗庙祭祀则会完全中断。例如晋武帝背弃母亲的临终重托，逼死众望所归的弟弟司马攸而以白痴的晋惠帝继位，结果皇后贾南风兴风作浪，搅得天下大乱，中原大地从此沦入胡人之手。又如宋文帝曾在姐姐会稽公主刘兴弟面前，对着宋武帝初宁陵起誓，不杀弟弟刘义康，最终还是没能做到。后来刘劭弑父自立，宋文帝也未得善终。总之，祸福无门，难以事先选择；兄弟相亲相爱，或许还能各保平安。

其实，当时看透时局之人早已对此了然于胸，改朝换代的车轮正不以人的意志为转移地悄然而至。泰始七年（471），朝廷征召萧道成。萧道成精辟地分析形势，天子担忧太子幼小而剪除兄弟，与别人无关，稍有迟疑就会受到疑猜，而且骨肉相残，政权势必难以长久，大祸就要来临。

后废帝的不可理喻无疑加速了刘宋的覆灭。当他还是太子时，就喜欢沿着杆子爬到离地一丈多高的地方，并且喜怒无常，无从劝阻。因多次受到母亲责打，继位之初还不敢放纵，自从冠礼过后，母亲对他的控制日渐减弱，出宫游玩也变得稀松平常，刚开始还有整齐的仪仗队，没过多久就丢下随从车马，在荒郊野外或者街头闹市四处乱窜；晚上投宿旅店乃至白天睡在马路边，在市井小民中挤来挤去，跟他们做买卖，遇到怠慢侮辱也不在意。只要陈太妃坐着牛车尾随其后监视约束，他就换乘快马，一口气跑出很远，谁也追不上。缝衣服和做帽子之类劳作的事情看过即会，从未使用过的乐器也会调音。平定刘景素之乱后更加骄横残暴，每天不是晚出早归，就是早出晚归，不管碰到人或动物，即刻杀死，无一幸免。民众忧愁恐惧，店铺停止营业，家家关门闭户，路上几无行人。钳、锥、凿、锯等器具从不离手，只要稍不顺眼，就当场杀人剖腹，甚至一天不杀戮就闷闷不乐，随侍人员忧虑惶恐，饮食作息不得安稳。因为经常受到王太后的教训，又嫌端午节赏赐的羽毛扇不够奢华，竟想毒死她，左右以这样做就得当孝子而无法出去玩耍游乐为由，才打消了他的念头。有人上告散骑常侍杜幼文、司徒左长史沈勃及游击将军孙超之谋反，他随即亲自前往屠杀，砍断肢体后，把肉一块块割下来，连婴儿也不放过。沈勃临死前痛骂他的罪恶超过桀纣，死在眼前，确实符合实情。

直到此时，宗室内乱仍未结束。宋苍梧王元徽元年（473），刘休范以宰相自许而未能如愿，反叛伏诛。元徽四年（476），后废帝疯狂残忍，德行丧尽，朝野寄希望于南徐州刺史建平王刘景素，但杨运长和阮佃夫想长期掌权，意欲除掉刘景泰，刘景素兵败后父子四人被杀。杨、阮二人还对刘休仁之子始安王刘伯融和都乡侯刘伯猷渐渐长大感到威胁，假传圣旨让他俩自尽。

刘宋气数已尽，谁也无力回天了。宋顺帝升明元年（477），萧道成策反后废帝的近侍杨玉夫和杨万年，诛杀暴君，继立安成王刘准，又调后军将军杨运长为宣城（安徽）太守，至此，宋明帝的亲近宠臣全被调离要职，齐王萧道成掌控了朝廷实权。

沈约从帝王心理的角度精确解析了刘宋亡国的原因，君主身居九重深宫之中，与民间隔绝；在身边陪侍的只有亲信近臣，又跟百官相距甚远，上下的沟通，本应由固定的机构执行，可是身边的侍从因朝夕相处而受到恩宠，以深受信任而获得权力，因为哪怕像宋文帝和宋明帝大权独揽，也不可能完全了解国家大事复杂纠结的来龙去脉和前因后果，在收集情报和整理资料方面不得不依靠身边之人。而且，在君主眼里，这类人没有使人畏惧的力量，只有取悦迎合的脸色，不仅对居上位者的喜怒哀乐和思想意图把握得准确到位，还能曲意逢迎，使人处处称心如意，从来不出差错。

君主从倚仗发展到依赖，已经无法离开，再加上他们地位卑贱，身份低微，看似不可能专权干政，作威作福。实际上，这些人在内窃弄君主的权柄，在外狐假虎威，呼风唤雨，直至权势膨胀到足以颠覆政权时，君主可能依旧没有醒悟。宋明帝晚年就是这样，只因担心皇子势力孤弱处境不利，所以大肆屠杀宗室近亲，奸佞之辈出于消灭皇族以便永远控制朝政的打算，利用天子的阴暗心理，故意挑起矛盾，制造事端，为这场血雨腥风推波助澜。或许他们都没料到的是，这样做只是从客观上加速了宋朝的灭亡。

时至今日，虽然家天下和世袭制早已成为历史，但继承人问题依然是关系国家前途命运的大事，绝不可等闲视之。一方面，应始终坚持德才兼备的选人用人原则，任人唯德，提拔贤才，使得人称其位；另一方面，应始终坚持发挥民主法治的作用，通过制度建设，建立起选拔人才的长效机制。可以说，治国的成败，很大程度上取决于能否知人善用。从历史经验来看，从来都不缺乏人才，关键在于执政者是否有足够的勇气和素养，足以摒弃任人唯亲和任人唯奴等人性固有的弱点，站在国家民族长远发展的角度来思考决策。自古以来，君子谋事，小人谋人，只有君子在位而小人退场，河清海晏才可能变成现实。

第九章
梁朝：积善莫若行正道

在儒家政治理想中，执政者不仅要遵守通行的道德准则，更要遵循基本的治国原则，因为在某种程度上，失德意味着在位非法，乱法注定会朝政败坏，这是善政的天敌和倾覆的动因。

梁武帝在位四十八年（502—549），与前代相比，仅次于汉武帝的五十四年，所不同的是，后者把西汉推向了顶峰，前者亲手葬送了梁朝（502—557）。在历代“正朔”帝王中，身兼开国之君和亡国之君双重身份者，仅此一人而已矣。客观地讲，梁武帝品性颇佳，勤勉简朴，但他忽视了为政的根本之道，沉溺佛教，亲近奸邪，逐渐把朝局拖入到万劫不复的泥沼之中。几乎可以肯定地说，帝王最大的善行是为天下人谋福祉，故而在个人修身之外，躬行正道显得尤为重要。

纵观梁朝历史，梁武帝前后简直判若两人，正如史学家胡三省所言：

“萧衍举事于襄阳，智计横出；及遇侯景，庸夫之不若。岂耄耶，抑天夺其鉴也？”也就是说，他在建业之初何其英明，亡国之际何其昏聩，若不是八十六岁高龄的缘故，就只能是上天要灭亡他而使其先丧失明察，否则难以解释。这个谜团的确令人费解，不过，若从梁朝兴衰的史迹中仔细探寻，还是能发现主观因素之外的内在必然性，至少在以下四个方面的转向深深埋下了覆亡的祸根：

（一）从施行仁德到偏袒皇族。无论创业还是守成，仁德都是取得成功的核心要素，梁武帝在执政之初践行了这种传统政治精神。齐和帝中兴元年（501），萧衍掌权后施行大赦，废除东昏侯时期的严刑峻法和苛捐杂税，重新审理冤假错案，收葬双方阵亡将士，处死乱国之人，赏赐有功之臣，这些举措无疑深得人心。而且，他自信地改变了魏晋以来诛杀前朝帝室的陋习，并向南齐南康侯萧子恪和祁阳侯萧子范坦言否决此类提议的三个重要理由：一是从天命所归来看，若是单凭武力，项羽也终归失败，而应天受命之人是无法阻挡的。宋孝武帝猜忌心重，兄弟中名声稍好者都被毒死，对臣下更是如此，可是雄才伟略的齐高帝虽受猜疑而无法铲除，平庸愚笨的宋明帝虽被忽略而尽诛同宗，那时自己也已出生，宋明帝又岂能预知今日之事？江南每次改朝换代总是大开杀戒，这只不过向世人显示缺乏度量罢了，而且有伤和气，使得国运不昌。二是从血缘关系来看，齐梁皇室虽然出了五服，但仍是较近的亲族，南齐创业时还曾同甘共苦，情同一家。齐明帝篡位后大肆屠杀齐高帝和齐武帝的后裔，当时只要有人挺身而出拨乱反正，自会尽心拥戴，后来不得已大兴义兵，既是报杀兄（萧懿）之仇，也是为宗亲雪耻，重新取回天下。三是从时势发展来看，刘子舆自称汉成帝之子，光武帝指出，就算汉成帝复生，也不可能再次得到天下，更不用说所谓他的儿子了。曹志是魏武帝之孙，却成为西晋的忠臣。以齐梁皇族的近亲关系，更能处理好这个问题。梁武帝果不食言，萧子恪兄弟十六人在梁朝做官，其中，萧子恪、萧子范、萧子质、萧子显、萧子云、萧子晖以才能知名，历任清要之职，全都得以善终。

梁武帝的这些作为并不是笼络人心的权宜之计，而是他确实怀有慈悲怜悯之心。例如规定锦纹不能织成仙人鸟兽的形状，否则剪裁起来违背了仁爱，还专设孤独园收养穷困百姓。可惜的是，他没有把自己德性的光辉广泛地洒向人民，而是局限地向特权阶层倾斜，宽纵宗族，优待官员，这些人犯法往往被宽赦，平民有罪则广加株连，老幼不能幸免，一人逃亡，全家都要服苦役。许多人被逼得走投无路，作奸犯科之事更加严重，这就使得他的仁德走向了反面。有位老人在郊祀时拦住御驾进言，朝廷执法对庶民太严酷而对权贵太宽松，只有颠倒过来才是久治之道。天子这才考虑对社会下层放宽刑法，使流放和受株连而应服劳役之家的老人小孩免于处罚，大逆不道之罪也不连坐父母和祖父母。相对于社会上层动辄得到额外的恩典，上述两条优待政策犹如蜻蜓点水，波澜不惊，因为天子可以一次性赐给皇亲国戚五服以内的妇女汤沐邑（受封者收取赋税的私邑），男子受封乡侯或亭侯，按亲属关系的远近区分等级。更为严重的是，在天子的纵容下，皇家子弟已完全凌驾于法度之上，国政也就可想而知了。以下五件事情颇能说明问题：

第一，天监四年（505），西昌侯萧渊藻（天子的长兄萧懿之子）杀死轻视他的益州刺史邓元起，又以北魏入侵时逗留邀官为辞诬告其谋反，邓元起的故吏罗研到朝廷申诉，天子这才责备萧渊藻，把他贬为冠军将军，另赠邓元起征西将军，谥号为忠侯。

唐代史学家李延寿一针见血地指出，邓元起是梁朝重要的军事将领，勤于政事，体贴下属，开辟疆土，功不可没。不幸的是，功劳尚未得到赏赐，自身先遭祸难，实在是国家的巨大损失。萧渊藻因私恨而擅杀重臣，又以诬告来掩饰罪行，可是梁武帝没有依法定罪，而仅将其贬为冠军将军，罪责和处罚明显极不相称，并且这不是一般的法律适用不当，而是明目张胆地袒护宗室，从而开启了有法难依权贵横行的局面，政治法规也逐渐形同虚设，梁朝势必难以长久立国，由此可见一斑。

第二，天监十七年（518），临川王萧宏（天子的六弟）因宠妾的弟弟吴法寿公然杀人后藏入其家而被免去官职，没过多久又被任命为中军将军、中书监（实有相权），兼任司徒。

司马光严肃地提出质疑，天监四年（505），萧宏率军北伐，在洛口畏缩不前，致使数十万大军溃散，这让他感到羞愧愤恨。京城造反作乱者都打着他的旗号，可是梁武帝每次都予以宽恕。假设严格按照律令，萧宏担任主将而导致三军覆灭，作为臣子又有大逆不道的嫌疑，天子赦免他的死罪，已是出于兄弟恩情，无比宽厚的了，但是短短几十天，又让他重新位列王公，不仅将前面的严重过错一笔勾销，而且惩罚也如同儿戏，身为皇族即可逍遥于法度之外，那么作为法纪基石的公理何在？

第三，普通三年（522），萧宏之子萧正德曾被天子收为养子，在萧统出生后被送还，一心想成为太子的萧正德对此愤愤不平，竟然逃奔北魏，因不受重视而再次逃回。天子流着眼泪教诲，同时恢复了他的西丰侯爵位，但他没有半点悔改之意，大量招纳亡命之徒，杀人越货，跟随豫章王萧综抵抗北魏时丢下军队私自返回。天子清算了他的罪恶，免官夺爵，流放临海（浙江台州），半路上又追回赦免，后来还加封其为临贺王。

第四，普通六年（525），天子曾纳东昏侯的宠姬吴淑媛，七个月生下萧综，这使得萧综把自己当成南齐帝室的后人，起了谋逆之心，很多人知道此事，只因惧怕天子的严酷而不敢上报。萧综争取到驻守彭城（江苏徐州）后，在对抗北魏的前线投敌，导致梁军大败，丢城失地。天子闻讯惊异万分，有关部门奏请削夺他的爵位封地，从宗族中除名，把他的儿子萧直改姓悖。但没过十天，天子又恢复了萧直的宗籍，并册封萧直为永新侯。与此形成鲜明对照的是，萧综叛逃北魏后改名萧赞，以示与天子断绝父子关系。萧综去世后，有人把棺柩盗回江南，天子仍按儿子之礼安葬，怪不得胡三省感叹：“（萧）赞不以（梁武）帝为父，而帝犹以赞为子，可谓爱其所不当爱矣。”

第五，中大通四年（532），扬州刺史邵陵王萧纶让人到市场上赊购几百匹锦彩丝布，商人都闭门不出。少府丞（主管皇室财政）何智通报告此事，萧纶被责令回府闲居。令人意想不到的是，何智通由是遭到萧纶的防阁（王府护卫武官）戴子高暗杀，因为认识凶手，他在临死前蘸血写下邵陵二字，使奸谋得以败露。萧纶被废黜为平民，锁禁于府第，但没过多久又恢复了爵位。

（二）从虚心纳谏到自以为是。在儒家治国理念中，受推崇的不是君主独裁而是君臣共治，因此，孟子把商纣王称为“一夫”（独夫民贼）（《孟子·梁惠王下》），从谏如流也理所当然地成为明君的基本素质，并会对国政产生切实的影响。梁武帝前期确有广博的胸襟和宏大的气度，例如因纳东昏侯的余妃而荒废政事，范云劝说未果后，联合侍中（掌管机要）兼领军将军王茂再次进言，以刘邦攻入秦朝首都咸阳后不近女色而范增畏惧其志向远大为例，说明内乱刚刚平定，不应仿效乱身亡国的行为。萧衍欣然接受，把余妃赐给王茂，并分别赏赐他俩百万钱，还专门为此丰富了原有的制度，在公车府（主管上书和征召）的谤木和肺石旁各放一个盒子，以方便布衣处士发表意见及有功有才之人申诉冤沉。

基于自信开放的心态，梁武帝还能曲意采纳不合心意却于理有据的建言。有人提议在会稽（浙江绍兴）和国山封禅，许懋提出三点理由反对：一是从经书原意来看，舜在泰山祭天是为了巡狩，并不是郑玄引用纬书所解释的以其成功告于神明，因为舜每五年遍巡天下，四季巡视四岳，若是封禅就不会如此频繁，更何况上古时代结绳而治，民风淳朴，根本不会刻石记载或是用金粉书写来报告政绩。二是从历史经验来看，正如管仲所言，只有受命之君才能封禅，推而广之，圣主无须做而凡主不应做，秦始皇和东吴孙皓均非盛德之人，不足以效法。三是从现实情况来看，封禅的礼仪大抵是道听途说，背离了原初的意义，完全是君主喜好名声，臣下有意逢迎，既然祭祀天地有常规，诚敬之道已相当完备，就不应再妄谈此事。天子随即中止了原来的计划。至于切中时弊的建议，更是来者不拒。尚书右丞（尚书省副次长）江子四在密折里详尽论述了朝政得失，天子表示，自己的过失往往本人很难看到，相关部门要对所陈问题随时展开检查，凡是不利于民的事情，应及时启奏。

然而，梁武帝未能善始善终，后期却走上了伪饰拒谏的道路。大同十一年（545），散骑常侍（侍从顾问）贺琛上陈四条意见：一是官员横征暴敛，百姓流离失所，户口正在逐渐减少；二是社会风气奢靡，贪污腐败盛行，道德操守完全败坏；三是小人竞相冒进，政治环境混乱，无人顾及国家大局；四是朝廷不知节制，民众困苦不堪，前途处境令人担忧。天子阅后勃然大怒，逐条加以反驳，不仅让他具体指出谁是贪官污吏，哪些项目劳民伤财，还严厉地质问，若是不能信用官员，又该如何管理国家，甚至不惜现身说法，声称自己不爱饮酒，不喜声色，住处简陋，穿戴朴素，每天三更起床，忙到太阳偏西才吃一顿素食了事，正是提倡节俭的范本。贺琛只得连连请罪，其他大臣更不敢说话了。不容否认的是，天子确有许多常人的优点，但他亲信奸诈之徒，耗巨资供养佛教，助长了奢侈之风，加剧了社会矛盾，动摇了统治基础。大概贺琛的奏折正好触到了实处，因而引来令人意想不到的过激反应。

司马光从根本上否定了君主自作聪明的态度，梁武帝在位时间如此之长，最终却死于侯景之乱，开国之君而亡国，在正史上也算是异数。不过，从贺琛上奏一事已能探寻到某些必然性的因果关系。一般来说，君主缺乏雄才大略，就会专注于琐细之事，不是从臣下的进谏中吸取精华，而是在细节上吹毛求疵，臣下言事固然应力求简明扼要，着眼于大政方针，更为重要的是，君主要能抓住核心问题而不是纠缠于细枝末节，这样才能纲举目张，事半功倍。实际上，贺琛的奏章尚未达到直言极谏的地步，可是天子已经恼羞成怒，接连质问徭役过重的程度，贪腐官员的名字，铺张浪费的数目，用这些难以回答的问题求全责备，同时极力自我辩解，袒护短处，夸耀长处。也许在他的心目中，每顿吃素就是勤俭节约和最大的美德，整天忙碌就是辛劳工作和最佳的治国方法，这些一样都不少，没什么需要增加的，所以臣下的规劝完全不值得听取。身为天子近臣的贺琛已然如此，比这更为恳切激烈和直言不讳的话，自然永远不会再有人说了，结果奸佞小人近在眼前却视而不见，重大决策颠倒错误也完全不知，身死国灭，遭人讥笑，实在是可悲可叹。

（三）从知人善用到重用佞臣。无论在法理上还是现实中，君主都不可能事必躬亲，选任官吏因而显得无比重要，几乎直接关涉施政的成败，梁朝初期的兴盛和末期的败亡均与此密切相关。初期所用官员大都人称其位，就朝中要员而言，范云执掌机要，终日紧张忙碌，并能直言进谏。在他之后，按资历轮到尚书令（总揽事权）沈约，此人是佐命元勋，文名颇盛，但只知道贪图荣华富贵，在政治上唯唯诺诺，没有任何建树，故而改用尚书左丞（尚书省副次长）徐勉和右卫将军周舍。前者每次誊录奏章后即烧掉草稿，后者经事无数却从未泄露过半点机密，两人常留在朝中处理政事，少有休息，人称贤相。另调沈约为左光禄大夫（顾问应对），右光禄大夫王莹为尚书令，沈约有意于三公之位，徐勉为其请求开府同三司之仪，均未得到批准。就地方官员而言，不仅选用清廉公平之人，而且每次任命都当面用正道勉励，提拔尚书殿中郎到溉为建安（福建建瓯）内史（太守），左户侍郎（户部次长）刘彧为晋安（福建福州）太守，两人以廉洁著称。基层官员也按能力升迁，调山阴（浙江绍兴）县令丘仲孚为长沙（湖南）内史，武康（浙江德清）县令何远为宣城（安徽）太守，因而大家无不以勤政廉政自勉。

不过，梁武帝终究还是从亲贤臣走向了亲小人。在徐勉和周舍之后，当权的是何敬容和朱异，前者忠厚勤恳而缺少文才，以维护法纪为己任；后者文思敏捷，善用各种手段博取赞誉，两人品性不同，但都得到宠信。朱异掌权三十年，收受贿赂，媚上欺下，远近无不痛恨。他的园林住宅豪华气派，古玩珍宝不计其数，饮食音乐精美，妻妾侍女动人，代表当时的最高水平。每到下朝之日，门庭若市，车水马龙。太清元年（547），在朱异的力主之下接纳侯景归降，并授以大将军、河南王、都督河南北诸军事、大行台之职。平西咨议参军周弘正擅于观察天象以预测吉凶，早先预言几年后国内会有兵戈之乱，此时慨叹找到了真正的原因。最不可思议的是，侯景后来以诛杀朱异为名叛乱，朱异在都城陷落前忧惧而死。天子听说朱异平生志在宰相，竟然破例赠赐尚书右仆射的名号。

（四）从重视教化到迷信佛教。礼乐教化是国家长治久安的根本，不可动摇，随着梁武帝从崇儒到佞佛的转变，社会风俗和政权根基发生了不易觉察的微妙变化。南齐制定礼乐的工作一直没有完成，梁武帝认为，这是治国安邦的头等大事，应尽快推进，不能坐等太平盛世之后再做。尚书仆射（尚书省次长）沈约奏请“五礼”各置旧学士一人，并由他们各自推荐学古一人相助，存疑之处依西汉石渠阁和东汉白虎观的旧例，由天子裁决。于是委任右军记室（主管文簿）明山宾等人主持，何佟之和镇北咨议参军伏暅先后全面负责，完成之后遵照施行。与此相应的是，虽然江南自东晋以来开设了国学，但存在的时间不长，也没有形成讲授传统，天子向来喜好儒术，认为两汉读书人都是通过经学进入仕途，信守儒家正道的饱学之士往往能建功立业，魏晋以来儒学式微，士人浮华张扬，致使中原沦陷，故而设置五经博士各一人，广招儒生；又以贺瑒、明山宾、沈峻、严植之为博士，各自主持一馆，供给生活资用的同时，还给考试优秀的学生授官，天下士子云集而至。此外，又选送学生到会稽云门山跟随隐居的何胤学习，并从中选拔品学兼优之人。还分派博士祭酒巡视州郡的立学情况，初立孔庙，设置州望、郡宗、乡豪各一人，负责搜求举荐人才。天子视察国子学后，让太子以下王侯的适龄之子入学。

谁能预想，后来梁武帝的思想竟然发生了一百八十度大转弯，不仅多次到同泰寺讲经，还三次舍身，成为中国历史上最著名的佞佛帝王。大通元年（527），修建同泰寺，又取合音相同，开大通门与之相对，天子早晚从这里出入，并在此寺举行舍身仪式，大赦改元。中大通元年（529），天子到同泰寺设四部（僧、尼、善男、信女）无遮（平等财施和法施）大会，脱下衮服，换上法衣，行清净大舍，住在寺中，室内素床瓦器，乘坐小车，家臣执役，升讲堂法座为信众讲解《涅槃经》。群臣用亿万钱祈求赎回皇帝菩萨，僧众默许，经过三请之后，天子才同意回宫，

期间每次给朝臣回信都称顿首。没过多久又开同样的法会，大赦改元，有五万多人参加。中大通三年（531），天子到同泰寺讲解《涅槃经》，前后持续了七天。中大通五年（533），天子到同泰寺讲解《般若经》，先后持续了七天，数万人到会。大同四年（538），因犯人李胤得到如来佛的舍利而大赦天下。中大同元年（546），天子住在同泰寺的临时官署讲解《三慧经》，大赦改元。夜里佛塔起火，他认为这是魔鬼造成的，使行善受到了阻碍，应大量进行佛事活动，故而决定大兴土木，建造规模超过以往的十二层佛塔，后因侯景之乱而中止。太清元年（547），天子到同泰寺举行舍身仪式，在群臣给佛门捐钱后赎身，大赦改元，与大通元年一样。

梁武帝长期持续而近乎狂热的举动，带动臣民跟风效仿，不仅使非正统思想占据主流，而且把国政带入了迷途之中。太清二年（548），萧纲在玄圃讲说《老子》和《庄子》，侍中兼太子詹事何敬容对学士吴孜感慨，西晋崇尚虚无玄妙之论，结果中原沦落胡人之手，如今太子重蹈覆辙，只怕江南也要成为胡人的天下了。梁元帝继承父亲之位。梁元帝承圣三年（554），天子酷爱玄谈，听说西魏入侵才停止讲析《老子》，后来得知消息有误又恢复讲座，百官身着戎装听讲。君主如此行事，梁朝守不住最后的弹丸之地也尽在情理之中。

总体而言，梁武帝确有不少优秀品质，博学多才，勤政节俭。自信奉佛教以来，长期斋戒吃素，以菜羹粗米为食，衣帽被褥多为粗布黑色，两三年才换新，嫔妃的衣裙不拖地，除了祭祀、宴会和佛事，很少奏乐，严寒酷暑也衣冠楚楚，对太监近臣如同贵客。然而，他太过宽待社会上层，以致官员鱼肉百姓，使臣干扰地方，权贵骄奢淫逸，宗室违法乱纪。崇尚礼乐而忽视刑法，大臣自然也不重视审案，使得不法分子有机可乘，受贿多得像市场出售商品，冤狱遍地。到了他的晚年，更是满足于处理各种日常事务，专心研究佛教戒律，每次判决重大案犯都很不高兴，甚至对谋反之人也仅哭泣悲伤一番后予以原谅。正因如此，贵族豪门更加专横，有的公然白天在都城杀人，有的夜晚公开抢劫，罪犯藏匿于王侯家，官吏不敢前去搜捕。天子深知这些弊政，只是溺于慈悲仁爱，无法下决心禁止，而偏离治国正道的后果就是以悲剧收场。

从表面上看，梁武帝一直被侯景玩弄于股掌之间，究其本质，还是梁朝政治已先行腐朽不堪，漏洞百出，才给人以可乘之机。太清三年（549），侯景在围攻首都建康（江苏南京）之时上书陈述了天子的十大过失：一是喜欢伪饰虚诞，厌恶实录，把妖孽视为祥瑞，对上天的警示置若罔闻。二是解读经书，排斥前代儒生的观点，这是王莽的做法。三是用铁铸造货币，轻重时常变化，这是西汉公孙述的做法。四是滥授官爵，导致官场风气不正，朝纲紊乱，这是西汉更始帝和西晋司马伦的做法。五是萧综把父亲视为仇敌，萧纶让人扮成父亲而痛加殴打，这是后赵石虎的做法。六是到处兴建寺庙佛塔，造成极大的浪费，致使民众饥寒交迫，这是东汉笮融和后秦姚兴的做法。七是宫殿雄伟华丽，天子只跟主办文书的官员决断国家大事，政务要通过贿赂才能办成。八是宦官富足豪奢，僧人产业殷实。九是太子喜好珠宝，沉湎酒色，说的是轻薄的话语，写的是淫荡的诗赋。十是萧纶到处残害百姓，湘东王萧绎的属下贪婪放纵，南康王萧会理和定襄侯萧祇等人沐猴而冠，他们都是至亲的子孙，位列王侯，可是天子被围困一百多天，没有任何人真正前来勤王。像这样而奢望国运长久，自古未有。虽然侯景是政敌，但说的都是实话，天子看后既羞惭又愤怒。国都很快陷落，天子叹息，从自己这儿得到，又从自己这儿失去，没什么可遗憾的。这种自我安慰早已于事无补，最终只能在羞辱落寞中惨淡离世。

梁武帝对权贵宽而对百姓严，颠倒了政治方向而试图用善男信女的修行方式谋求长远发展，结果只会适得其反，因为居上位者最大的德性和善行是以民为本，关心民众，体恤民众，爱护民众，珍惜民众。古人早就深切地懂得这个道理，《尚书·五子之歌》："民为邦本，本固邦宁。"《孟子·尽心下》："民为贵，社稷次之，君为轻。"《荀子·哀公》："君者舟也，庶人水也，水则载舟，水则覆舟。"在此前提下，"以不忍人之心，行不忍人之政，治天下可运之掌上。"（《孟子·公孙丑上》）也就是说，用怜悯关爱别人之心，施行怜悯关爱人民之政，治理天下就相当容易了。

时至今日，这种思想得到进一步继承和发展，党的根本宗旨是全心全意为人民服务。2008年，胡锦涛同志在北京奥运会开幕前夕接见中外媒体采访时指出，必须倾听人民的声音，尊重人民的意愿，关心人民的疾苦，维护人民的利益，想人民之所想，办人民之所需。2011

年，胡锦涛同志在庆祝建党九十周年大会上的讲话指出，要高度重视并切实做好新形势下群众工作，坚持问政于民、问需于民、问计于民，真诚倾听群众呼声，真实反映群众愿望，真情关心群众疾苦，依法保障人民群众经济、政治、文化、社会等各项权益。只要各级领导干部心中有阳光，心中有温暖，心中有仁爱，更多地关注底层百姓，关注弱势群体，关注边远地区，社会的和谐发展必将呈现出欣欣向荣的美好局面。

第十章
北魏：稳妥改革为上策

在儒家思想史上，孟子“法先王”和荀子“法后王”代表两种不同的价值判断和道路选择，前者着眼于理想的道德层面，属终极目标；后者着眼于现实的制度层面，属必经途径。尽管思孟学派占据儒学主流，但荀学把孔孟的理想与现实对接起来，为西汉“独尊儒术”（即与政治的紧密结合并上升为国家意识形态）打开了通道。因此，改革（古人常称变法）往往成为有为政治家开创新局或者力挽颓势的必然选项，差别只在于推行的力度、广度和深度的不同。

北魏（386—493—534）孝文帝元宏推进汉化的决心和措施在中国历史上称得上是快速而彻底，但在促使国家兴盛的同时，也为覆灭埋下了种子。或许，改革是项牵动全社会所有神经的系统工程，任务繁杂艰巨，只有稳妥进行才能取得预期效果而避免难以料想的后遗症吧。

孝文帝四岁继位（471），直到祖母冯太后去世（490）才完全亲政，可是就在此前几年，北魏先后进行了三次卓有成效的大型改制，有力地推动了经济社会的发展。

（一）官俸制。孝文帝主张实行中原地区给官吏发放俸禄的制度，这也有利于惩治贪污，为此每户增加三匹帛和二斛九斗谷的国税以及两匹帛的地税，同时把以往死刑规定中贪污十匹和受贿二十匹帛的数量改为一匹。后来淮南王拓跋佗奏请回归北魏旧制，中书监高闾反驳了守旧派的观点，发放薪俸会使廉洁之人保持清白，贪官污吏也足以改过自新，反之则会使后者肆无忌惮地贪赃枉法，前者难以维持生计。新政由是得以继续。

（二）均田制。北魏初年有很多人自动依附豪强，虽然无须为官府服役，但地主征收的租税比官府高出一倍。鉴于土地集中在少数人手里的现状，给事中李安世主张尽量平均土地，使人均耕种面积保持相对平衡。孝文帝赞赏并细化了这项政策，规定分给成年男子每人四十亩、女子二十亩不能种树的农田；每头牛三十亩，每户以四头为限；隔年和隔两年才能耕作的田地分别增加一倍和两倍；另外授给男子二十亩桑田用以种桑五十棵，民众到了纳税年龄即受田，年老或去世时归还，桑田不用交回。官府应经常统计人口情况，土地盈余者不受也不还，不足者依法配给，自有田土可以自由买卖。地方官员也按等级就近分配公田，离任时移交接任者，私卖治罪。

（三）“三长”制。北魏一直没有基层行政组织法规，一般由大家族的宗长出面主持，民众大多隐瞒或假冒他人户籍，甚至出现三五十家仅有一个户口的现象。内秘书令李冲主张按照古代的方法，五户设邻长，五邻设里长，五里设党长，分别享受相应的待遇和升迁；户税为一匹帛和两石粟，三分之二上缴国库，五分之一为官员俸禄，其余供地方政府支出；八十岁以上免除一个儿子的差役，孤寡残病贫等五类人由“三长”轮流供养。大多数官员认为按九个等级征税通行已久，变动容易引起骚乱。冯太后的看法正好相反，新制确立了公平的赋税标准，减轻了人民的负担，也方便查出隐藏的户口，有利于制止逃税漏税的情况，对政府和民众是双赢，不会行不通。由于税额减少到过去的十几分之一，实施过程中没有遇到多少阻力。后又规定地方官员按辖区户口领取薪水，无疑使这项政策得到了强化。

在政治经济法令之外，礼仪文化方面的深层变革也未停止。例如孝文帝开始穿戴汉族皇帝的衮服冕旒，乘坐辇车到南郊祭天；仿照汉制发放五等官服；兴建明堂辟雍，审定音乐，去掉不典雅的部分；根据秘书令高祐和秘书丞李彪的提议，把《国书》的编年体改为历代正史通用的纪传体。

孝文帝真正主政以后，加速并深化了改革的步伐，不仅废止了诸多鲜卑传统，而且重建整套汉人礼制。“破”的方面，重新讨论养老和祭祀礼仪，把四季祭祀的时间由中间月份改为首月；停止踏坛（国君公卿身穿戎装率领骑兵绕坛拜祭）和绕天（次日戎装登坛拜祭后绕坛行走）的祭天方式；废除供奉五帝、预卜世系以及朝官在深冬朝贺时穿短袄短裤（称为“小岁”）之类的做法；把道教祭坛迁走，改为崇虚寺。“立”的方面，制定了完整的官员等级制度，对地方长官进行考核；选拔乐官整理音乐，高闾参与审定；命平阳（山西临汾）、广宁（河北怀来）、安邑（山西夏县）、洛阳（河南）的长官分别主持祭拜尧、舜、禹、周公，自己在中书省祭拜孔子，加封谥号宣尼为文圣尼父。

尽管这些措施反映了孝文帝美好而迫切的愿望，但仍不足以从根本上撼动鲜卑人的思维定势，要想一劳永逸地解决问题，只有迁往南方，实实在在地浸润于汉人的先进文化之中，才可能自觉不自觉地接受和改变。孝文帝向陆睿表露了这样的心迹，北方人自认为质朴粗犷，难以知书达理文质彬彬，这种心理着实让人失望，好读书而有学识的人很多，并非他们是圣人，而是好学的缘故。现今整顿吏治，大兴礼乐，意在移风易俗，不是定要到中原居住，而是为了让子孙能够渐渐习染当地的风气，变得见识广博，要是永远偏居边远地区，再遇上不喜欢诗书礼乐的国君，难免孤陋寡闻。陆睿回应，匈奴金日磾若不到西汉做官，恐怕不会见知于世。这让孝文帝格外高兴。另外，从经济角度考虑也当如此，孝文帝准备乘船从泗水入黄河返京，谒者仆射成淹以水流湍急为由劝阻，孝文帝仍坚持己见，理由是旧都平城（山西大同）没有大河，漕运不通，民众困顿，新都洛阳要开通水运，可是许多人仍害怕黄河水险，此行正好可以打消大家的顾虑。

然而，绝大多数人没有这样的清醒和远见，在恋旧心理的作用下，迁都必然面临巨大的阻力，所以孝文帝不得不采取声东击西的办法。齐武帝永明十一年（493），孝文帝认为平城是用武之地而不适合推广教化，故而打算南迁，但又担心大家习惯于旧有的生活方式而惊恐骚动，只得以南征为借口，在洛阳利用众人的厌战心理把此事确定下来，紧接着派任城王拓跋澄回旧都做思想工作，说服留守人员后，派安定王拓跋休把南来之人的眷属接来。次年孝文帝回到平城，跟大臣讨论此举的利害关系，不赞成者居多，燕州（北京）刺史穆罴的理由是四方尚不安定，战马也会出现短缺；尚书于果的理由是会引发民众的不满；平阳公拓跋丕的理由是应当通过卜筮来决定。孝文帝逐一驳斥，历史地来看，国君以四海为家，并不常居一地，北魏的先祖世代居于北方荒凉之地，平文帝拓跋郁律建都东木根山，昭成帝拓跋什翼犍建都盛乐，道武帝再迁于此，可是仍旧地处偏远，不是理想的都城。现实地来看，只有圣贤才能通过占卜预知未来，常人根本无法做到，而且旧都养马的地方并未改变，马匹不会减少，故应抓住现有的绝佳时机平定天下大行教化。群臣不敢再反对，孝文帝部署了南迁和留守的人事机构安排，后宫和文武百官全部顺利迁到洛阳。

可以说，迁都只是孝文帝新政的基础而非目的，在天时地利的情况下，深入汉化的工作开展得如火如荼，以下四项措施颇具代表性：一是重用汉人。因为想用礼乐教化改变鲜卑旧俗，使之与汉人没有两样，所以特别倚重从南方来降的王肃，只要是展示国君威仪的文物制度，基本上都由他敲定。祭祀孔庙后，给四位孔子后裔和两位颜渊后人授官，封孔氏嫡传长子为崇圣侯，修缮孔墓，重建碑铭。二是重视祭祀。亲自测定祭天的圜丘，召集儒生商议仪式，采用秘书令李彪的意见，古代鲁国祭祀上帝前，先在学宫祈祷，故而提前一日祭告太庙。三是重建礼制。为太子举行冠礼。在广川王拓跋谐去世后提倡遵守丧礼，自己既如古代亲临三次，又如魏晋以来哭于东堂，其他人根据血缘关系的远近哭吊。恢复大臣守丧三年的制度。在华林园举行养老礼，宴请七十岁以上有身份的长者并赏赐名誉职位，年老的退休官员为中散大夫和郡守，六十岁以上者为给事中和县令，士族老人为郡县虚职，全都赐给衣裳和以鸠鸟为装饰的玉杖。四是重修新政。设立国子学、太学、四门小学。改用长尺和大斗，按照《汉书》的记载制定度量法。铸造使用太和五铢钱，打破了先前不用钱币的惯例。

当然，在所有革新条令中，最为显眼且阻力最大的是改穿汉服、改说汉语和改用汉姓。南迁的次年禁止穿胡服，绝大部分鲜卑人不乐意，为了改变旧俗，孝文帝郑重指出，若想超越汉晋而远追商周，就该移风易俗而不是因循守旧，并传之子孙而非一时采用，只是名不正言不顺则礼乐不兴，故应禁止使用鲜卑语而改为汉语，只有三十岁以上的人才允许慢慢改变，其他朝官故意不改就免官降职。以前跟李冲谈起此事，他认为四方语言本不统一，应以皇帝所说为准，此话有负社稷，其罪当诛。近日出巡归来，望见妇女仍穿夹领小袖的衣服，留守官员为何不按命令行事呢？为了实现上述目标，给群臣颁赐冠服以替代胡服，正式规定朝中不许讲鲜卑语，违者免职。当然，这些事情不可能一蹴而就，数年后谈起旧俗是否得到改变，元澄认为教化日新，孝文帝当即以事实反驳，前日回京时仍见到乘车的妇女戴着帽子，穿着小袄，元澄辩称这只是少数人的行为，孝文帝反问，难道满城都该如此吗？他进一步提出，北方称土为拓，后为跋，北魏的祖先是黄帝的后裔，以土德称帝，故名拓跋，土乃黄中之色，万物之元，故应改姓元，功臣旧族重复的姓氏一律更改，以拔拔氏为长孙氏，达奚氏为奚氏，乙旃氏为叔孙氏，丘穆陵氏为穆氏，步六孤氏为陆氏，贺赖氏为贺氏，独孤氏为刘氏，贺楼氏为楼氏，勿忸于氏为于氏，尉迟氏为尉氏，其余所改姓氏不可胜数。

为了巩固成果，孝文帝还特意用士族门阀制度和联姻改造鲜卑上层。他一向看重名门望族，而范阳（河北涿州）卢敏、清河（河北邢台）崔宗伯、荥阳（河南郑州）郑义、太原（山西）王琼四姓最受士大夫推重，所以特选他们的女儿入宫。陇西（甘肃临洮）李冲深受重用，所结姻亲都是高门大族，他的女儿也被封为夫人。孝文帝让黄门郎兼司徒左长史宋弁审定各州士族，并特别指出，鲜卑早先没有姓族制度，即使功臣贤人的后代，也与出身微贱的人没有区别；即使位列公卿，亲族照样沉沦下僚，而穆、陆、贺、刘、楼、于、嵇、尉八姓，自开国以来功勋卓著，位极人臣，相关部门不能再让他们的亲属担任低级官吏，而应与卢、崔、郑、王四姓同等对待。此外，还要甄选确认其他理当班列士族者，过去为部落头人，自开国以来三代官居给事以上或爵位为王公，以及不是头人而三代官居尚书以上或爵位为王公，确定他们的姓氏；头人的子孙而官位不显要，以及不是头人的子孙而官位显要，确定他们的家族，由司空穆亮和尚书陆琇详加审核，不许伪冒，务必公正合理。北魏过去规定藩王应娶八大姓及有清望门第的女子，咸阳王元禧以奴仆家的女儿为妃，孝文帝严厉责备，并把六个弟弟以前的妻子全部改为妾而重娶，元禧聘颍川（河南禹州）太守陇西李辅之女，河南王元干聘已故中散大夫代郡穆明乐之女，广陵王元羽聘骠骑谘议参军荥阳郑平城之女，颍川王元雍聘中书博士范阳卢神宝之女，始平王元勰聘廷尉卿李冲之女，北海王元详聘吏部郎中荥阳郑懿之女。

虽然这一切因孝文帝的强势权力和政治智慧而顺利推进，但反对派从未停止过活动。齐明帝建武二年（495），冯太后之兄冯熙去世，太傅兼录尚书事拓跋丕和陆睿联名请国君回平城参加葬礼，孝文帝点破了他俩想以此中止迁都的真实意图，不仅以不合礼节严词拒绝，而且申斥了旧都官员，把冯熙安葬于洛阳，彻底断绝了他们的念想。拓跋谐死后，关于是否将其运回旧都与他的妃子合葬，孝文帝明确批复，所有南迁之人，除非丈夫先葬在平城，否则一概不许回葬。这些人因而全部成了洛阳人。

在软性手段失败后，反对派走上了以武力对抗的强硬道路。齐明帝建武三年（496），太子元恂不爱学习，又因身体肥胖而难以忍受洛阳夏天的炎热，总想返回故地，私下里常常不穿孝文帝所赐的汉服而穿胡服，还趁国君出巡之机谋划偷逃回去，但未能如愿。孝文帝认为，元恂违抗父命私自叛逃，想要跨据恒州（山西大同）和朔州（山西），分裂国家，没有比这更大的罪恶了，若不严惩，将来必成祸患，因而将其废为庶人。无独有偶，由于孝文帝信用中州儒士，皇室内部和功臣宿将颇为不满，尚书右仆射穆泰以有病为由替代陆睿为恒州刺史，两人秘密勾结镇北大将军乐陵王元思誉、安乐侯元隆、抚冥镇（内蒙古四子王旗）守将鲁郡侯元业、骁骑将军元超等人，共推朔州刺史阳平王元颐为主，阴谋作乱，得到元颐的密报后，孝文帝派元澄迅速平叛。并州（山西太原）刺史新兴公元丕向来不认同迁都易服，只因他在皇族中年辈较长，孝文帝没有强行要求，而是用道理加以劝导，使之不公开反对，刚开始他仍穿胡服上朝，后来才慢慢加上帽子和带子，却不修饰外表仪容。南迁之初，元隆和穆泰密谋把太子元恂留在平城，出兵雁门的东陉和西陉两关，占据恒州和朔州，元丕得知，口头反对而内心赞同。后来其弟元业、其子元隆和元超参与穆泰之乱，理当连坐，孝文帝因曾许其不死而仅贬为平民，杀其兄弟元乙升及元隆、元超，其他儿子流放敦煌（甘肃酒泉）。在严厉镇压鲜卑上层的反抗后，考虑到北方的酋长和入朝侍奉的王子难耐酷暑，也做了弹性处理，准许他们秋天来洛阳，春天返回各自的部落，时人称之为“雁臣”。

出人意料的是，把北魏拖入疲惫不堪以至于灭亡的，并不是鲜卑权贵中的守旧派，而是迁都以后地位急剧下降的六镇将士。道武帝定都平城后，为了抵御北患，拱卫国都，在北部边境设置了沃野（内蒙古五原）、怀朔（内蒙古固阳）、武川（内蒙古呼和浩特）、抚冥、柔玄（内蒙古兴和）、怀荒（河北张北）六镇，由宗室贵族和豪强子弟镇守。南迁以后，这些地方在国家防务中的重要性大大降低，守备人员受到歧视，仕进艰难，生活日益贫困，孝文帝时问题尚不明显，宣武帝元恪时已相当突出，北边逐渐荒废，甚至出现饥荒。尚书左仆射、侍中兼行台源怀受命巡察六镇及恒州、燕州和朔州，救济贫民，考核官吏，由于边镇所设官职过多，例如沃野自守将以下有八百多人，故而提议裁减五分之二以缓解危机。梁武帝天监三年（504），柔然入侵沃野和怀朔，在北魏出兵后逃遁，主事的车骑大将军源怀提出，旧都以北的部落多有反叛，可是洛阳距离遥远，边镇历经灾荒后兵马铠甲又十分短缺，最好的办法是恢复旧制，修筑城池，分兵把守要害之处，互为犄角，平时屯田积粮，战时上马出征，这样才能防范柔然而使边疆得以安宁。这些建议全部得到采用。

上述补救办法虽然暂时缓和了矛盾，但并未从根本上改变六镇地位衰落的现实，更未及时对内部制度做出调整，事情仍然继续朝着北魏执政者意愿相反的方向飞速滑落。当然，洞察时局之人早已看到了问题的严重性，也提出了有效的应对策略，只是当政者不以为然。元澄提醒，选派北地守边将领过于轻率，容易让敌人趁虚而入，侵犯皇陵，应当引起重视。廷尉少卿袁翻详加论证，近年来选用沿边州郡官员都是论资排辈而非任人唯贤，有些贪官大量增加岗位，安插亲属，接受贿赂，全无防敌意识，一心聚敛钱财，军队中的勇猛者被驱赶着去掠夺财富，懂手艺者要承担诸多苦役，其余的人伐木锄草贩卖，不一而足，供给这些人的钱粮原本就不多，还要遭到层层盘剥克扣，再加上劳苦疾病，死者十之七八，这都是官吏不称职的缘故，故应不拘出身选拔合适的人才，并对他们及举荐者制定相应的赏罚措施。尚书令李崇依据长史魏兰根的分析进一步建言，六镇初设时征调中原高门子弟，派遣皇亲国戚镇守，为国分忧，迁都以后，北部防务的重要性日渐下降，这些人的后代被称为府户，被官府像奴隶般役使，按年龄婚配，彻底丧失了上等人的身份，相形之下，当地原来的门族却荣华显赫，他们理应对此怨愤不满。因此，最佳对策是改镇为州，设立郡县，使府户成为平民，在入仕和升迁方面享有平等的机会，文武并用，恩威并施，大抵可以解决当前的忧患。胡太后没有听从，到了孝明帝元诩正光（520—525）末年，北边盗贼蜂起，逼近旧都，担忧最终变成了现实。

这颗定时炸弹随时都有引爆的可能，而汉族豪门要求进一步贬抑武官，刺激了他们原本脆弱的神经，导致部分禁军首先发难。梁武帝天监十八年（519），征西将军张彝之子张仲瑀主张修订选官条例以限制武将，不许他们列入士大夫的清流，结果羽林和虎贲近千人先是在尚书省闹事，无人敢阻挡，后又烧毁张家宅院，打死张彝，烧死张仲瑀之兄左民郎中张始均，远近无不震惊。可是胡太后仅处决了八个为首之人，其余概不追究，还颁布大赦令加以安抚，让武官按年资入选。通过这件事，政府的无能暴露无遗，有识之士预感到动乱将要发生了。例如高欢得知此事后散尽财物结交宾客，理由是御林军结伙焚烧大臣的住宅，国家却畏惧他们作乱而不敢过问，政局到了如此地步，事态的发展也可想而知了，死守着这些财物有何用呢？然而，在人心思乱之际，当权者依旧沿着既定的轨道前行，贪污腐化，民众困窘，变乱只是时间和际遇问题了。梁武帝普通四年（523），沃野镇破六韩拔陵率先揭竿而起，改年号为真王，汉夷百姓纷纷响应。次年高平镇赫连恩推举敕勒酋长胡琛为高平王，声援破六韩拔陵。秦州（甘肃天水）莫折大提自称秦王，其子莫折念生继位后改称天子，改年号为天建。北魏逐渐陷入烽火遍地的乱象之中。

不过，执政者似乎始终没有抓住问题的根本。梁武帝普通五年（524），临淮王元彧和安北将军李叔仁相继战败，破六韩拔陵等人声势更盛，孝明帝所总结的原因是，去年李崇奏请改镇为州而未被应允，开启了这些人的非分之想，由此引发祸患。李崇解释，六镇原是旧都的屏障，地位显要，迁都以后一落千丈，将士被排斥于清流之外，矛盾迅速激化，改镇为州的目的是让他们可以享受同等的待遇，以安抚当地人心，岂是引导作乱呢？

司马光认为孝明帝的总结匪夷所思，李崇原本是为了把祸乱消灭在萌芽状态，制敌取胜于无形之中，孝明帝拒绝采纳，引起动乱，从而走上了亡国之路，可是他不仅没有半点愧谢之言，反倒把它归结为李崇的过错。这种颠倒黑白的君主，是没有办法为他谋事的，正如《诗经》所言，良善之言不予采信，反过来追究我的罪过。

即使在局势愈发不可收拾的情况下，孝明帝仍未醒悟。遭到破六韩拔陵重创后，广阳王元深系统地回顾了历史，深入论述了处理六镇问题的紧迫性，当年建都平城，以北方边境为重，郑重地挑选亲近贤能之人出镇，配以高门子弟，在仕途上予以优先升迁，人们对此非常羡慕。孝文帝太和（477—499）年间，仆射李冲掌权，连凉州（甘肃武威）都免除服役，而旧都的高门大姓仍要守边，若不是得罪了当权者，谁也不愿加入其中，因为同等资历的人在都城能做到上品显官，而他们受镇将驱使，只能担任虞候或没有月俸的随从，最高也不过军主，所以大量逃散。国家为此制定严厉的边兵制度，不许六镇之人在外，使得少年不能从师学习，成人不能出外游宦，成为与常人隔绝的另类。于是边防职务更被看轻，只有长期得不到升迁的庸碌之辈才愿出任，这些人往往专务敛财而无心职事，再加上因罪发配之徒背后唆使，更是贪赃枉法，为所欲为，边民无不切齿。后来柔然阿那瓌背恩叛逃，十五万追讨大军无功而返，更为民众所轻视。尚书令李崇提议改镇为州未获批准，酿成祸乱四起，军队屡次败北，乱民势力渐大，各镇形势堪忧，必须采取紧急对策。孝明帝没有审阅这份奏章，直到东西部敕勒叛离北魏而依附破六韩拔陵，这才想起李崇和元深的进谏，把各镇除犯罪流放以外的在册军人全部变为平民，改怀朔镇为云州，派黄门侍郎郦道元前去宣抚，只因六镇已全部叛乱而未能成行。

北魏最终联合柔然阿那瓌攻灭破六韩拔陵，但对归降者处置失当，使其死灰复燃，愈演愈烈。梁武帝普通六年（525），元深击溃破六韩拔陵并收降二十万人，奏请在恒州以北另立郡县安置救济，可是孝明帝派黄门侍郎杨昱把他们迁往冀州（河北衡水）、定州（河北保定）和瀛州（河北河间）。元深慨叹这些人又将成为流民，果不其然，柔玄镇杜洛周在上谷（河北怀来）起兵，改年号为真王，高欢等人追随。次年五原降户鲜于修礼率领北镇流民在定州兴兵，改年号为鲁兴，被杀后葛荣继立，自称天子，国号齐，改元广安。后来，陈郡（中心在今河南周口一带）刘获和郑辩在西华（今周口）造反，改年号为天授。

面对各地的燎原之火，北魏疲于应付而无计可施，国政更加混乱不堪。由于频繁用兵，财用衰竭，提前六年收税仍不够用，只得停发给官员的酒肉，对所有进入集市的人征税，乃至住旅店都要交税，大家无不怨愤。在人心尽失的情况下，孝明帝与胡太后的矛盾日渐加深，而在平叛过程中，契胡酋长尔朱荣的势力空前壮大。梁武帝大通二年（528），孝明帝密招尔朱荣进京勤王，反被胡太后毒死，尔朱荣拥立孝庄帝元子攸攻入国都，发动河阴（河南孟津）之变，处死胡太后和她所立的幼主元钊，杀死北魏贵族和官员两千余人，掌控军政大权。梁武帝中大通二年（530），孝庄帝设计杀死尔朱荣后，被他的侄子尔朱兆缢死。梁武帝中大通五年（533），高欢消灭尔朱氏势力，控制朝政。梁武帝中大通六年（534），孝武帝元修出奔长安依附宇文泰，高欢扶立孝静帝元善见，改年号为天平。次年孝武帝被毒杀，西魏文帝元宝炬即位，改年号为大统。从此，北魏分裂成东魏和西魏，成为北齐和北周改朝换代的前奏。

从宏观层面来看，孝文帝的彻底汉化政策取得了极大成功，有力地推动了鲜卑的发展，使之快速融入并逐步习染了汉人的先进文化，为合理有效地治理中原地区奠定了政治文化基础，北魏的繁荣也达到了顶峰。不过，在高速全盘汉化的过程中，他们几乎完全是被动接受，没有对汉人的门阀制度和佞佛风气等陋习进行扬弃，使北魏后来呈现出与南朝类似的政治弊端。更为重要的是，由于改革具有强制和迅速的特点，很难全面照顾所有人的利益，继任者又没有及时调整完善，致使那些未能分享成功的人走上了对抗的道路，把北魏拖入了战争的泥潭和亡国的深渊。

这些深刻的历史教训对现时代的改革开放同样具有警示作用，在英语强势文化和全球化浪潮的背景下，既要吸收利用欧美文明成果，又要坚持四项基本原则，反对全盘西化，做到古为今用，洋为中用。邓小平同志在党的十二大开幕词中指出，走自己的道路，建设有中国

特色的社会主义。胡锦涛同志在党的十七大报告中指出，改革开放以来我们取得一切成绩和进步的根本原因，归结起来就是：开辟了中国特色社会主义道路，形成了中国特色社会主义理论体系。在此之中，要让全体人民共享改革发展的成果，尤其是先富帮后富，城市带农村，东部助西部，从各方面实现权益平衡、城乡平衡、区域平衡，切实构建社会主义和谐社会，真正把全国各族人民凝结成具有强大向心力的共同体。

第十一章

北齐：身居上位当立德

对常人而言，修身立德既是立足社会的基本要求，也是获得成功的首要前提，所以《大学》在“三纲领”（明明德、亲民、止于至善）和“八条目”（格物、致知、诚意、正心、修身、齐家、治国、平天下）之后，特别强调“壹是皆以修身为本”，对帝王而言更是如此，这不仅是执政合法性的来源，而且是长治久安的根本保障。

北齐（550—577）仅存在了二十八年，就算加上高欢和高澄控制的东魏（534—550），前后也不过四十四年，然而，这个朝代以凶残淫乱严重践踏了世人的道德底线而被称作禽兽王朝，成为历史上有名的反面典型，给后世治国者敲响了警钟。

高欢是高氏基业的奠定者，出生于北魏怀朔镇（内蒙古固阳），来自社会底层，是个鲜卑化的汉人。正如史书所言，他节俭谨慎，深沉机变，法令严格，用人得当，故而深得人心，在北魏末年的乱世中异军突起，雄霸一方。公正地说，他具备创业者应有的素质，给子孙树立了良好的榜样。有意思的是，简要回顾东魏和北齐的历史可知，这两个朝代主要由高欢（52岁）和他的儿子把持，此后相继登场的是：高澄（28岁）、高洋（31岁，在位10年）、高殷（17岁，在位不到1年）、高演（27岁，在位1年）、高湛（32岁，在位4年）、高纬（22岁，在位11年）、高恒（8岁，在位不到1年）。在此之中，高澄是长子，高洋是次子，高演是六子，高湛是九子，均为娄太后所生，无论席次还是统治时间，高欢及四个儿子共占总数的三分之二。可惜的是，高氏子弟不但没有继承发扬高欢的作风，反而每况愈下，斯文扫地，这也是北齐灭亡的根本原因。

司马光认为，才能胜过德行是小人，高澄的确符合这个判断。他十五岁时已是大行台兼并州（山西太原）刺史，后来高欢同意他到国都邺城（河北临漳）佐理朝政，并授以尚书令、领军、京畿大都督之职。人们虽然听说他气度见识不凡，但仍以小孩子来看待，没想到他上任之后，执法严明，雷厉风行，大家感到震惊之余，无不肃然起敬。代理吏部尚书后，改变先前崔亮制定的按年龄资历选拔官员的制度，根据品德才干用人，淘汰原有的尚书郎，精选才能门第合适之人，凡是贤才宿望，即使没有推荐提拔，也都招致门下，与之游宴、讲论、赋诗，由是得到士大夫的广泛赞誉。

不过，高澄的性情具有两面性。例如高欢的心腹孙腾拜见时没有表现得毕恭毕敬，除了挨打之外，还被罚站到门外。他的姑父库狄干从定州

（河北保定）回来，等了三天才得到召见。高洋向高隆之跪拜并称其为叔父，受到他的严厉责骂。连高欢也劝大家不要跟他发生冲突，众人都很害怕。高澄在建立威权的同时，不断自我放纵。因跟父亲的小妾郑氏私通而被责打关押，娄妃也被隔离开来，司马子如受他的委托从中斡旋，用过去娄妃及家人的帮助动之以情，又用胁迫告发之人所作的伪证晓之以理，才使他们父子夫妻和好如初。御史中尉高仲密的妻子李氏漂亮贤惠，高澄想要非礼而未能得逞。高仲密得知后，趁调任北豫州刺史之际投降西魏，但东魏很快攻破虎牢（河南荥阳），李氏被俘，本应处死，高澄衣冠楚楚地前去监狱问她今日之事如何，李氏默许而被纳为妾。

高澄如此行事的结果是未得善终。高欢死后不久，他在孝静帝的招待宴会上起身舞蹈，乐而忘哀，有识之士知道他不会有好下场。他抓获了徐州刺史兰钦之子兰京，让其充当服侍用膳的奴仆，兰钦提出用钱赎回而未得到同意，兰京屡次恳求而受到殴打恫吓，因而起意作乱，趁高澄屏退侍卫而与亲信密谋禅位之时将其刺杀。当时事起突然，内外震惊，而高洋镇定自若地指挥部队平叛，对外宣布高澄的伤势并不严重，又因重兵都在并州，随即返回晋阳（山西太原），修订了以往政令中不便执行的部分，众人看到他神采英武，言语敏锐，感到无比惊异，不敢再小看他。

大家之所以有这种反应，是因为高洋先前深自韬晦。由于受到猜忌，他处处谨慎顺从，自我贬抑，以致高澄轻蔑地评价，这种人也能享受荣华富贵，相书上怎么解释得通呢？高洋常给夫人李氏弄些精巧的服饰玩物，但总被高澄夺为己有，李氏有时气愤而不想给，他总是笑着相劝，这些东西可以再弄到，兄长有需要，岂能如此吝啬。高澄偶尔也会感到惭愧而不要，他就直接送过去，并不做出谦让的样子。退朝之后，总把自己关在屋里静坐，对着妻儿也能整天不说话，有时又会赤着脚又跑又跳，李夫人询问缘故，他说是随便做游戏，实际上是锻炼身体。其实，他自幼表现出较高的政治天赋，内心精明果断，外表看起来却极不聪明，受到兄弟及众人的嗤笑鄙视，唯独高欢认为他与众不同，对长史薛琡称赞他的见识思虑超过自己。高欢想考察儿子们的智能，让他们各自整理一团乱丝，唯有高洋抽刀砍断。高欢又让他们带兵出击，暗中派都督彭乐率领身披铠甲的骑兵佯装进攻，高澄等人害怕得乱了阵脚，只有高洋排兵布阵与之对抗，彭乐脱下盔甲说明情况，仍被拿下献给高欢。

正因有这样的天赋和经历，高洋即位之初励精图治，注重研究为政之术，政事力求简便稳当，用人坦诚相待，所以人人竭尽所能，又能严格执法，对功臣贵戚也绝不宽容，所以内外秩序井然，每次作战还亲冒箭石纷飞的危险，所以所到之处都能建功立业。例如赵道德因私事暗中求助于黎阳（河南浚县）太守房超，后者连信都不看就直接打死了来使，高洋很是称许，命各地官员杖杀敢于请托的使者，都官中郎宋轨提出质疑，奉命行贿要被诛杀，贪赃枉法又该如何治罪呢？此种重刑得以废除。

然而，几年以后，高洋自认为成就了大业，逐渐骄傲自满起来，酗酒荒淫，滥行狂暴之事，有时表演歌舞，又唱又跳，从早到晚，没日没夜；有时披头散发，身穿胡服，披红挂绿；有时赤身裸体，涂脂抹粉；有时骑着驴、牛、骆驼、白象，根本不用坐鞍和缰绳；有时让下属崔季舒和刘桃枝背着，边游走边敲打挂在腰间的胡鼓；有时不分早晚前往勋贵之家，或在集市穿行，甚至坐在街头睡在小巷也是常事；有时夏天在太阳底下暴晒，冬天脱掉衣服跑步，随从受不了这些折腾，他却完全不当回事。三台的梁柱高达二十七尺，两柱之间相距二百多尺，工匠都感到危险，于是在身上系上绳子以防止意外，而他却爬上三台的屋脊快步小跑，毫不畏惧，还不时来点雅致的舞蹈动作，又折身子又打旋，居然符合节奏，看到的人吓得汗毛直竖，莫不惊心。他在路边随意问起对当朝国君的看法，被问到的妇女因不知情而直率地回答，说他成天疯疯癫癫，痴痴呆呆，哪有君主的样子。这些人当即被杀。

高洋的罪恶称得上罄竹难书，最主要的是酗酒、荒淫、荒唐、滥杀，而且行为怪异、手段残忍。娄太后为此责打他，并感叹如此英雄的父亲怎么生出这么混账的儿子。谁知他借着醉意回驳，应立即把这个老太婆嫁给胡人。娄太后勃然大怒，不再言笑，高洋想逗乐母亲，爬到她所坐的床下拱起来，却不小心把她摔伤了。酒醒之后，他羞惭悔恨，准备跳进柴火堆烧死。娄太后大吃一惊，急忙劝阻，勉强笑着说已经知道刚才是醉话。高洋跪在地席上数着自己的罪过，袒露背部受刑，并对执杖行刑的平秦王高归彦下了死命令，打不出血就杀了他。娄太后再次阻止，高洋痛哭流涕，在脚上打了五十下，然后拜谢宽恕之恩，悲不自胜，还下决心戒酒，但十天后又恢复了原样。他饮酒作乐时得意忘形地感慨实在快乐。都督王紘直言，长夜痛饮，酩酊大醉，此为大快乐。没等醒悟过来就已身死国灭，即是大痛苦。这番话可谓出言不逊，只因其有救高澄之功而未被杀。高洋打算骑马从陡岸边跳进漳河，赵道德冒死把他硬拽回来，并声称死后要向高欢奏明他这些醉酒癫狂而不可教训的行为。高洋承认饮酒过度，必须狠揍一顿，却不肯真正兑现，被赵道德斥为不成体统。常山王高演对此忧愤形于色，乃至痛哭流涕地陈情，高洋反倒理直气壮地宽解，只要有他在，自己就可以纵情享乐了。虽然宣布再有献酒者斩首，并把所有酒杯摔坏扔了，但没过多久喝得更凶，有时在贵戚家里边喝酒边摔跤角斗，不分贵贱。由于喜好淫邪放纵的游幸，几乎去遍了亲贵之家，唯独在高演家不能尽兴，只得离去。

正如俗语所说，酒色一体，高洋是个典型例证。他不分亲疏地与本家族的女性发生关系，并把其中一些人赐给亲信，想尽办法侮辱她们。彭城王高浟的母亲尔朱氏先后是北魏孝庄帝的皇后和高欢的爱妾，因反抗高洋的奸淫而被杀。东魏乐安王元昂是李皇后的姐夫，高洋多次占有其颇有姿色的妻子后杀了他，因李皇后和娄太后的缘故才未纳她为昭仪。他把妓女薛氏纳入后宫，而她先前侍奉过清河王高岳，她的姐姐替父亲求司徒之职而被锯成两段，高岳也以奸淫罪被毒死。薛妃很是得宠，可是后来高洋猛然想起她和高岳之事，无缘无故将其斩首，把头藏在怀里参加宴饮，就在觥筹交错之际，忽然扔出人头，肢解尸体，把髀骨当作琵琶弹弄，然后流着眼泪说佳人再难得，尸首被运出去的时候，他披头散发，跟着直哭。

高洋古怪而血腥的“无厘头”远不止这些。例如在李皇后家用响箭射其母崔氏，并放言醉酒时连太后都不认识，何况这个老奴婢。鞭打她一百多下。虽以杨愔为宰相，但在上厕所时让他递送相当于手纸的篾片，把他打得血染衣袍，别出心裁地想用小刀在他的肚子上划出痕迹，甚至把他放到棺材里用丧车运着。手持槊在马上驰骋，三次假装刺向左丞相斛律金，因其站着不动而赐一千段帛，但在戏刺都督尉子辉时意外致死。在大庭广众之下召见都督韩哲，毫无缘故将其斩首。文武百官为西巡送行，高洋派骑兵把他们包围起来，黄门郎是连子畅趁他醉得无法起身而献言，这样已让群臣无比恐惧了。由是避免一场大屠杀。典御丞李集当面进谏，把他比作桀纣，反复用刑也不改口，高洋反倒觉得相比这样的痴人，向桀纣极谏的龙逄和比干不能算是出色的人物，但释放后再次引见时，没等直谏就直接腰斩。因为喜怒无常，所以到底是杀人还是宽赦，没人猜得到。尚书仆射崔暹去世，高洋问他的妻子李氏是否想念丈夫，得到肯定的答复后便让其亲自去看看，随即砍下她的首级扔到墙外。

类似的杀戮更是家常便饭。他把大铁锅、长锯子、大铡刀、大石碓等刑具摆在宫里，醉酒即杀人取乐，肢解后扔进水火之中。杨愔只好用死囚作仪仗人员，称为供御囚，一旦高洋想杀人就用来应命，三个月仍未被杀就得到宽大处理。开府参军裴谓之极力谏阻这种随意屠戮的狂暴行为，杨愔解释为这是想以此被杀而在后世成名，用这种方式替他开脱，高洋果然打算偏偏暂时不杀这种小人，看他怎么出名。由于高洋极端残忍，上行下效，司法部门审讯囚犯无不动用酷刑，有的把铁犁烧红后让人站在上面，有的把车轴烧红后让人把手臂从中孔穿过，由是屈打成招，冤狱遍地。

对宗室动辄铲除。太子高殷自幼温和开朗，好学礼贤，留心时政，颇有美名，高洋嫌他有汉人气质而不像自己，产生了废黜之意，故意让其杀囚犯而他不敢下手，高洋生气地拿着马鞭催促，使其受到惊吓，从此说话结巴，神志不清。高洋多次公开宣称，太子懦弱，不堪国家大任，应当传位给高演。太子少傅魏收提醒杨愔，太子是国家的根本，不可轻易动摇，若要真行废立，就该果断施行，否则只会引起动荡。此事这才作罢。

当初，北齐术士预言，将来灭亡高氏政权者必是穿黑衣服之人，所以高欢每次外出都不愿碰见和尚。有人说世上最黑的东西是漆，而上党王高涣在兄弟中排行第七，两字同音让高洋动了杀机。当年，他见高澄时偶尔会流鼻涕，同行的永安王高浚责备侍从没有及时处理，后又议论高洋嗜酒败德和裸体为乐的行径，还斥责杨愔不能匡正，触犯了高洋不愿诸侯和大臣交往的忌讳。这两兄弟被活活烧死，妃子也被分别赐予杀死他们的皇家奴才。

对百官也大开杀戒。高洋尚未成为东魏丞相时，经常受到太保、录尚书事、平原王高隆之轻侮，接受禅让时又受到他的阻拦。崔季舒乘机进谗，声称高隆之每次见到吃官司的人都表示同情哀怜，以示不是自己所能裁决，企图把怨恨引向国君。当时，仪同三司元旭被赐死，高隆之被告发与他许为生死之交，由是被打死。过后很久，高洋仍怒不可遏，把高隆之的儿子高慧登等二十人斩首，又掘墓毁尸，扔到漳水里。又因对临漳令稽晔和舍人李文思非常恼火，把他俩赐给臣下为奴。中书侍郎郑颐设圈套陷害祠部尚书王昕，故意说自古没有朝官当奴仆的，王昕举出商朝箕子为纣王之奴的例子，郑颐随即奏称这是把国君比作商纣王。后来，王昕借口有病不参加宫中的宴饮，使者看见他正翘着二郎腿吟诗，随后被斩，扔进漳河。

至于杜弼被杀是因为劝阻过高洋受禅，又说鲜卑族不过是驾车骑马的流浪汉，治国当用中原汉人，被高洋认为是在嘲笑他。高德政谗害杜弼，自己也未能幸免，因多次切谏而惹怒高洋，故而托言有病想要引退，与他有矛盾的杨愔借机献计，只要任命为冀州（河北衡水）刺史，他就会马上病愈，果如其言。他的妻子准备了四个坐床的珍宝托人求情，被高洋出其不意地撞到，而这些是连宫内都没有的东西，且是北魏和东魏宗室的行贿之物，高家当即全部被杀。

对前朝皇族更是放肆屠戮。太史提议除旧布新，高洋询问东汉光武帝何以能中兴汉朝。特进彭城公元韶回答，这是没有杀尽刘氏的缘故。这句话正中高洋下怀，因而决定把北魏和东魏的皇室一网打尽，以防止类似的事情发生，杀了始平公元世哲等二十五家，关押了元韶等十九家，元韶饿死在地牢。至于其他元姓子孙，祖父封过王或者本人显赫过一律处斩，婴儿被扔到空中，掉下来时用槊接住，总共杀了七百二十一人。他们全都被扔进漳河，人们剖鱼时往往见到指甲，以致很久不敢吃鱼。又让元黄头与其他囚犯从金凤台上乘纸鸢飞下，大部分人摔死了。虽然元黄头幸免于难，但仍未能像平常那样被减罪，最终还是饿死了。在这次大杀戮中，只有开府仪同三司元蛮和祠部郎中元文遥等几家得到赦免。定襄（山西沂州）县令元景安想改姓高，堂兄元景皓不同意而被杀，前者如愿以偿。

高洋的残暴没有导致北齐迅速崩溃，原因在于杨愔等人极力苦撑。在高洋的淫威之下，北齐上下心怀怨恨而又敢怒不敢言，况且杨愔向来默识强记，然后加以严断，所以群臣惶恐战栗，不敢为非作歹。杨愔仪表堂堂，风度翩翩，长于鉴识裁断，为朝野所推重，而且治国有方，政事井井有条，时人评价为君主昏庸于上，政治清明于下。杨愔年轻时经历数次困顿灾厄，得志之后，凡对他有一餐饭之恩的人都重重回报，而对先前想杀他的人却一律不计较。他掌管铨选二十余年，一直以奖励提拔人才为己任。他记忆力超强，见过人一面就能记住此人姓名，不会再忘记，例如候选者鲁漫汉自称身份低贱而不被认识。杨愔点出，以前在元子思坊遇到他骑着短尾巴母驴，见到自己也不下来，还遮住脸，使鲁漫汉既惊且服。尽管如此，北齐朝局总体上仍是乱象丛生，在北边修筑长城，在南边帮助梁朝萧庄，士卒战马死亡几十万；又兴建台阁宫殿，凭一时兴致赏赐臣下，且没有节制；府库为之一空，只好削减官员俸禄，裁撤对军人的日常供给，合并地方官职，想用这些办法节省费用。

唐太宗对此提出疑问，君主昏聩而臣下清明，较之君主清明而臣下昏聩，哪种情况更好些？魏征的看法是，君主清明则赏罚得当，臣下不可能犯上作乱；君主刚愎暴虐，纵有良臣也不可能有所作为。唐太宗以高洋和杨愔为例反驳，魏征指出，杨愔只是延缓倾覆而已，谈不上把国家治理得很好。

在北齐君主中，唯有高演还算有人君之风，气度深沉，识见敏锐。他即位后，勤勉为政，彻底革除高洋时代的弊政，时人服其明察而讥其琐细。舍人裴泽直率地谈到这点，高演笑着坦承，并表示以后会酌情改变。库狄显安更是直言他说假话，因为过去他常说高洋用马鞭打人不对，如今却重蹈覆辙。王晞也讽谏他不应直接将人斩首，因为处决犯人应在集市而非宫廷。高演向他们致歉，并表示今后一定改正。高演对朝臣的意见和建议大都能从容地接受采纳，而且天性至孝。娄太后身体不适，他急得面容憔悴，走路摇摇晃晃，睡觉不脱衣服，一直守了近四十天；娄太后病情加重时，他就睡在门外，亲手侍候饮食药物；娄太后心绞痛到难以忍受，他用指甲掐手掌，想替母亲减轻痛苦，以至于血流出了袖子。他对弟弟也很友爱，没有君臣之间常有的隔膜。

有意思的是，在北齐君主中，唯独高演是通过政变上台的。他杀死高殷，造成与娄太后的决裂，背着沉重的政治包袱在历史上昙花一现。陈文帝天嘉二年（561），高演狩猎时摔断了肋骨，娄太后前来探望，再三问起被他废为济南王的侄儿高殷，高演保持沉默。娄太后知道他辜负了高洋的重托，违背了当初政变时的约定，害死了高殷，于是盛怒而去，还留下重话，不听劝告，死了也活该。不久，高演下诏传位给长广王高湛，并给他留言，希望善待太子高百年，不要学前人的样子，高湛照样没有做到。高演临终遗言，最大的遗憾是不能为母亲送终。

北朝颜之推对他深表惋惜，高演天性孝顺，但做事不知忌讳，以致有如此下场，正是不学无术的结果。

不难发现，在高欢之后，高氏家族的主政者无人能活过三十二岁。高殷和高演最有为君的潜质，然而在位时间最短（幼主高恒属于特殊情况），仅一年左右，这可能是北齐的宿命吧。

高湛几乎又完全回到了高洋的老路，娄太后去世，他仍像往常那样身穿红袍在三台置酒奏乐，并把白袍扔到台下，散骑常侍和士开劝谏却挨了打。而且，高湛以杀高洋的李皇后的儿子相威胁逼着她通奸，因被其子太原王高绍德揭露怀孕之事而感到羞愧，李皇后弄死了刚生下来的女儿。高湛当面怒杀高绍德，且剥光李皇后乱打一气，并把她扔进水渠，最后还把她送进妙胜寺当了尼姑。陈文帝天嘉五年（564），太阳周围有两道白虹横贯而不相通，赤星也出现了，高湛想用乐陵王高百年的性命来驱除灾异，恰巧贾德胄教他写了几个敕字，高湛验证笔迹后，将其打死，扔到水池，他的妃子斛律氏也绝食而死。

比高洋还不如的是，高湛任用的尽是奸佞：高元海鄙陋无能；魏收胆小怕事；侍中兼开府仪同三司和士开奸诈谄媚，却最为得宠，除了受赏无数，还到了让高湛离不开的地步，或者留在宫中数日，或者一天之内数次召见，乃至刚刚离开又接二连三地派人追回。事实上，此人极其卑鄙下流，毫无君臣之礼，时常劝诫高湛：自古以来的帝王都成了灰土，尧舜和桀纣有什么区别呢？应趁着少壮恣意行乐，无所顾忌，快乐一天比得上一千年，只要把政事委托给大臣，何愁事情不成，哪里用得着劳累约束自身呢？高湛大喜，果真按照他所说的去做，三四天才上一次朝，批示几个字，寥寥数语就很快退朝。北齐的有识之士看到朝局一步步滑向堕落的深渊而无可奈何。高洋在世时，北周担心齐军西渡，每到冬天就守在黄河边开凿冰棱，高湛继位以来，奸臣当道，朝政日趋混乱，齐人反过来凿冰以防周军。名将斛律光担忧地感慨，以前国家常有吞并西边的志向，如今却只喜好声色犬马。

高湛如此，他的胡皇后和儿子高纬更是如此。胡太后行为不检点，与僧众统领昙献私通，僧人戏称他为太上皇。儿子高纬起初不相信这些传闻，后来看上胡太后身边的两个尼姑，召见后发现是男子假扮，于是把昙献等人处死。高纬口吃迟钝，不愿接见臣下，非亲信近臣不与交谈，心理懦弱，不愿别人看他，即使是三公、尚书令、录尚书事等重臣奏事也不能抬头，只能简要地说些大致情形就惊恐地离去。但是他却继承了高湛奢侈无度的余风，认为这是帝王理所当然的享受，后宫嫔妃锦衣玉食，一条裙子值一万匹绢帛的价钱。大家争相在衣服的新奇精巧上竞赛，早上的新衣服到晚上就被当作旧物。他还大修宫室园林，壮丽到了极点，并且喜好反复无常，屡次毁坏而又重新修复。从事土木建筑的工匠没有片刻休息，夜里点起火把工作，天冷时用热水和泥。比如，开凿晋阳的西山建成巨大的佛像时，一夜之间点燃万盆油灯，灯光照到宫中。国家有灾异盗寇，从不自我谴责，只是多设斋饭向僧徒施舍，以为这就是修行积德。他钟爱弹琵琶，并自谱名为《无愁》的乐曲，唱和者多达百人，民间称之为无愁天子。在华林园设立贫儿村，穿着破烂的衣服，以行乞为乐。按照图样仿造西部边境城池，派人穿着黑衣模仿北周进攻，自己率太监假装抵抗。

高纬的荒诞狂悖不输前人。定州刺史南阳王高绰残暴无比，看到妇女怀抱婴儿就夺下喂狗，还蘸着婴儿的血涂在她身上，再放狗去咬，并理直气壮地宣称这是学习高洋的为人。高纬锁拿他后又饶恕，还问他最快乐的事情是什么，高绰的答案是，把很多蝎子放到容器里，再放进一只猴子，看蝎子螫猴子极乐。高纬改进了这个游戏，把蝎子放在澡盆里，让人赤身裸体睡在里面，被螫得嗷嗷直叫，两人边看边不停地嬉笑。高绰自是得宠，官拜大将军，两人早晚戏乐。高纬在南苑游玩时把六十个随从官员赐死。准备去晋阳时，崔季舒和张雕认为正值陈朝围困寿阳（安徽寿县），此行会被误以为是畏敌而逃，容易造成人心浮动，故而与随行文官联名劝阻，宠臣韩长鸾却诬陷此举意在谋反，主张诛杀这些汉族朝官。高纬照办，并把他们的家属流放北边，妇女配给管理奴隶的人为妻，男童被阉割，财产被没收。

当高纬还是太子时，周围同样聚满了佞臣。武卫将军高阿那肱善于媚上而受到高湛与和士开的厚待，被派去侍奉高纬而得宠，累迁至并省尚书令，封淮阴王。高纬的乳母陆令萱及其子侍中穆提婆权倾朝野，贪得无厌，卖官鬻爵，受贿断案，随意把府库挥霍殆尽，不仅对胡太后以下的人随意指挥，还随心所欲地生杀予夺。高纬让陆令萱、穆提婆、高阿那肱、韩长鸾把持朝政，让宦官邓长颙、陈德信、胡人何洪珍参与机要。这些人各自引荐亲戚朋党，并高居显赫的官位，只要向他们进献财宝即可做官，行贿即可制造冤狱。他们彼此争着向高纬献媚，败坏国政，祸害百姓。以前的奴仆刘桃枝等人开府封王，其他宦官、胡人、歌舞艺人、巫师、官府奴婢轻易获得富贵者将近万人，外姓封王者上百人，开府者千余人，乃至狗、马、猎鹰之类的禽兽也有仪同和郡君等封号，有的斗鸡被封为开府，享受相应等级的俸禄。受宠信的小人成天围在高纬身边侍候取乐，一次游戏的费用动辄过万，既而国库空虚，就赐给这些人两三个郡或六七个县，让他们出售官爵收取钱财，所以地方长官多是富商大贾，争相贪污放纵，弄得民不聊生。穆提婆和韩长鸾听到寿阳陷落的消息也未停止掷骰子，并说这本来就是别人的东西，任其取走好了。北齐后主高纬颇为愁闷，穆提婆开导他，即使把黄河以南全弄丢了，也还可以做个龟兹国，人生苦短，应及时行乐，没必要为此忧愁。高纬大喜，开怀畅饮并击鼓起舞。

宿敌北周早已洞穿了北齐的腐朽政治，积极备战，敲响了后者覆亡的丧钟。陈宣帝太建七年（575），名将韦孝宽向北周武帝陈述了灭齐的三条计策，重要的依据是北齐君主昏庸暴虐，荒淫酒色，政出多门，卖官鬻狱，忌害忠良，民众哀号，不胜其弊，灭亡指日可待。奏书呈上后，北周武帝召见开府仪同三司伊娄谦，询问可以先对哪个国家用兵，得到的答复是，北齐君臣沉湎于歌舞杂耍，醉心于饮酒作乐，良将斛律光已死于谗言，上下离心离德，民众道路以目，这是最容易攻取的。北周武帝深表赞同。

即使在强敌兵临城下的危亡时刻，高纬依然视若儿戏，因此身死国灭也尽在情理之中了。陈宣帝太建八年（576），北周围攻平阳（山西临汾），高纬正与宠幸的冯淑妃打猎，告急的人从早晨到中午来了三次，侍奉左右的右丞相高阿那肱却反映冷淡，称国君正在取乐，边境有小小的军事行动是常事，不必急着奏报。傍晚使者再来时，平阳已经陷落，高纬得报，打算回去，冯淑妃要求再围猎一次。北齐组织反攻，挖通地道使城池下陷，齐军正要攻入城中，高纬却令暂停，让冯淑妃前来一同观看，等她穿衣打扮收拾一番，北周已及时堵住了塌陷的地方，平阳未被攻克。据说城西的石头上有圣人的遗迹，冯淑妃想去参观，高纬担心对方的箭射到必经之路上，就用攻城的木头在离城较远的地方建桥。两军决战时，高纬和冯淑妃观战，东面的部队稍稍后退，冯淑妃就害怕地喊要军队败了，录尚书事城阳王穆提婆大声地催促赶快离开。高纬和冯淑妃仓惶退奔，开府仪同三司奚长和武卫张常山阻拦解释，穆提婆依旧唆使他俩赶紧退走，齐军大败。高纬计划用重赏招募士兵，却又不肯拿出东西。广宁王高孝珩恳请把宫女和珍宝赏给将士，高纬很不高兴。斛律孝卿写好文稿让他劳军，并嘱咐一定要讲得慷慨流泪，以感动激励人心。高纬临场忘词，竟然大笑起来，左右也跟着笑，军士无不愤怒，这些人尚且如此形同儿戏，他们更无须着急，所以不再有打仗的心思。高纬只得滥授大丞相以下的各种高级官职，不可胜数。次年，北周攻灭北齐，高氏被屠灭殆尽，幸存的亲属被分散发配到西部州郡，皇后妃子贫穷到以卖蜡烛为生。

唐代李商隐《北齐二首》对这段历史做了深刻总结，其一曰：“一笑相倾国便亡，何劳荆棘始堪伤。小怜（冯淑妃）玉体横陈夜，已报周师入晋阳。”其二曰：“巧笑知堪敌万机，倾城最在著戎衣。晋阳已陷休回顾，更请君王猎一围。”这两首咏史诗清楚地说明，君主若不兢兢业业于修身立德，必然会走向荒淫残暴的亡国之端，北齐的历史再次证明，这是影响国家兴衰的根本动因。只有先由外到内，把外在律令化为内心法则，再由内到外，以身作则教化民众，才能为长治久安奠定深层基础。

虽然现时道德的具体内涵发生了深刻变化，但对于执政者而言，重视德行仍是亘古不变的通识。2008年，胡锦涛同志在全国组织工作会议上指出，选人用人要坚持德才兼备，以德为先的原则，全面提升干部队伍的素质。2011年，胡锦涛同志在庆祝建党九十周年大会上的讲话指出，要坚持把干部的德放在首要位置，选拔任用那些政治坚定、有真才实学、实绩突出、群众公认的干部，形成以德修身、以德服众、以德领才、以德润才、德才兼备的用人导向。这既是选拔人才的具体原则，也为个人，尤其是政府官员提升自我综合素质指明了方向。只有从我做起，自上而下，政风民风才可能变得越来越清醇，干群关系也才可能真正变成鱼水情。

第十二章

隋朝：律己重民谋长治

孟子认为，就像人有手足四肢，人性天然具有四端："恻隐之心，仁之端也；羞恶之心，义之端也；辞让之心，礼之端也；是非之心，智之端也。人之有是四端也，犹其有四体也。"（《孟子·公孙丑上》）长治久安的要义在于，居上位者在道德内化的基础上，推广教化，把民众内心深处的四大善端最大限度地激发出来并发扬光大，为良好的政风民风奠定坚实的基础。

隋朝（581—589—617）在建国后八年结束了东晋以来近三百年混乱纷争的局面，重新实现天下一统，并且迅速走向了繁荣昌盛，但与秦朝类似的是，短时间内聚积起来的强大和风光都是二世而亡，秦朝可以说是唯法治论的恶果，而隋朝源于君主过度放纵自己的意志和行为。

客观地说，史书对隋文帝的评价基本上以正面为主，归结起来，主要表现在以下四个方面：

（一）严于律己。每天从早到晚不知疲倦地处理政事，所用旧物修理之后照常使用，后宫也穿洗旧的衣服，若不是宴会，膳食只有一个肉菜。相州（河南安阳）刺史豆卢通进献凌纹布，被公开焚毁于朝堂。大家为之感化，男子多穿绢布而非绫罗绸缎，饰品都是铜铁骨角所制而不用金玉。大概正因如此，才能谦逊自知而不狂妄自大，朝臣奏请举行封禅大典，天子明确指出，平定陈朝并不代表天下已然太平，自己德行浅薄，不能用虚言妄语去祭告上天。后来晋王杨广等人极力主张到泰山祭祀天地，天子坚持认为此事非同小可，没有德行承受，最终决定只是到东方巡视，顺便祭拜泰山而已，由于此前出现了旱情，他自陈过失，向上天请罪。

这种严格也体现在对儿子的教育上。太子杨勇在精美华丽的铠甲上再加装饰，这让天子很不高兴，谆谆告诫太子要以节俭为先，奢侈从来难以长久，自己常留着过去的衣服以自警，故而赐给太子以前佩戴过的刀以及他做上士时常吃的腌菜。秦王杨俊骄奢纵欲而被免去并州（山西太原）总管之职，大臣认为处罚过重，天子并不认同，理由是自己身兼父亲和君主的双重身份，要是皇子可以逍遥法外，何不专门制定适用于他们的法令？周公尚且诛杀造反的管叔和蔡叔，现今差得很远，更不能徇私枉法。

（二）善待民众。虽然吝啬钱财，但赏赐功臣十分慷慨，对战死将士的家属必致慰问，从优抚恤，对百姓劝课农桑，轻徭薄赋。其实，从执政北周开始，废除宣帝时期的残苛政令，为政宽简，此后一直力行不辍，重用苏威就是最好的明证。当初，西魏苏绰因国用不足而制定重税政策，

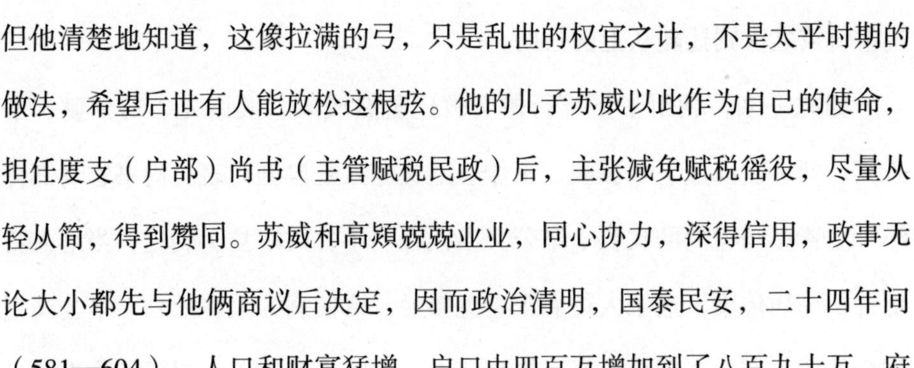

但他清楚地知道，这像拉满的弓，只是乱世的权宜之计，不是太平时期的做法，希望后世有人能放松这根弦。他的儿子苏威以此作为自己的使命，担任度支（户部）尚书（主管赋税民政）后，主张减免赋税徭役，尽量从轻从简，得到赞同。苏威和高熲兢兢业业，同心协力，深得信用，政事无论大小都先与他俩商议后决定，因而政治清明，国泰民安，二十四年间（581—604），人口和财富猛增，户口由四百万增加到了八百九十万，府库丰盈。

这很容易从政府的举措中得到印证和检验。尽管每年用于赏赐和日常开支的财帛高达数百万，但收入还是大于支出，以至于府库堆满了财物，外面的厢房也派上了用场，不得不另辟场所收藏。天子认为，粮食布帛宁愿积蓄在民间，也不要藏于国家，因而把河北和河东地区当年的租减三分之一，庸减半，调免征。由于人口增加，地少人多之处的平民衣食不足，天子于是重新调整分配田地。根据工部尚书苏孝慈的建议，分拨田地给各级政府部门，禁止他们经商放贷，收息盈利，因为这是与民争利，败坏风俗。根据度支尚书长孙平的建议，设立义仓，根据贫富状况制定等级标准，每年秋天每家拿出一石以下的粟麦在当地集中储存，官府负责核查，用以防备荒年。只有秉持这样的理念，才能在太平时期藏富于民，灾荒时期共度难关。例如关中大旱导致饥荒，天子流着眼泪把百姓所吃的豆屑杂糠展示给群臣，并深深自责，表示将近一年不再饮酒吃肉。在去洛阳度荒的路上，天子不许警卫驱赶民众，以致男男女女混杂在禁卫和仪仗队伍中间，遇到扶老携幼之人，总是牵马让路好言慰勉，在艰险难行的地方遇到挑担负重之人则让随从上前扶助。

如此一来，朝野上下推行德义教化蔚然成风，梁彦光、房恭懿、辛公义、刘旷、郎茂、令狐熙、王伽、卫文等人是典型代表。尚书省驾部侍郎（主管车马舆驾的次长）辛公义出任岷州（甘肃岷县）刺史，当地人特别害怕疫病传染，连家人得病都避免接触，致使病人大多死亡。辛公义把数百位病人安置在办公场所，昼夜守候，请医买药，挨个慰问。病人一旦痊愈，就以亲身经历向他们的亲属说明不会传染，大家深感惭愧。此后，人们得病，都争相住到辛公义身边，亲人也定会留下来看护，社会风俗逐渐变得仁爱融洽。后来辛公义调任并州（山西太原）刺史，下车伊始先到监狱把未决的案件处理完毕，此后案件都是当天判决；遇到必需临时拘禁的情况，就住在办公室而不回家休息，理由是自己没有德行，无法使人们和睦相处而不打官司，因此不能把人拘留于狱中而安然大睡。犯人听说后深受感动，都痛快地认罪伏法。以后再有人要诉讼，乡里父老就会及时劝解，双方大都互相谦让而作罢。

（三）减轻刑罚。隋朝立法平和适中，大量废除严刑酷法，是中国法制史上的重要进步。天子认为，绞刑让人毙命，斩刑让人身首异处，对惩处罪犯而言，这些手段已十分严厉，枭首和轘身（车裂）等极刑在道义上并不可取，无助于更好地惩恶，只会表现出残忍之心；鞭刑虽是自古就有的条令，但它肆意摧残囚犯的身体，残酷不亚于切割肌肤，也不是仁君所当用，故而废止上述刑罚。同时，不对功臣元勋使用徒刑，优待高官显贵及其亲属，把流放六年改为最多五年，徒刑五年改为最多三年，杂格

和严科一律停用，其余以轻代重，化死为生的条款很多，规定也相当完备。后来天子发现每年仍有数万起刑狱，认为现行法令依然过于繁密，让纳言（侍中）苏威和礼部尚书牛弘重新修订，删除死刑八十一条，流刑一百五十四条，徒刑和杖刑千余条，只保留各种治罪条款五百条，共十二卷。至此，隋朝法律固定下来，简明切要，疏而不漏，为后代所沿用，仍设律学博士且招收弟子。鉴于执法官理解的偏差，出现罪行相同而判决不同的现象，规定各地不得随意判决死刑，全部交由大理寺（最高法院）复查，再送尚书省（最高行政机构）裁决，必须呈奏三次之后才能行刑。

（四）不慕虚名。不仅内政上克己重民，外交上也知所进止。北周和北齐对峙时，互相把对方当成头号强敌而去刻意拉拢突厥，使其得以从中渔利，发展成隋朝最大的威胁。天子对此有不同于以往的认识判断，从双方关系来看，即使搜刮百姓用以贿赂，突厥也不会感恩戴德，反而会资助它不断进犯，所以没必要浪费钱财，而应以此奖赏将士，减轻人民的负担。从处置对策来看，突厥不识时务而南侵，这是上天不满它残暴无道而驱使其来送死，但将帅不能一味杀生，而应爱惜突厥百姓，投降就接纳，负隅顽抗才消灭，使之不敢再犯而永远遵守天朝的威刑，不必像匈奴那样把儿子送到汉朝为人质，也不必亲自前来朝拜。吐谷浑称臣纳贡后，准备把可汗之女送入宫中，天子明确回复，这样做会让别的国家竞相效仿而无法拒绝，治国的根本在于爱护民众，让他们安居乐业，征取美女充实后宫不在此列。

上述优点大概是促使隋朝兴盛的主要原因，然而，隋文帝也有致命的弱点，那就是猜忌苛察，听信谗言，这无疑给后来的乱政埋下了伏笔。或许正是这种两面性，后人对他的评价不尽一致，房玄龄和萧瑀认为他虽然品性不够仁厚，但称得上是励精图治的君主；唐太宗则认为他严苛而非贤明，多疑而非通达，凡事自行决断而不信任臣下，就算日理万机也不可能全都切中要领，群臣只有无条件地接受，就算发现过失也不敢争辩建言，所以隋朝很快倾覆。

据说，北周畿伯下大夫来和好相术，他早就告诉杨坚，他的眼睛像星星，无所不照，当为天下之王，只是希望能克制诛杀。史书上的这类预言大抵可以存疑，但隋文帝杨坚的性情倒是大体符合实情。由于秉性多疑，又以熟悉律法自负，故而经常刺探百官，发现过失就治以重罪，甚至通过暗中贿赂来试探，对受贿者立斩不赦，至于在朝堂上用杖刑更是家常便饭，有时每天多达四次，还把下手不重的行刑之人斩首，谁劝谏都没有用。领左右都督田元被问起杖刑之事时直言，所用刑杖粗如手指，打三十下相当于普通刑杖数百下，很多人被打死。天子尽管很不高兴，还是撤掉了杖具，由相关部门执行处罚。后来楚州（江苏淮安）行参军李君才因指责高颎过于受宠而被鞭打致死，宫内又重新放置了杖具。没过几天，虽经兵部侍郎冯基苦苦相劝，杖人致死之事仍然再次上演。大理寺少卿（次长）赵绰指出六月杀人不合天意，天子辩称，盛夏也有雷霆震怒，这是效法上天。

天子因为喜怒无常，不再根据法律条文定罪，所以这种状况始终没有改观，而且越到晚年用法越加严苛。当值御史（监察官）没有弹劾朝会时衣冠佩剑不整的武官而被杀，谏议大夫（谏诤议论）毛思祖谏阻也被杀。将作寺丞（主管营造的次长）征收麦秆迟晚，卫尉寺（主管军器仪仗）武库令庭院荒芜，左右近臣出使接受馈赠，通通被杀。尚书右仆射（尚书省次长）杨素与鸿胪寺（主管外事）少卿陈延有矛盾，前者告发后者官署不洁净，还有仆人赌博，相关人员全被杖杀，陈延也被打得奄奄一息。另外，出于树立威权以提高行政效率的考虑，规定上司给属员定罪时，可以在法律之外施以杖刑，结果上下乱行捶打，把残暴酷虐当作才干突出，把遵纪守法当作懦弱无能。针对盗贼繁多的情况，规定偷窃一文钱以上也要在闹市处决，暴尸街头，有三个人一起偷了个瓜而被处死，弄得人心惶惶。有人劫持执法官向朝廷申诉，认为自古没有这样的法条，这才取消了这项法条。

当然，这些对国政不会产生根本性影响，可是附带产生了极为严重的后果，那就是废掉率意任性的杨勇而立善于伪饰的杨广为太子，虽然独孤皇后等人推波助澜难辞其咎，但隋文帝猜忌苛察和听信谗言的本性起了主要作用，因为从人性的角度来说，这样的性情更容易亲近接纳虚伪而非率真之人。从表面上看，杨广容貌俊美，举止优雅，机敏深沉，擅长文学，待人接物谦卑恭敬，声誉超过了他的兄弟，但他实际上是个典型的两面派。开皇九年（589），攻灭陈朝后，杨广处斩了中书舍人（起草诏命）施文庆等祸国殃民的奸臣，让元帅长史（首席助理）高颎和元帅府记室参军裴矩收缴地图户籍，封存府库，金银财物一无所取，却又让留下陈后主的宠妃张丽华，高颎抗命而遭到忌恨。更为出人意料的是，独孤皇后去世，杨广在宫中表现出悲痛欲绝的样子，回家后却饮食谈笑如同平常，还把鱼肉密封起来偷偷运进家里。天子病重时，他借机非礼母妃陈夫人，天子得知此事欲行废立，他先行发动兵变，有弑君弑父的嫌疑，并在天子去世的当天奸淫了陈夫人。继位之后，隋炀帝立即撕下伪装，肆意放纵欲望。元德太子杨昭去世，他哭了几声就作罢，照常寻欢作乐，声色犬马。对父母儿子尚且如此，国家黎民更是置之不顾。归结起来，主要表现在以下五个方面：

（一）大兴土木。隋炀帝在位十四年（604—618），各种工程几乎从未停止过，大致包括如下三类：第一，宫殿苑囿。命宇文恺和内史（中书）舍人封德彝营建显仁宫，征调大江以南五岭以北的奇材异石输送洛阳，搜求嘉木异草和珍禽奇兽充实皇家宫苑。东京（河南洛阳）的官吏监督工程严酷急迫，近半数的服役之人死去。又建方圆两百里的西苑，内有周长十余里的海，以及蓬莱、方丈、瀛洲等山，高出水面百余尺，星罗棋布地分布着台观殿阁，无论从哪个方向看都宛如仙境。北面的龙鳞渠曲折蜿蜒地流入海内，沿岸有十六院，每院以一名四品夫人主持，院内的堂殿楼观极其华丽，秋冬剪彩绸为花叶装扮凋零的树枝，做成荷花和水草布满池内，并且时常更换，使景色常如阳春。大家竞相用精美的食品互比高下，以求得到恩宠。天子喜欢月夜带着几千宫女在此游乐，还创作出《清夜游曲》在马上演奏。只是人的欲望似乎是没有止境的，两京和江都已有许多宫室，每天仍在新建，天子依然感到厌倦，每次游赏都左顾右盼，觉得没有中意的地方，于是遍求山川图册，访求名胜之地营造。尤为荒唐

的是，在变乱四起之时还把军队挪作此用。大业十二年（616），命毗陵（江苏常州）通守（副郡守）路道德集合十郡数万士兵在方圆十二里之内建造十六座行宫，仿照东都（河南洛阳）西苑的样式而更加奇丽，计划在会稽（浙江绍兴）也兴建，碰上动乱而未成。

第二，游玩工程。命尚书右丞（尚书省副次长）皇甫议征发河南和淮北各郡百余万人开辟四十步宽的通济渠，两旁修筑御道，栽种柳树，引谷水和洛水入黄河，引黄河入汴水，引汴水入泗水到淮河，再开凿邗沟入长江，从长安到江都（江苏扬州）设有四十多所行宫。征调黄河以北各郡百余万人开凿永济渠，引沁水南到黄河，北通涿郡（北京），男丁不足，就役使妇女去做。开凿长八百里、宽十余丈的江南河，使龙舟可以通行，并在沿岸设立驿宫和临时停顿处。这些项目固然客观上有利于社会经济的发展，但修建者的初衷恐怕并非如此。

第三，游玩物品。命黄门侍郎（侍从传达）王弘新造龙舟和几万艘各种船只。重造毁于杨玄感之乱的几千艘龙舟水殿，规制比原来的还大。又命学士杜宝撰写《水饰图经》，收集七十二个古代关于水的故事，由朝散大夫（文职散官）黄衮用木雕表现出来，乐船和酒船一应俱全，各种人物栩栩如生，钟磬筝瑟能演奏乐曲。不难看出，所有工程和物品都是围绕玩乐而为。

（二）巡游无度。天子巡狩古已有之，并形成了完备的体制，不能随意为之，隋炀帝完全不遵守定制，不顾及时势，多次即兴而为，消耗了国力，激化了矛盾。在此之中，东南水路游最有代表性。大业元年（605），天子到江都游玩，所乘龙舟有四重建筑，长两百尺，高四十五尺，最上层是正殿、内殿、东西朝堂，中间两层有一百二十个房间，均用金玉装饰，下层是内侍的住所；萧皇后的船要小一些，但装饰相同；又有九艘三重建筑的船，都是水上宫殿；另有几千艘运载随从和贡品的船，所用纤夫多达八万余人，其中穿锦绣袍服者九千余人，这还不包括几千艘士兵自挽的船。这些舟船首尾相接两百余里，灯火照耀江河陆地，骑兵在两岸护卫行进，旌旗蔽野，所经之处，五百里以内都要进献食物，多者达上百车，极尽水陆珍奇，后宫吃腻了，就在出发时把它们扔掉埋起来。相形之下，西北陆路游也毫不逊色。大业三年（607），天子游幸西北，随从士兵五十余万，马匹十万，旌旗辎重，千里不绝，命宇文恺造观风行殿，能容纳几百人，下有车轴，可以快速推移和自由离合，又造行城，周长两千步，观台和望敌楼全都齐备，并在木板上蒙布，外面绘以彩画，胡人惊叹，以为神功。次年，出塞巡视长城，以木制的六合城为行宫，城上有枪车，停下时把车辕朝外作为外围，内布铁蒺藜，再安设弩床，插上向外的钢锥，上面装有旋机弩，用绳子系在扳机上，只要触动绳子，弩机就会旋转，朝触动的方向发射，弩外周围布有短箭，装有铃柱、木槌、石磐等报警装置。

如此豪华的漫游，给社稷苍生带来了极大的困苦，但天子不以为然。他打算去东都，太史令（主管天文历法）庾质规劝：连年征伐辽东，人民困顿至极，应当安抚关内，让百姓尽力农桑，等过几年国家富裕充实了，再去巡察才比较合适。天子大怒，庾质死于监狱。温柔敦厚的劝勉都落得

如此下场，其他的劝法也就可想而知了。大业十二年（616），天子决意要去江都，右候卫大将军赵才以民众疲敝，国库空虚，盗贼蜂起，禁令不行为由劝阻而被治罪。由于不愿听实情，建节尉（散官）任宗、奉信郎崔民象和王爱仁均因极谏而被处死。梁郡（河南商丘）有人拦驾直言，若是定要巡幸江都（位于今江苏省中部），天下将不归皇帝所有。天子将其杀死后继续南行。不知是掩耳盗铃还是被人蒙蔽，连普通人都看透了国内极为严峻的形势，他却充耳不闻一意孤行，甚至不惜杀尽所有挡道者，到底是天厌之而欲灭之还是性格决定命运呢？

（三）好大喜功。毫不夸张地说，内求豪奢外慕虚名一直是隋炀帝孜孜以求的事业。生活上如是，例如在观文殿前布置十四间书室，窗户、被褥、橱幔极尽豪奢，每三间书室开一个双扇门，垂吊锦绣幔帐，上有两个飞翔的仙人，户外地面设有机关。天子到来时，宫人手捧香炉在前面踩踏机关，飞仙就会下来把幔帐卷上去，窗户和橱窗也会自动打开，离开时则会垂下关闭如故。朝政上也如是，开府仪同三司（比拟三公的荣誉虚衔）何稠督办天子仪仗，务求华丽壮观以合上意，在礼服上增添日月星辰，组编三万六千人的仪仗队，还向各地征收羽毛，以致有用的鸟兽几乎被捕尽杀绝。乌程（浙江湖州）有棵百尺高的树上有鹤巢，因爬不上去而准备把树砍断，鹤怕后代被杀，把羽毛拔下来扔到地上，有人竟然将此称为吉兆。服役工匠十余万人，所用金银钱帛不计其数。每次天子出行，羽仪队伍填满街巷，连绵二十余里。又制订文官车马、朝服、佩玉的等级，武官也要戴头巾、穿骑服，坐骑要用珍贵的贝类装饰。礼乐典章的盛况，近世无法相比。

外交上更如是，北齐高纬时代有鱼龙山车等杂戏，隋初牛弘制定礼乐时只用清商雅乐而摒弃这些散乐。突厥启民可汗入朝时，天子想用富丽的声乐炫耀，太常（主管礼仪祭祀）少卿裴蕴迎合上意，把各地的散乐艺人集中到东京，让他亲自检阅，只见舍利兽先来跳跃，忽然水流喷涌注满街道，各种水下动物遍地都是，鲸鱼喷出雾水遮蔽了阳光，转眼间化作七八丈长的黄龙，又有两人分别头顶长竿，竿上有人舞蹈，忽然两竿上的人飞腾而过，跳到对方的位置，还有神龟背山和吐火魔术之类的表演，千变万化。艺人身穿锦绣衣服，舞者身佩铃铛，点缀各种花色的羽毛，为了制作这些彩服，两京的锦缎彩绸为之一空。天子写了多篇艳诗，命乐正白明达谱曲并教人演奏，曲调极为哀婉愁怨，天子异常兴奋地勉励他，北齐偏安一隅，乐工曹妙达尚且被高纬封王，如今天下大同，更是获取显贵的大好时机。后又在原有三千多艺户的基础上，让河南每郡再送一户，设博士传授，共有三万多乐工，另有万余名训鹰师。供养如此庞大的演艺队伍，只是为了满足居上位者的虚荣心。大业六年（610），因各个部落酋长齐聚洛阳而举行盛大的百戏表演，戏场周长五千步，演奏者多达一万八千人，几十里之外都能听到乐声，从早到晚，灯火照亮天地，长达半个月之久，耗费巨万，此后每年照办。这些数字已足以令人惊悚，可是天子的野心远不止如此。吏部侍郎裴矩探知他喜欢远征，就从西域胡人那里打探各国的山川地理、风土人情和服饰仪表，编成《西域图记》并绘制地图，鼓动降服西域，消灭吐谷浑和突厥。天子为珍宝和建功立业之心所动，让裴矩利

诱胡人入朝，此后往来不断，各地疲于招待迎送，耗费数以亿计，终于拖累隋朝以至于灭亡。

在这种心理作用下，炫耀乃至伪饰则是自然而然的了。大业五年（609），在裴矩的游说之下，高昌王曲伯雅、伊吾吐屯设及西域二十七国的国王和使臣在天子西巡时前来拜见，他们受命身穿锦衣，佩戴金玉，焚香奏乐，歌舞欢腾。天子让武威（甘肃）和张掖（甘肃）的士女盛装修饰纵情观看，衣服车马不够新鲜整齐则由官府征收更换，车水马龙填塞道路，绵延几十里，以此显示中国的强盛。吐屯设献地几千里，天子非常高兴，在此设置郡县，驻军屯田，可是西北各郡辗转输送财物到塞外，每年耗费数以万亿计，再加上路途遥远，或者遇到强盗抢劫，凡因人畜死亡而不能到达目的地，都要重新征调，致使民众破产而失去生计，西部地区开始贫困起来。后来天子准许部落酋长到丰都市场交易，但事先要整修装饰店铺，屋檐样式要一致，店内挂设帷帐，珍稀货物摆满店堂，商人服饰华丽，连卖菜的人也要用龙须席铺地，凡是胡客经过酒食店，都要邀请他们吃饭喝酒而不收钱，并告诉他们这是富饶所形成的惯例，大家无不惊叹。有些聪明的胡人看到用丝绸缠树，质疑为何不把这些东西给衣不蔽体的穷人而要用来缠树，市场上的人惭愧得无言以对。以天下受苦为代价来成就个人的所谓美誉，注定是不会长久的。

（四）重用佞臣。隋炀帝上朝时神态庄重，言语堂皇，但内心喜好声色，下朝后与近臣、宠妃、僧道宴饮，无所不为，成为常态，乃至长得漂亮的杨氏妇女也被进献。宠臣千牛左右（贴身内卫）宇文晶出入宫廷不限门禁，以至于嫔妃公主皆有丑声，也未受追究。另外，天子善于为文，憎恶被别人超过，所以在赐死内史侍郎薛道衡后说，还能写“空梁落燕泥”吗？在处死王胄后说，还能写“庭草无人随意绿”吗？他对自己的文学才华无比自负，往往看不起文人，甚至认为就算比试才学，也该君临天下，而不仅是继承父业的结果。他还直言不讳地告诉秘书郎（主管图书典籍）虞世南，自己生性厌恶别人进谏，要是达官显贵想以此求名更不能容忍，对卑微之人倒可以宽容些，但绝不会让其有出头之日。

这样的性情必然导致他亲小人而远贤臣。尚书左仆射苏威劝阻征发百万人修长城；礼部尚书宇文弼认为天子的奢靡超过北周宣帝，修长城也不是急迫的任务；张衡认为应当减少劳役；太常卿高熲劝阻征召散乐艺人，认为对启民可汗的礼遇过于优厚；光禄大夫（顾问应对）贺若弼认为接待启民可汗过于奢侈。结果是苏威和张衡被免官，其余均被处死。尤其是文韬武略的高熲，自蒙受重任以来，以天下为己任，竭诚为国，推荐了苏威、杨素、贺若弼、韩擒虎等贤才，其他功劳更是不可胜数，当政近二十年，国家富庶，朝野敬服，大家无不为他的被杀而惋惜。相反，所树立的典范都是佞臣，雁门（山西代县）太守丘和在天子出游时所献食物精美，马邑（山西朔州）太守杨廓没有任何进献，结果丘和被任命为博陵（河北定州）太守，杨廓被派去向他学习，于是各地争相献上丰富奢侈的食物。至于虞世基和王世充，更称得上是小人之尤。虞世基长于迎合，深得宠信，再加上封德彝幕后策划，权倾一时，无人能比，他的朋党卖官鬻狱，公行贿赂，国政日益腐败。王世充趁天子数次到江都之机，雕饰楼台

馆阁，搜罗珍奇美女，阿谀谄媚，由是得宠。他背信弃义坑杀三万多降卒，反被认为有将帅之才，更受重用，事实上，朝廷丧失信义，贼寇越来越多，国家倾覆的步伐加速了。

（五）与民为敌。自古明君与人民无不是休戚与共，隋炀帝却反其道而行之，以下三种行为足以说明问题：

第一，滥用民力。为了讨伐高丽，命幽州总管元弘嗣建造三百艘战船，工匠日夜站在水中，不敢稍事休息，以致腰部以下生了蛆，十分之三四的人病累而死。征调全国兵卒，加上江淮以南水手一万人，弓弩手三万人，岭南排镩手三万人，全部集中到涿郡（北京）。命河南、淮南和江南等地造兵车五万辆送往高阳（河北保定），征发河南、河北和江淮以南的民夫船只以供军需，前后绵延千余里。常有几十万人往来于道上运载军事器械，昼夜不息，死亡的人相互枕着，路上到处散发着臭气，天下骚动不安。另征民夫运米，结果士卒死伤过半，运粮的牛无一返回，致使耕种失时，田地荒芜，饥荒蔓延，谷价腾贵，东北边境尤为突出，一斗米值几百钱，有些运来的米很粗恶，就让民众买进而用钱来补偿损失。征集六十多万车夫，两人推三石米，可是路途艰险遥远，还不够他们路上吃，最后无粮可交，只能畏罪潜逃。官吏贪狠暴虐，使得百姓穷困不堪，安分守已则无法忍受饥寒，死期也将迫近，抢劫掠夺或许还能活命，所以聚众闹事的盗贼逐渐多了起来。

第二，漠视民生。天子到江都后接见官员，只问所献礼品，礼多则越级升迁，否则肆意黜免，导致上下竞相盘剥以充实献礼。百姓外受贼寇的抢掠，内受官吏的威逼，难以为生，又遇上饥荒，只得采摘树皮树叶充饥，或者把稻草杆捣成碎末为食，甚至把土煮着来吃，所有东西吃光后就互相吃人。虽然官仓中粮食充足，但官员畏惧刑法，不敢开仓济民。

第三，仇视民众。大业九年（613），平定杨玄感之乱后，天子对裴蕴谈起他的看法：此人振臂一呼就有十万人响应，可知天下人不必多，多了就容易相聚为盗，若不把他们杀干净，不足以惩戒后人。所杀三万余人，大半属于冤死，流放发配六千余人，连当初接受过粮米赈济的人也全被坑杀。两年后重回东都，颇为不满地批评“仍旧大有人在”，意思是上次杀人不够多，因而规定没收盗贼的全部家属财产，官吏更加作威作福，随意生杀予夺。

国政到了此种地步，崩溃只是迟早的事情，隋炀帝尽管骄奢放纵、伪饰拒谏，自己也不是完全没有觉察。唐高祖武德元年（618），隋炀帝到江都后愈加荒淫，宫中百余间房屋的摆设极尽奢华，住满美女，平时宴饮不止，一千多随从也经常喝醉。隋炀帝通晓占卜相面，爱说吴语，往往半夜摆酒，夜观天象，对萧皇后说，外间有不少人算计侬，但侬不失为长城公陈叔宝，卿也不失为沈皇后，姑且只管饮酒享乐吧，然后烂醉如泥。又照着镜子说，这么好的头颅，该由谁砍下来呢？萧皇后惊问何出此言，他只是笑着回答，贵贱苦乐循环更替，没什么好伤感的。因中原已乱而无心北归，准备建都丹阳（江苏南京），可是随从多是关中人，都想逃回故乡，乘机拥立宇文化及作乱弑君。虽然这些人并非

善类，但他们数落隋炀帝的罪行倒也大致符合实情，一是穷奢极欲，巡游不止，频繁用兵；二是差役繁重，民不聊生，贼寇蜂起；三是任用奸佞，文过饰非，天下怨恨。就算作为盖棺论定之词，恐怕也不为过，隋朝自然相应地走到了尽头。

唐太宗对隋炀帝的表里不一提出疑问，他的文集辞义深奥博雅，推崇尧舜而非议桀纣，为何行事正好相反呢？魏征指出，君主虽是圣哲之人，也应虚心接受别人的意见，才能让智者奉献谋略，勇者竭尽忠诚，隋炀帝恃才自傲，骄矜自大，以致口诵尧舜之言而身行桀纣之事，尚未明白怎么回事就已覆亡。勿庸讳言，撇开性善性恶的争论，人性存在某些共通的弊病已是不争的事实，隋炀帝将其无限放大，带来了极为严重的后果。唐代诗人李商隐《隋宫二首》对此做了深刻总结，其一曰："乘兴南游不戒严，九重谁省谏书函。春风举国裁宫锦，半作障泥半作帆。"其二曰："紫泉宫殿锁烟霞，欲取芜城作帝家。玉玺不缘归日角，锦帆应是到天涯。于今腐草无萤火，终古垂杨有暮鸦。地下若逢陈后主，岂宜重问后庭花。"的确，居上位者位高权重，若不能修身立德、克己复礼、守法如山以自律，只会把自己和国家带入万劫不复的深渊。虽然这三方面相辅相成，但前两者更多地源于个人的品德修养，后者有赖相关制度的制定施行。

2010年，中共中央颁布了《中国共产党党员领导干部廉洁从政若干准则》，从八大方面提出了五十二条"不准"，为领导干部确立了是非标准和活动界限，有利于完善监察制度与规范从政行为，通过从上做起，从我做起，理顺党群干群关系，夯实和谐社会的基础。事实上，只有律己以严才能待民以宽，只有宽以待民才能长盛不衰，这或许是最简单而又最深奥的道理，正因尽人皆知而又知易行难，所以用道德克服通病，是为政者时时必修而不可丝毫懈怠的功课。

第十三章
唐朝：适度开放护国本

假设由后向前逆推，不难发现，唐朝（618—907）中后期一直饱受两个问题的困扰以至于灭亡，一是宦官专权，中央权力错位；二是藩镇割据，地方对抗中央。在这一个半世纪的时间里，无论皇位继承还是其他军国大事，几乎都是由它们衍生而来。至于从唐宪宗到唐宣宗共六朝近四十年的牛（僧孺）李（德裕）党争，虽然让唐文宗无奈地感慨“去河北贼易，去朝廷朋党难”，但这只是宦官集团的内部矛盾通过受控的文官集团表现出来而已。

黄巢起义（878—884）虽是一记重拳，加速了唐朝的倾覆，但农民起义终归是官逼民反，亦即各种社会矛盾总积累的结果而非原因，何况镇压起义反倒使藩镇变得更强，最终黄巢的旧将宣武军节度使（河南开封）朱温灭唐建后梁，西突厥沙陀河东节度使（山西太原）李克用和李存勖父子灭梁建后唐。

其实，只要进一步追溯就可推知，上述问题都是安史之乱（755—762）遗留的恶果。就宦官问题而言，唐玄宗后期信用高力士，宦官势力逐渐坐大，成为乱政的助推器；历经变乱的唐肃宗和唐代宗更加依赖他们，以致李辅国、程元振、鱼朝恩一手遮天，连天子都不得不委曲求全；唐德宗经历朱泚和李希烈之乱后，让窦文场和霍仙鸣分典禁军，还分派宦官到各地监军，使得他们军权在握，再也无法收拾了。就藩镇问题而言，河北三镇（卢龙、成德、魏博）最为棘手，这些地方的首任节度使李怀仙、张忠志（李宝臣）、田承嗣都是安史旧将，此后或是自传子侄，或是部下夺位，不由朝廷委派。例如朱泚为李怀仙部将，第三任卢龙节度使，在泾原兵变中反叛称帝。李希烈原为淮西节度使，受命为平卢淄青节度使平叛时反与河北藩镇勾结称帝。除唐宪宗时期短暂的表面归服外，始终是独立王国。最后朱温尽诛宦官，唐朝随之覆灭，藩镇仍未得到解决。

倘若继续深究，安史之乱的近因显然是唐玄宗荒怠享乐（宠杨贵妃）及任用奸臣（李林甫、杨国忠）所导致的乱象丛生，然而，制度上长期积聚的隐患更是深层而不易被人觉察的远因。唐玄宗和高力士在安史之乱前夕的一段对话颇耐人寻味。天宝十三年（754），天子自称年事已高（70岁），只要把朝中政事委托给宰相，边防军事委托给将帅，就没什么值得忧虑的了。高力士指出，最近在云南多次战败，而且边将拥兵自重，尚未找到合适的处置办法，只怕一朝祸发而难以挽救，怎能说是可以高枕无忧了呢？天子不让他继续往下说，只表示会慢慢考虑这件事。结合当时边将主要是胡人的事实，这番话其实已把远近两种祸端揭露无遗，但正如胡三省所言："高力士之言，明皇岂无所动于其心哉！祸机将发，直付之无可奈何，侥幸其身之不及见而已。"看来唐玄宗对山雨欲来风满楼的局势及成因都有所了解，只不过掩耳盗铃罢了。所谓冰冻三尺非一日之寒，或许，这种局面确有历史的无可奈何和悔之晚矣，因为这是自唐初以来不断累积而成，恐怕很难在短时间内得到有效纠正。

如果仅从李唐皇室的血统成分和民族属性来分析解释胡人广泛参政并获得重要地位的特殊现象，恐怕远远不够，因为开国之君唐高祖的态度确然相反，他在晋阳（山西太原）起兵后，虽然采纳了结交突厥以获取兵马资助的建议，但是私下里告诉刘文静，胡人的骑兵进入中国实为天下大害，之所以向突厥借兵，主要是担心占据马邑（山西朔州）的刘武周与之勾结而带来祸患，再说胡人的马匹是放牧饲养的，不用耗费草料，只要几百人以壮声势即可，没有别的用途。如此高瞻远瞩让胡三省赞叹不已："观唐公之言，岂若肃（宗）、代（宗）及石晋（后晋）之君所为哉！"唐肃宗和唐代宗为平定安史之乱而借助回纥的力量，或多或少是积重难返的结果，不能过于苛求。从源头上来看，唐高祖的深刻认识，估计是来自对东晋以来近三百年历史教训的总结，也必然会对唐朝政治具有指导意义。

然而，局势的发展很快超乎人们的预想，唐太宗继位以后，文治武功显赫，国力空前强盛，四夷纷纷归附，开启了前所未有的新篇章。贞观四年（630），大破突厥颉利可汗后，西北各族酋长敬献天可汗的尊号，天子不知是否应接受这个不如皇帝尊崇的名号，左右皆呼万岁，此后用于给他们的诏书中。后来颉利可汗被擒送至长安（陕西西安），太上皇感慨，汉高祖被匈奴围困于白登（山西大同）而不能报仇，现在一举剿灭突厥，证明自己托付得人，没什么可担忧的了。的确，打败实力最强的对手后，四方相继来降者不可胜计。太上皇在宴会上让颉利可汗起舞，南蛮首领冯智戴吟诗，并由衷地感叹如今胡越一家，亘古未有。这确非虚言，大概是连锁反应的缘故，连许多从来没有联系的国家也设法前来。吐蕃赞普弃宗弄讚遣使求婚，开启两国的交往。距离长安一万五千里的流鬼国，滨临北海（贝加尔湖），南邻靺鞨，通过三重翻译才首次到达中国，使臣佘志被任命为骑都尉。对此，天子颇为自得地宣告，建国以来戎狄屡次制造祸患，现已剿灭突厥和薛延陀，铁勒（敕勒）百余万户要求归依内地，改为州郡，并为编户，此为开天辟地以来所未有，应敬告宗庙，颁示天下。在灵州（宁夏灵武）巡视时，铁勒各部先后有数千使者前来拜谒，天子写诗并刻碑记录此事。

若只是两国间的友好往来，倒也不至于对国家政治产生根本性影响，可是在万邦来朝的同时，如何安置归附之人成为亟待解决而又十分棘手的重大时政问题。贞观四年（630），突厥覆亡后有十万户来降，君臣对此展开了广泛而深入的讨论，大家的意见并不统一，大致可以分为以下五类：一是化夷为汉。主流观点认为，北狄自古以来是中原的大患，应趁败亡之际把他们全部迁到黄河以南的兖州（山东）和豫州（河南）之间，按照种族部落分散于各地，教以耕种织布，使其转化为农民，这样塞北空旷

无人，永远不会构成威胁。二是以夷制夷。中书侍郎（次长）颜师古认为，鉴于突厥和铁勒向来难以臣服，应把他们置于黄河以北，分别任命酋长来统领，起到互相牵制的作用。礼部侍郎李百药补充说明，突厥实由许多不同的部族组成，应让他们各自为政，互不统属，就算阿史那氏也只能统领本部，这样就能分散力量，便于控制，而且彼此势均力敌，各求自保，自然无法跟朝廷抗衡，再在定襄（山西忻州）专设都护府作为节度，就能长久地安定边防。三是分别笼络。夏州（陕西靖边）都督窦静认为，夷狄既无法用刑法威服，也难以用仁义教化，留恋乡土之情更不易忘却，置之中原有百害而无一益，一旦陡生变故，后果不堪设想，不如赐以王侯之号，下嫁宗室之女，分割土地，分化势力，让其永为藩臣，才能永保安宁。四是迁回故地。魏征认为，突厥世代为中原的仇敌，虽因降附而不杀，但应放归故土而不能留在境内养虎为患，因为他们的本性是衰弱则归服，强盛则叛乱，况且现在已有十万人，经过数年的繁衍，必成心腹之患，追悔莫及。历史地来看，西晋初年胡汉杂居，朝廷不听郭钦和江统的建议，没有把胡人赶出塞外以杜绝祸乱，二十多年后就上演了中原沦陷的悲剧，这是前代血淋淋的教训。五是构筑藩屏。针对第一种观点，温彦博认为，南迁有违突厥的本性，不符合生养之道，还是应当依照光武帝的做法，把他们安顿在塞外，保全族类，顺应习俗，充实空虚之地，建构起中原的屏障。针对第四种观点，温彦博认为，君主对天地万物都要有所包容，没有理由拒绝接纳困窘来归之人，孔子说过要有教无类，只要拯救教化，就会变成子民，再征召他们的头领充任宿卫，使之畏威怀恩，不会有任何后患。在此之中，第一种主张工程浩大，难测效果；第四种主张无为而治，无从建功，其他三种主张处于两个端点之间，在某种程度上体现出内在一致性。天子采用了第五种对策，在东起幽州（北京），西至灵州的广大区域里，把突利可汗原来的领地划分为顺州、祐州、化州、长州共四州都督府；把颉利可汗先前的统属地划分为六州，东边设置定襄都督府，西边设置云中都督府。

这次决议深刻铸就了未来的政治架构和格局，具体表现在以下两个方面：

（一）胡人大量入朝为官。贞观四年（630），册封突利可汗为北平郡王兼右卫大将军，出任顺州都督；阿史那苏尼失为怀德郡王；阿史那思摩（李思摩）为怀化郡王兼右武候大将军，出任北开州都督；右武卫大将军史大奈出任丰州都督；因颉利可汗不愿就任虢州（河南灵宝）刺史而授以右卫大将军，其余各族酋长都拜为将军中郎将，跻身朝官之列，五品以上者有百余人，数量几乎跟原来的官员相等，随之迁居长安者有上万户。至于虚领官职或者结成姻亲者更是数不胜数，典型例子有：册封吐谷浑诺曷钵王为河源郡王，婚配宗女弘化公主。吐蕃禄东赞促成了文成公主和亲，自己也受命为右卫大将军，但推却了婚配琅邪公主的外孙女。薛延陀真珠可汗的侄子咄摩支入朝为右武卫大将军，铁勒各部首领纷纷响应，附属的回纥、拔野古、同罗、仆骨、多滥葛、思结、阿跌、契苾、跌结、浑、斛薛共十一姓部落随之受赏拜官。可以说，这已成为国家政治的常态与重要组成部分。

在此之中，三位突厥名将格外显眼，在朝政中扮演了重要角色。一是执失思力，官拜左领军将军，屡次建功。天子在后苑狩猎，他脱下头巾，解下腰带，跪地苦谏，天子中止了这场活动。二是契苾何力，官拜左领军将军，深得信任，所部六千余家被置于甘州（甘肃张掖）和凉州（甘肃武威）之间。在攻打吐谷浑的战斗中，他对薛万钧有救命之恩，但后者为揽功而对其横加诋毁，天子了解真实情况后，准备以薛万钧的官职相授，他执意推辞，理由是胡人不了解详情，只会据此认为皇帝重胡轻汉，以讹传讹，争斗必多，甚至会误以为所有的将领都像薛万钧，从而心生轻视汉人之意。天子极为赞许，让他宿卫玄武门，婚配宗女临洮县主。他回凉州省亲时为所部劫持，但他割掉左耳誓死不附薛延陀，天子得知实情后为之流泪，并下嫁新兴公主给真珠可汗以换回他，任右骁卫大将军。在攻打高丽的过程中，右卫大将军李思摩中箭，天子为其吮血；契苾何力受伤，天子为之敷药，并把对手高突勃交与处决，但契苾何力认为对手是为君主冒死尽力，堪称忠勇之士，彼此素不相识，没有私怨，故而将其放走。三是阿史那社尔，官拜左骁卫大将军，典兵禁苑，婚配皇妹南阳长公主，屡当重任，所部被置于灵州北部。荡平高昌（新疆吐鲁番）后，各位将领即行受赏，唯独他以没有圣旨而不受，公文下达后，也只领受一些老弱仆人和残次物品，天子非常欣赏他的廉洁谨慎，赐以高昌宝刀和各色彩绸千段。

（二）开疆拓宇没有节制。剿灭高昌后，魏征反对建制州县，理由是高昌王文泰有罪而加诛，现在应抚柔百姓，重立其子，自然威德远布，四夷悦服，若是贪恋土地而为州县，那么经常需要千余人镇守，几年轮换，往来而死者不下十分之三四，再加上置办装备所需，十年之后陇右就已消耗殆尽，更谈不上用高昌的粮食布帛供给中原，这是以有用奉养无用，不可施行。但天子还是把高昌改为西州，可汗浮屠城改为庭州（新疆吉木萨尔），在交河设置安西都护府（新疆吐鲁番）。褚遂良也为此上书申论，明君治理天下是先华夏而后夷狄，为了攻取高昌，已使周边数郡萧条，多年难以恢复，现又派驻守军，普通人家因置备行装而破产，流放此地的犯人多是无赖之徒，或者逃亡而要费事追捕，或者骚扰边境而无益于用兵，何况所经之处都是千里戈壁，行人往往难逃一死，假使张掖和酒泉（甘肃）有战事发生，根本无法指望高昌的兵马粮草，终究要从陇右调往前线，这是以荒废河西心腹之地为代价供养高昌，实属本末倒置，而且，攻灭突厥和吐谷浑后均未占有他们的土地，而是重立君长加以抚驭，高昌也应照此办理，另立国君，使之畏刑感恩而永为藩臣，内外得以安宁。两年以后，西突厥犯边，事情得到应验，天子这才后悔没听魏征和褚遂良的劝告。

经历这场变故后，朝廷及时调整了政策，不再复制内地的制度，转而以设置羁縻州为主，即由当地首领世袭官职，称臣纳贡而不交租赋。以回纥部为瀚海府，仆骨为金微府，多滥葛为燕然府，拔野古为幽陵府，同罗为鬼林府，思结为卢山府，浑为皋兰州，斛薛为高阙州，奚结为鸡鹿府，阿跌为鸡田州，契苾为榆溪州，思结别部为蹛林州，白霫为寘颜州，同时设置燕然都护府统领，西北边疆全部安定。铁勒骨利干部最为遥远，所处昼长夜短，日落后尚有余辉，刚把羊脾煮熟，又已日出，被改为玄阙州。

从未有过外事关系的结骨（黠戛斯）首领失钵屈阿栈入朝，天子非常得意地说，当年斩杀突厥时，自以为功劳颇大，如今见到这个红发绿眼之人，也已不觉得奇怪了。并授以右屯卫大将军，所部为坚昆都督府。在东北契丹所部设立玄州、松漠府及峭落等九州，在奚族所部设立饶乐府和弱水等五州，同时设置东夷校尉官。在西南徒莫祗所部设立傍州、望州、览州、丘州。可以说，羁縻州遍布除吐蕃以外的广大地区，四方争相遣使朝贡，往来不绝，每年正月初一朝贺的使者成百上千，天子毫不谦虚地说，汉武帝穷兵黩武三十余年，致使中原凋敝而收获甚少，时下以德服远，不毛之地成为编户，不可同日而语。

尽管羁縻州避免了许多问题，但上述两个现象带来的拖累仍然不容小视，特别是天子征服四夷的雄心被逐步放大，极易把国家拖入内力耗尽的泥潭。当然，异议和担忧一直不绝于耳，只是从未真正受到重视，以下三件事情颇具代表性：一是提防关内胡人。给事中（审议政令）张玄素谏阻重修洛阳的宫殿，最重要的理由是，在胡汉杂处的情况下，大兴土木容易发生变乱，这正是隋朝崩溃的原因。天子认为，先前只顾及洛阳地处天下之中而四方朝贡的道路相等，没有通盘考虑，应立即停止这项工程。二是反对迎送胡人。高昌王文泰入朝时，周边各国都想派使节随行，天子打算让文泰的大臣厌怛纥干前去迎接。魏征指出，光武帝认为不应以蛮夷劳顿中原，所以不同意西域送王子入侍和设置都护府，现今天下刚刚安定，文泰先前来朝时已经耗费很多，若再加上他国使臣，将会不下千人，沿途民众必将不堪重负，发展贸易还可以，以宾客相待只会得虚名而无实益。

三是质疑招抚胡人。凉州都督李大亮受命为西北道安抚大使，负责招纳散居于大漠以外伊吾（新疆哈密）地区的西突厥，但他认为这项工作弊大于利，因为想要怀柔远方必先抚慰近处，前代倾尽中原的粮食供给四周的少数民族，最终弄得自身疲敝，况且河西向来地广人稀，突厥衰微以后才开始耕种，民众无法承受这样的负担，有人来归则使之居于塞外而为屏藩，才是施虚名而获实利的好办法。虽然这些意见都得到采纳，但仅限于就事论事，并未引发对既定政策的反思和调适。

也有个别例外，那就是天子没有接受康国（汉代康居国）内附，理由是前代帝王喜欢招徕偏远的国家以获取降服远方的威名，设若对方遇到危急情况，从道义上说不能不去救援，但事实上相距万里，军队疲惫而未必有功，除了让百姓劳苦之外毫无用处，故而不做这类贪图虚名的事情。不过，纵观贞观时期的政治，这似乎只能算是特例，无关全局，因为直到祸起萧墙，也未见改弦易辙。贞观十三年（639），中郎将（禁卫军官）结社率因诬告哥哥突利可汗谋反而得不到升迁，转而勾结旧部闯入宫中作乱，事败被杀。许多人由此觉察到把突厥留在黄河以南多有不便，于是立化州都督李思摩为乙弥泥孰俟利苾可汗，在旧定襄城建立牙帐，共有三万户，十万部众，四万军队，九万匹马，立左屯卫将军阿史那忠为左贤王，阿史那苏尼失之子左武卫将军阿史那泥熟为右贤王，让散落各处的胡人回到旧地作为边塞屏障，允许他们受到外族侵犯时可以进入长城以内。天子反省后得出结论，中原与戎狄的关系如同树根与枝叶，割断树根以供给枝叶，不可能长久繁茂，没有采用魏征的对策，差点儿狼狈不堪。然而，言犹在耳，即已如过眼云烟。阿史那忠向来受到厚待，妻子又是宗女，因而很快得以回朝。李思摩不善统御，部众弃他南渡，天子同意他入朝为右武卫将军，所部居住于胜州（内蒙古准格尔旗）和夏州之间，大臣很不赞同，因为在准备远征高丽之际，把突厥置于离京师很近的地方，恐怕会成为后患。天子的理由是，汉夷没有分别，施恩能使四方亲如一家，猜忌会让骨肉互为仇敌，所以不应无端猜疑。隋炀帝东征而杨玄感造反，这是暴虐而失去民心的缘故，并非夷狄制造祸乱。当下的形势恰好相反，突厥贫弱时受到收养保护，感恩戴德犹恐不及，不会变成祸根，没有投奔习俗相近的薛延陀而南下归顺，足以证明他们的真情实意。天子还对掌管起居注的褚遂良说，可以保证今后十五年不会有突厥之患。

正如唐太宗自行总结的那样，前代帝王无不贵中华而贱蛮夷，而他爱之如一，使其依之如父母，天下翕然而从。因此，胡人朝官和使臣听说天子驾崩，数百人失声痛哭，剪头发，划脸颊，割耳朵，流血满地，契苾何力和阿史那社尔奏请自杀殉葬而未被允许。客观地说，“贞观之治”称得上是盛世的典范，创造了崭新的历史，政权的大度开放可能只是天子博大胸襟和千秋伟业的某种显现。问题在于，当它变成常规制度之后，还能在后代继续完美地呈现吗？答案无疑是否定的，随着弊端的日渐彰显，国政也被裹挟着失去了平衡，直至翻船落水。

在唐高宗、武则天、唐中宗、唐睿宗四朝，上述政策得到忠实地执行。唐高宗时期，突厥车鼻可汗被俘后为左武卫将军，所部归狼山都督府。李世勣平定高丽后，高藏为司平太常伯（工部尚书）员外同正，泉男产为司宰（光禄）少卿，僧信诚为银青光禄大夫，泉男生为右卫大将军，所部共设九都督府、四十二州、百县，在平壤设置安东都护府，以有功的首领担任各级官员，与华人共同治理。武则天时期，把吐蕃党项族万余人分置于十州，羌族酋长昝捶所部八千人置于莱川州，册封论赞婆为归德王兼右卫大将军，弓仁为酒泉郡公兼左玉钤大将军，契丹李楷固为左玉钤卫将军，后封燕国公，赐姓武，骆务整为右武威卫将军。

除在边疆建制授官外，外族朝官也不在少数。唐高宗让突厥酋长的子弟侍奉太子，因西台（中书）舍人（起草诏令）徐齐聃提出异议而作罢。武则天选五位优秀的禁军射手比赛，泉男生之子左卫大将军泉献诚获得第一，让给右玉钤卫大将军薛咄摩（薛延陀）而未成，转而奏请取消比赛，理由是所选多不是汉族官员，容易让蛮夷轻视汉人。百济黑齿常之更是显赫一时的名将，任河源道经略大使，守边七年，吐蕃不敢进犯；以左鹰扬大将军身份任江南道大总管，讨伐徐敬业；以燕然道大总管身份讨灭突厥阿史那骨笃禄和阿史德元珍，凡有赏赐都分给将士，有匹好马为军士所伤，以不能因私人之马而鞭打官府之兵为由不予追究。

唐玄宗时期迎来了能与“贞观之治”相媲美的“开元盛世”，相关政策必然只会被放大而不会被放弃。例如把突厥十姓万余帐置于黄河以南，斩杀默啜可汗后，所属拔曳固、回纥、同罗、霫、仆固五部被置于大武军以北。讨平兰池州胡人康待宾和康愿子之乱后，把河曲（山西忻州）六胡州的五万多胡人迁到许州（河南许昌）、汝州（河南平顶山）、唐州（河南泌阳）、邓州（河南南阳）、仙州（河南叶县）、豫

州等地，黄河以南及朔方各州成为无人之地。册封靺鞨大祚荣为渤海郡王兼左骁卫大将军，所部设立忽汗州；契丹王李吐干为辽阳王，李邵固为左羽林大将军兼静折军经略大使，后封广化王，婚配天子外甥女东华公主，奚族饶乐王李鲁苏婚配唐中宗外孙女东光公主；奚族首领李诗琐高为归义王，所部置于幽州。

然而，随着时间的推移，历史层积的负累终于不堪重负地暴露出来，并且日趋严重。开元四年（716），并州（山西太原）长史（副官）王晙详尽论述了这个问题，胡人接连归附，只是因为他们国家丧乱，只要形势安定，必会再次叛离；而且这些人凶暴狡诈，难以控制，往往不服从地方政府和军队的管束，动辄举兵杀掠，许多逃走的人更是与敌人往来频繁，通风报信，这等于是蓄养间谍，时间越久，为害愈深。现将他们安置于河曲地区，万一窥探到边防的疏漏而有所图谋，必将造成巨大的祸事，或者突厥南犯，这些人必为内应，使我方内外受敌，到时就算有韩信和彭越之类的名将，只怕也万难取胜。因此，最佳对策是大规模地集结军队，晓以利害，供给物资，把他们迁往内地，二十年以后，旧有的习俗会慢慢改变，还可以成为战斗力很强的军队，虽然需要暂时付出辛劳，但可以换来长久的安宁。近来边将使臣不顾事实，阿谀奉承，声称胡人破灭殆尽，或是降户安然守法，这都是吹嘘自己的功劳，不是为国尽忠的长远谋划。贞观年间的做法虽使彼此相安无事，但具体形势早已发生变化，当年颉利可汗败灭，降人不再有异心，因而得以长期稳定，没有发生不测；如今北方毗伽可汗尚存，这些人或畏惧威势，或不忘恩惠，或本为亲属，怎会心甘情愿归依呢？鉴于时势的变化，大致有以下三种解决办法：上策是把他们迁往内地；中策是在河曲驻扎军队，严加监视防备，使胡汉彼此安居，只是耗资巨大，民众劳苦；下策是安于现状。应及时采取最有利的对策，迁延不决则恐生变。奏章尚未得到批复，胡人即已发动叛乱，朝廷只得出兵。次年，新任并州长史张嘉贞也进言，新近归降的突厥九姓部众散居于太原以北，应集重兵以震慑。由是置天兵军八万人。对照贞观时期的讨论可知，上策实为当时的代表性观点，只是均未付之实践，效果无从得知；当年施行的办法已成下策，说明胡人的离心力剧增而朝廷的控制力锐减，面临失控的局面；中策虽属新政，但这是两位边防重镇将领的共识，看来以德服远的时代早已悄然远去，只剩下以武镇远的唯一出路了。

具有反讽意味的是，此时手握边镇大权的名将多是外族。例如哥舒翰的父祖都是突骑施别部酋长，自己历任陇右节度使和河西节度使，长年主持对吐蕃的防务。攻打吐蕃时，有位级别相同的副将傲慢而不服从指挥，被他用马鞭打死，军中慑服。当时吐蕃每年都来抢收积石军的麦子，没有人能阻挡，他预先设伏，使其全军覆没，不敢再来。李光弼是契丹王李楷洛之子，以智勇双全而受重用，历任河西兵马使和河东节度副使，成为剿灭“安史之乱”的主将。高丽高仙芝骁勇善战，历任安西副都护和安西四镇节度使，长年主持西域防务。突厥安思顺历任河西节度使和朔方节度使，长年主持对突厥的防务。造成胡将林立而要对胡人动武的尴尬局面，唐玄宗负有不可推卸的责任，因为唐初都是选用忠厚的名臣出任边防将帅，严格恪守“三不能”原则，不能久任一方，不能在朝遥领，不能身兼数职，功名显赫者往往升任宰相，即使契苾何力和阿史那社尔那样的外族宿将也不能独当重任，而要受正职大臣的节制。到了开元年间，天子有吞并四夷之志，边将王晙、郭知运和张守珪多年不换；皇子庆王李潭（李琮）和忠王李玙（唐肃宗）以及宰相萧嵩和牛仙客虚领边职；盖嘉运和王忠嗣兼制数处，而长期掌权的李林甫想要杜绝将领升迁宰相之路，力主任用没有文化的胡人为将，理由是文臣怯懦无能而胡人勇敢善战，况且他们出身低微孤立无援，只要施以恩惠，定然尽力死战。安禄山等人由是得到重用，乃至各镇节度使均是胡人，精兵强将集中于西北边境，形成内轻外重的格局。另外，国家长时间太平无事，许多人觉得应当裁减军队，并以做武官和服兵役为耻，府兵制逐渐松弛败坏，代之而起的募兵制使得贩夫走卒和奸猾之徒充斥其间，禁军丝毫没有战斗力。安禄山看透了双方力量的对比，几乎推翻天下，这是执政者放纵私心而不深谋远虑的结果。

下列数据颇能说明问题，天宝元年（742），全国共有三百三十一州，八百羁縻州，边疆共有十位节度使（经略使），安西节度使（龟兹）镇抚西域，北庭节度使（庭州）防备突骑施和坚昆，河西节度使（凉州）阻断吐蕃和突厥的来往，朔方节度使（灵州）和河东节度使抗御突厥，范阳节度使（幽州）控制契丹和奚族，平卢节度使（营州）防御室韦和靺鞨，陇右节度使（鄯州）抵抗吐蕃，剑南节度使（益州）防卫吐蕃和南蛮，岭南五府经略使防范南蛮。这些边镇共有兵力四十九万，战马八万匹。以前每年军费开支不过两百万，此后边将不断增兵，所需布帛一千零二十万匹，粮食一百九十万斛，政府和民众日渐困顿。与此相反的是，以安禄山为代表的边庭实力猛增。天宝九年（750），他受封东平郡王，成为首位封王的边帅，次年身兼范阳、平卢、河东三镇节度使，雄霸一方。天宝十二年（753），诱降为回纥所败的突厥阿布思（李献忠）所部，从此兵强马壮，天下无敌。次年获准打破常规越级封赏部将，有五百多人成为将军，两千多人成为中郎将，后又获准用三十二位胡将替代汉将，有力地收买了人心。一切准备妥当之后，“安史之乱”终于不以人的主观意志为转移而爆发，盛唐的帷幕倏然落下，引来后人在痛苦的挣扎中无尽地追怀叹息。其实，这是时势所造，无关安禄山的个人品性，随着中央和地方实力的此消彼长，变乱是迟早的事情。

贞观时期处置胡人的政策受到后人的高度关注，北宋范祖禹总结的成因是：“惟其好大而喜远，矜功而徇名，不能以义制心，故忠言有所不从，而欲前世帝王皆莫我若也。”蒙元戈直得出的结论是：“他日禄山之乱宫闱，岂非太宗诒谋有以启之？”唐太宗采取了与汉武帝不同的手段，并以此自诩高明，但他们的出发点都是功盖前人的私意而非历代治国的公理，最后殊途同归，天下烦扰。其实，《春秋公羊传》所说的“王者无外”，只是对文化向心力的自信，而非对疆域的实际描述，既不煽动穷兵黩武，也不鼓吹妄自尊大。

创造和保持先进文化实为国家的根本，对长治久安和领跑世界具有关键作用。唐朝的极度开放使得文化程度不高的胡人布列朝廷，这虽然能让帝王获得一时的心理满足，但无助于国家的长远发展。2000年，江泽民同志提出了“三个代表”重要思想：我们党所以赢得人民的拥护，是因为我们党在革命、建设、改革的各个历史时期，总是代表着中国先进生产力的发展要求，代表着中国先进文化的前进方向，代表着中国最广大人民的根本利益，并通过制定正确的路线方针政策，为实现国家和人民的根本利益而不懈奋斗。只要我们始终如一地坚持这个方向，就必定能长久地立于不败之地。

第十四章

后唐：武功终须到文治

五代十国是乱世纷争的年代，不仅全国分裂成多个割据政权，就连被视为正统的五个中原王朝也在五十四年内出现了八个姓氏共十四位帝王（后唐明宗为李克用养子，末帝为明宗养子，后周世宗为太祖内侄），而且后唐、后晋、后汉的君主都是沙陀胡人，称得上是乱哄哄，你方唱罢我登场。伴随而来的是，武功成为唯一的标杆而文治被抛诸脑后，正如后晋安重荣所言："今世天子，兵强马壮者则为之耳。"胡三省指出："安重荣粗暴一夫耳，使其强梁亦何所至！然其所以强梁者，亦习见当时之事，遂起非望之心耳。"这无疑背离了传统政治精神中逆取顺守的原则，它又反过来促成了这些朝代的短命，后唐（907—923—936）正是其中的典型案例。

客观地说，后唐开国之君庄宗的军事才能和成就在五代屈指可数。

十一岁时受父命去朝见，唐昭宗对他的外貌称奇不已，称之为国家栋梁，嘱托他将来为国尽忠。的确，唐庄宗李存勖自幼机敏，有勇有谋，在李克用为朱全忠所困，疆土日渐缩小的时候，他劝慰忧虑重重的父亲，凡事物极必反，朱全忠倚仗诈力，穷凶极恶，吞并四邻，人神共怒，今又逼迫皇帝，窥伺帝位，这是走到极点而要灭亡的前兆。李家世代忠贞，虽然势力不足，但是问心无愧，应当忍耐静观以待其衰，不能轻易灰心丧气而使人失望。李克用为之一振。后梁太祖开平二年（908），晋国李克用临终前传位给李存勖，理由是他志向远大，日后定能完成这番未竟的事业。李存勖果然不负所望，先是兵不血刃地除掉了图谋篡位的叔父李克宁，接着出其不意地解除了已有一年之久的潞州（山西长治）之围，朱全忠得知败讯后大为感慨，生子当如李亚子（存勖），李克用的基业不会败亡，自己的儿子只是猪狗罢了。此后李存勖任用贤才，减轻租赋，昭雪冤案，禁绝奸盗，把晋军训练成军纪严明的部队，实力猛增。两年后取得柏乡（河北邢台）之战的胜利，扭转并掌握了梁晋争霸的主动权。朱全忠临终前痛哭失声，经营天下三十年，没想到晋国的势力愈发强大，李存勖志不在小，而上天夺去自己的年寿，儿子又不是他的对手，只怕死无葬身之地了。事情似乎确实朝着这个方向发展，后梁均王贞明元年（915），朝廷想趁魏博（天雄军）节度使杨师厚去世而分化控制这个自中唐以来的强势藩镇，反倒让李存勖坐收渔翁之利，不仅获得广阔的地盘，还收编了骁勇的银枪效节都，使双方的力量对比发生了根本性改变。当然，这些人向来强横，动辄作乱，也给他后来的覆亡埋下了祸根，正如胡三省所言："晋王遂以银枪效节军取梁，而亦以银枪效节军取祸。”后唐庄宗同光元年（923），庄宗采纳郭崇韬等人的建议，出奇兵攻占后梁首都大梁（河南开封），最终消灭了宿敌。

军事上的全面胜利更明显地把后唐带到了十字路口，要么原路前行，要么转向文治。其实，后唐并不缺乏深通治国之道的人才，关键在于君主的态度，用之则兴，不用则衰。后唐建立前的三件事情颇能说明问题：一是关于强军之道，自从根据地晋阳（山西太原）之围后，李克用数年不敢与朱全忠相争，并向幕府咨询修筑城池、贮备军粮、添置兵器等增强军事实力的办法，掌书记（机要秘书）李袭吉指出，国家富裕不在于仓库储备，军队强大不在于人数多少，正如古人所言，民众归依有德之君（《尚书·咸有一德》），鬼神降灾骄盈之人（《周易·谦卦·彖辞》），与其有聚敛之臣，不如有偷盗之臣（《大学》），苛政猛如虎（《礼记·檀弓》），所以变更法令不如教养百姓。历史地来看，散发鹿台之财而周武王得以兴盛，齐国仓库被焚而晏婴入朝庆贺，近代的情况恰好相反，华州（陕西华县）韩建积蓄钱财而最早侍奉朱全忠，河中（山西永济）王珂变法如麻而一朝投降朱全忠，定州（河北保定）城高而王郜为叔叔王处直所逐，蔡州（河南汝南）兵多而秦宗权为朱全忠所擒，这些都足以引为鉴戒。只要推行德政，选任贤能，重视农业，训练军队，自会富足安定，建功立业，至于统计户口和增加税收之类，不是迫切的事情。二是关于爱民之道，司录赵季良因魏州（河北大名）拖欠赋税而受到责怪，他却反问何时能平定黄河以南，李存勖认为这是越俎代庖。赵季良指出，谋划攻取而不爱护民众，定会离心离德，只怕连原有的地方都会丢掉，更不要说建立新的功业了。三是关于教化之道，降将李严读书甚广，因不肯教李继岌而惹怒其父李存勖，教练使（主管训练军队）孟知祥从中劝解，强敌未灭，不能因一时愤怒而杀向义之士。这里暗含的意思是，读书的目的在于修身立德教化天下，妄行杀戮与此背道而驰，只会证明自身失德而大失人心。

可惜的是，李存勖似乎完全没有意识到转变治国方略的必要性和重要性，这使得他的性格弱点被加倍放大，引发了一系列恶果，主要表现在以下三个方面：（一）贪功而炫耀自得。这样的情况多次在征战中出现，也注定会深刻影响国政。他特别喜欢亲率轻骑逼近敌方营寨挑战，多次遇险也不收敛。例如在魏州带领百余名骑兵偷偷侦察敌营，结果中了五千人的埋伏，战斗进行了三个时辰援兵才到，突围后损失了七名士兵。他笑言，差点成为俘虏而被人耻笑，手下恭维，这正足以让敌人见识晋王的英武。另一个相反的事例是，王檀偷袭晋阳而被击退，由于解围的谋略不是出于自己，李存勖对有功之人不予奖赏。胡三省指出：“晋王矜伐而有功者不赏，此其所以能取天下而不能守天下也。”当然，并不是没有人规劝，只是他从不在意。都营使李存审多次进言，冲锋陷阵是将士的职责，晋王应为社稷苍生自我保重。赵国王镕和北平国王处直也婉言相劝，晋王身系国家人民的命运，不可自我轻率。李存勖笑答来使，只有身经百战才能安定天下，岂能深居帷房养肥自身。胡三省指出：“晋王此语，谓王镕也。然王镕志守祖父业、自豢养而已；晋王则志于灭梁以雪仇耻者也。及梁既灭，庄宗之志满矣，驰骋田猎，意以为不居帷房以自肥，不知以帷房自祸也。”这种心态在称帝后演变成没有节制的玩乐，以至于打算毁弃当年即位的神坛来开辟球场。张宪和郭崇韬郑重地提醒，这是开始受命于天的重要地方，背天忘本是最大的不祥。甚至在饿殍遍地怨声载道时，庄宗照样沉湎于游猎，禁卫军所过之处，破坏力比贼寇还厉害，连地方官吏都藏起来躲避。

俗话说，当局者迷，旁观者清。其实，许多局外人早已看清这种行为的严重后果，唯独局内人没有醒悟。后梁被灭后，各国都感到害怕，吴国徐温后悔当初拒绝发兵相助晋国，严可求反倒认为，天子得到中原后自傲自满，用人没有法度，数年之后内部会发生变故，只要对彼卑辞厚礼而对内保境安民即可。荆南节度使（湖北江陵）高季兴从朝廷返回后也认为，天子举起手对功臣宣称，自己用十个指头得到天下。如此居功自夸，别人都没有功劳，谁不灰心丧气？再加上沉迷于狩猎和女色，势必难以长久，没什么可担忧的。这些都是实情，他参观过去打仗的地方时仍以指挥群臣为乐。胡三省指出：“此即帝自言‘我于十指上得天下’之故态也。”同光三年（925），前蜀被灭，高季兴很是害怕，梁震反而认为，天子会愈加骄横，覆灭指日可待，几乎是在替别人谋福。南汉宫苑使何词以朝贡为名窥测中原的强弱，得出的结论同样是天子骄傲荒淫，不理政事，不足为虑，因而断绝了两地的往来。

（二）贪财而不恤军民。李存勖想要赌博或者赏赐伶人，总是受到河东监军张承业的制约。于是在钱库摆酒，让李继岌跳舞讨赏，但张承业仅赠以宝带币马，并声明这是从自己的俸禄所出，因为钱库是用来供养战士

的，不能拿公物作私礼。双方都很不高兴，张承业进一步剖明心迹，宦官无须为子孙打算，这样做只是为了晋国的霸业，否则财散人去，哪里还能消灭强敌复兴唐朝。李存勖动了杀机，张承业自行请死，幸亏曹太夫人及时出面使之和解。张承业是忠心耿耿的先朝功臣，多少还有些约束作用，自从善于邀宠搜刮的孔谦主管财政，虽然长期保证了军需供应，但让百姓愁苦不堪。为了讨好庄宗，他在大赦之后仍向免征之人收税，引发人们普遍怨恨，不再相信诏令。他还通过放贷获取高额利润，翰林学士承旨兼汴州（河南开封）知州卢质用后梁的事实说明这种做法的危害，没有得到回复。这位加重赋税而弄得民不聊生的租庸使竟然获得了丰财赡国功臣的封号。

与此相对的是，士卒贫困而日渐离心。在宦官的怂恿下，国家财赋被分为内外二府，地方租税充当国家经费，方镇进贡专供天子使用，致使外府不足而内府有余。南郊祭天时缺乏劳军的费用，郭崇韬带头献了十万缗钱，并劝说内府也要资助，天子极不情愿地从没收李继韬的财产中拿出数十万金帛，引起军人强烈不满，产生了叛离的想法。右谏议大夫薛昭文论述时弊时提到，士卒长年征战，赏赐不丰而多数贫困，应把各方贡品及南郊祭祀的杂税赐给他们。天子不以为然，终于使事情发展到了无可挽回的地步。后唐明宗天成元年（926），租庸使因储备不足而大肆消减军粮，人情骚动，军中盛传各种谣言，群臣奏请赶紧广施财物，庄宗准备照办，吝啬的刘皇后却以君权神授而凡人无可奈何为由横加阻拦，宰相再次讨论时，刘皇后把梳妆用具、三个银盆及三位幼小的皇子抱到他们面前，声称大家都以为宫中积蓄很多，其实赏赐完以后就剩这些东西了，通通卖掉供养军队吧。大臣们害怕地退了出去。刘皇后所言并非实情，因为庄宗被弑后，她带着大批金银珠宝出逃。直到形势无比危急的时候，庄宗和伶人景进才拿出金帛慰劳，遭到士卒的唾骂，妻子儿女都已饿死，再拿这些东西还有什么用呢？等到大梁失守，军队叛亡，庄宗知道大势已去，只好寄希望于犒赏，而士卒明确地告诉他，一切为时已晚，不会再有人感恩了。除了哭泣，庄宗束手无策。

（三）贪权而倚重伶人。庄宗自幼喜爱音乐，所以特别宠信伶人，有时甚至自涂粉墨，与他们一起玩乐，以讨宠妃刘夫人开心。某次演戏，天子连喊两声李天下，伶人敬新磨突然上前打他耳光，天子变了脸色，伶人也十分惊恐，敬新磨慢条斯理地说，理天下者只有一人，还叫谁呢？天子高兴地赏赐，并由此得艺名李天下。敬新磨还算不错，天子打猎时践踏了庄稼，中牟（河南郑州）县令毫不留情地质问，这是要把百姓饿死后扔进沟壑吗？天子盛怒之下想要杀他，敬新磨故意先行责骂，身为朝廷命官怎能不知道君主的喜好，为何让人们任意耕种而妨碍出猎呢？天子笑着免罪。然而，总体来看，伶人随意出入宫廷，捉弄欺负士人，百官愤恨而不敢出声，有人倒是依附贿赂他们以求富贵。景进即是受宠的典型，官至银青光禄大夫、检校右散骑常侍、御史大夫、上柱国。天子想了解外面的情况，他不时采集民间琐事上闻，逐渐成为耳目，每次都是屏退左右秘密呈奏，因而有机会害人坏事，大家无不害怕，而孔谦把他当兄长侍奉。

伶人败坏国政在以下两个方面表现得最为明显：一是无功受禄。前蜀乐工严旭擅长唱歌而被任命为蓬州刺史，庄宗得知此事后答应恢复他过去的职务。胡三省指出："人皆谓帝克蜀而不察蜀之所以亡，故不旋踵而败；不知此乃帝气习也，观诸李存贤、周匝之事可见。"天子的亲近伶人周匝在胡柳（河南濮阳）之战中被俘，后梁被灭后，他恳求封赏帮助过他的教坊使陈俊和内园栽接使储德源而得到应许。郭崇韬提出异议，大功刚刚告成，共同夺取天下的忠勇之士尚未受赏而先以伶人为刺史，恐怕会大失人心。后来伶人屡次提及此事，天子表态，虽然郭崇韬所言在理，但既已应承就该执行，还是让他开方便之门，以陈俊为景州（河北东光）刺史，储德源为宪州（山西娄烦）刺史，南征北战而未受封的人莫不扼腕叹息。正如胡三省所言："帝思周匝而不思周德威，此其所以亡也。"二是受贿请托。匡国军节度使温韬入朝后送给刘夫人和权贵伶人许多金帛，得以回到原来的镇所。郭崇韬明确反对，大家为唐朝洗刷耻辱，而温韬几乎挖遍了唐朝帝王的陵寝，罪过与朱温相等，若再授以方镇重任，无疑会遭致天下的非议。理由正当而未奏效。叛将李继韬用四十万两银子和各种礼物贿赂刘夫人及伶人宦官而得到赦免，直到密谋重回原来的方镇之事败露才被正法。

重用伶人称得上是庄宗的特色，这也让宦官势力得以重新坐大。宫中原有五百多宦官，在外者全被送回后多达千人，天子一律厚待，委以职务，当作心腹。本来自唐昭宗天祐年间（904）诛杀宦官以来，宫内各司使都由士人担任，现又起用宦官，日渐干政，还重新委派他们为各道监军，凌驾于主帅之上，仗势争权夺利，各地十分忿恨。宦官败坏国政在以下两个方面表现得最为典型：一是鼓动骄奢。例如劝说天子扩充后宫，理由是唐懿宗和唐僖宗时宫女不下万人，如今大部分宫殿空空如也，以致出现鬼物。随后在各地挑选了三千多人，张宪奏称，魏州诸营有千余名妇女逃亡，可能是随驾军士把她们藏起来带走了。其实是入宫了。天子在宫内没有找到满意的避暑之处，宦官以盛唐宫殿数以百计为由怂恿兴建，郭崇韬指出，时下两河干旱，军费不足，应等到丰年再建。还是不起作用。二是党同伐异。河南县令罗贯不避权贵，不理请托，遭到刘皇后和伶人宦官的诋毁，虽经郭崇韬营救，天子还是以督促修筑路桥不力为由把他斩首示众。

除此之外，刘皇后也成为乱政的助推手，她出身贫寒而专事积蓄，甚至连柴草果菜都拿去贩卖，内库使宦官张容哥在自尽前把国家纷乱的罪责归结为她的吝啬，不是全无道理，可是这样的人还积极干政，所发命令等同天子。庄宗问丧偶的元行钦（李绍荣）是否再娶，可以替其求婚，刘皇后出于嫉妒，竟然要求把内宫那位既漂亮又有儿子的宠妃赐给他，就在天子难以拒绝而含糊其辞地答应后，此事立刻照办，弄得天子为此好几天托病不吃饭。这种事情尚且如是，其他自不必说了。

正因有上述“三贪”，庄宗刚愎好胜，不愿臣下揽权，听信佞人进谗，疏远猜忌旧将，点燃了覆亡的导火索。同光三年（925），郭崇韬作为实际统帅平定了前蜀，但遭到宦官的诽谤，就在天子犹豫不决之际，刘皇后直接发密令处决了他，天子也就顺水推舟将其灭族。当时伶人宦官掌权，功勋故旧无法自保，朱友谦（李继麟）被灭族，李嗣源差点送命。正是时局的黑暗动荡，一则谣言轻而易举地引发了惊涛骇浪，原来，民间讹传郭崇韬被杀是因先杀李继岌而在蜀地称王，魏州监军宦官史彦琼受密令去杀朱友谦之子朱建徽，民间又讹传刘皇后因李继岌之死而弑君，急招史彦琼商议。就在人情惊骇不定之时，银枪效节都皇甫晖作乱，刘皇后推荐归德节度使元行钦去招抚，而史彦琼在城下放言要把他们碎尸万段，结果招降和攻城全都失败，李嗣源临危受命，却因从马直张破败叛乱而被乱军劫持并立为天子。朝廷内部同样发生了变故，从马直指挥使郭从谦本是伶人，因视郭崇韬为叔父而受牵连，又因部下王温作乱而被猜疑，转而动摇收买人心，利用禁卫军的不安心理而兵变弑君。胡三省指出："郭崇韬熏旧也，以无罪而族；康延孝（李绍琛）（蜀地）之乱，皇甫晖之乱，张破败之乱，卒以成郭从谦之弑，皆由崇韬之死而将校之心不自安也。"契丹耶律阿保机听说天子被乱兵所害后评论，他纵情声色游猎，毫不爱惜军民，一切尽在情理之中，此后不再喝酒，遣散伶人，释放鹰犬，因为那样做只会自取灭亡。

此后的三位君主，似乎只有明宗较为懂得这个道理。他登基时已年过六旬，每天夜间焚香祷告，自己是个沙陀胡人，因动乱而被众人推举，希望上天早降圣人为万民之主。在位期间多年丰收，很少战争，称为五代时期的小康。因不识字，奏章多由安重诲诵读，而他仍无法完全通晓，于是任用文臣共同处理政事，以翰林学士冯道和赵凤为端明殿学士。值得一提的是，天子特别重视用儒家思想教育儿子，他告诉安重诲，皇子李从荣身边有人假传圣旨，让他不要接近儒生，以免削弱志气，正是考虑到他年纪轻轻就掌管邺都这么重要的地方，才选用名儒来辅佐，没想到奸人竟然讲出这种话来。秦王李从荣喜欢做诗，还聚集浮华放荡的文人互相唱和，自我标榜，天子谆谆告诫，自己虽不识字，但是喜欢听儒生讲解经义，可以开启智慧和思考，庄宗倒是喜好写诗，教训近在眼前，而且武将家平素并不研习文章，只会让人笑话，不要效仿。史馆修撰张昭远论述时弊时提到，先朝皇弟和皇子亲近伶人，进门盛装打扮姬妾，出门夸耀仆人骏马，习染这种风气是不可能成为贤人的，应精心选择老师，让他们恭敬地侍奉，听讲经书的含义，领会安危的道理。另外，古代帝王即位则立太子，是为了确立名分，从源头上杜绝祸乱，现用占卜来确定继承人，恐怕不符合传统精神，赏赐和婚姻等事情也应区分等级，断绝侥幸的念头。胡三省指出："自梁开平以来，至于天成，惟张昭远一疏能以所学而论时事耳。不有儒者，其能国乎！惜其言之不用也。史言赏叹而不能用，呜呼！帝之赏叹者，亦由时人言张昭远儒学而赏叹之耳，岂知所言深有益于人之国哉！"大概正因如此，天子的成就仅此而已，后唐也在三年的内斗中走到了尽头。

后人往往把庄宗与周世宗相提并论，司马光贬抑前者褒扬后者的观点颇具代表性和说服力。有人提出疑问，在五代帝王中，庄宗和周世宗都号称英武，究竟谁更贤明呢？一般来说，所谓英武是指统治四方万国，不肯降服则讨伐，势力微弱则安抚，法令统一，信义昭明，以此爱护百姓。庄宗消灭后梁，天下震动，湖南马殷之子马希范前来朝贡，庄宗暗含心机地赞美他，近来听闻马氏的家业终将为高郁所有，现在看来，有这样的儿

子，必不至如此。马希范之兄马希声听说后，伪造父亲的命令除掉了这位最重要的谋臣。这种离间计，只是市井小人的勾当，丝毫没有帝王的风范。庄宗善于打仗，故能以弱小的晋国战胜强大的后梁，可是获胜没几年就众叛亲离，死于近侍伶人的政变，说明他只知道用兵之术而不懂得治国之道。周世宗则不然，以诚信驾驭群臣，用正道要求各国，所以后蜀凤州（陕西宝鸡）节度使王环宁死不降而受拔擢，南唐寿春（安徽寿县）守将刘仁赡坚守不屈而蒙褒奖，南唐宰相严续尽忠报国而获称赞，蜀兵先降后周又降南唐而遭杀戮，太师冯道丧失臣节历事诸朝而被遗弃，澶州（河南濮阳）粮料使张美曲意施恩讨好而致疏远。江南尚未归服之前，甘冒箭石，抱定必胜的信念；降服之后，又像对待子女般细心呵护，推心置腹，知无不言，为之做长远打算。这种宏伟规制和博大胸襟，庄宗怎能同日而语呢？正如《尚书》所言，没有偏袒，也不结党，王道坦荡平直；大国畏惧他的实力，小国怀念他的恩德。周世宗十分接近这些话了。

对照史实，司马光的评价完全符合事实。总体而言，周世宗统军号令严明，处身箭石之间镇定自若，随机应变的谋略出人意料，勤勉治国，任人唯贤，赏罚分明，再加上不爱乐器珍宝，喜听儒生讲解前代史书，商榷经典大义，人们畏威怀恩，从而开疆拓宇，战无不胜。他三十九岁时突然英年早逝，后周随即被北宋取代，但这不是施政不当的结果，也不同于通常的改朝换代，在某种意义上可以说是后者继承并完成了前者未竟的事业。毫无疑问，周世宗是精通军事的。例如禁卫军历代相承，以老弱居多而缺乏战斗力，并且骄横傲慢而不服从命令，各朝大多由此丧国。周世宗指出，军队只求精而不求多，不区分勇健懦弱，就无法激励众人，况且百名农民未必供养得起一个士兵，不能榨取民众的血汗来奉养无用之人，因而选征精兵，淘汰老弱，组建了五代最精锐的部队，所向披靡，捷报频传。

更为重要的是，周世宗懂得文武并用之道，使国家呈现出崭新的面貌，这主要表现在以下三个方面：（一）仁政爱民。在与将相聚餐时感言，最近特别寒冷，在宫中吃着美味佳肴，没有功劳而坐享禄位，对此深感惭愧，既然不能自行耕种，那就只有冒着箭石的危险为民除害，才能略微自我安慰。正因有这样发自肺腑的道德自律，才能真正做到爱民如子。汝州（河南平顶山）马遇的父亲和弟弟被冤枉致死，屡经审查而未能申冤，天子当面审问即得实情，自此各部长官无不亲自审理案件。淮南发生饥荒，天子让地方把粮食借给百姓，有人提醒，这些都是贫民，恐怕无法偿还。天子明确答复，民众即是子女，没有子女受困而父母不为之解脱的道理，并非一定要还。对佛教的态度最能说明问题，不是灭佛，而是站在儒家的立场阐释规范，废除三万多座寺院而仅保留两千多座，规定出家必须征得长辈同意，禁止舍身自杀、斩断手足、手指燃香、挂钩点灯、身带铁钳之类败坏社会风俗的行为。显德二年（955），由于货币匮乏，朝廷采铜铸钱，规定民间的铜器和佛像等物品，要在五十天之内全部送到官府换取等值的钱，否则治罪。天子给侍从大臣解释这项政策，让他们不要疑虑毁掉佛像，因为佛是教人向善的，只要立志行善，就是信佛了，并不取决于是否跪拜铜像，退一万步来讲，佛的宗旨是普渡众生，只要有需要，

连脑袋和眼睛都可以布施给别人，铜像更是不在话下。与此同理，身为天子，要是自己的身体能用来帮助人民，也是不值得吝啬的。

司马光热情洋溢地赞叹，周世宗不顾惜自身而爱护百姓，算得上仁爱；不为无用的东西而废弃有益的事情，称得上英明。

（二）坚守信义。诚信是长治久安和万国来朝的道义基础，也是破除武力或智谋至上论最有效的方法。天子对臣下如是，改变过去把入朝镇将留京或改任的做法，送山南东道节度使（湖北襄阳）安审琦返回先前的镇所，理由是近世不用诚信待藩镇，他们即使想效忠尽节也无路可走，只要君主不失信用，何愁诸侯不会归心。对他国也如是，南唐清源节度使留从效奏请直接隶属朝廷而未被允许，因为南唐业已归顺，应仍像从前那样，既可以加深他本人始终如一的情义，也能让天子尽到安抚四方的义务。天子向南唐使臣钟谟问起是否仍在操练军队加强战备，得到否定的答案后，他开诚布公地提醒，昔日的仇敌如今已成一家，彼此名分既定，自然不会发生变故，只是人生难以预料，后世的事情不可知晓，应趁此时加固城墙，修缮武器，据守要塞，为子孙着想。这不是虚言，因为南唐果真照办而未引起任何反应。

（三）推崇礼乐。中华文明大致可以称为礼乐文明，作为修身治国的根本方法，很受周世宗重视。设立贤良方正直言极谏、经学优深可为师法、详闲吏理达于教化等科招纳人才。让中书舍人（起草诏令）窦俨编撰《大周通礼》和《大周正乐》。天子参观仪仗乐器时，见到挂设而不敲打的钟磬，乐工无法阐明原因，故而让窦俨考正雅乐。王朴精通音律，向天子阐述了礼乐与政治的关系，礼仪用来规范形体而使外表恭顺，音乐用来陶冶心灵而使内部平和，推行礼乐，教化不急而成功，政令不严而大治，由是天下太平，万国感化归服。由于前代音乐早已失传，他提议按照古法重新制定，让百官考校得失正误，所拟得以采用施行。

枪杆子是用来夺天下和保天下的，笔杆子是用来治天下的，唯有文武并用，方能天下大治，这是古今通识，可惜并不是所有君主都能深刻懂得和善于运用这个基本政治原则，以至于在强盛之时轰然倒塌，引来后人无尽的唏嘘慨叹。

其实，治国即是治心，先有居上位者修身立德，将心比心，才可能推己及人，天下归心。2010年，温家宝同志在《政府工作报告》中指出，我们所做的一切，就是要让人民生活得更加幸福、更有尊严，让社会更加公正、更加和谐。这是新时期治国理念的崭新表述，也是时代的必然要求。为了实现这个目标，领导干部要从我做起，加强道德自律，增强防腐拒变的能力；各级政府要以人为本，尊重民情民意，践行服务人民的宗旨，只有这样，才能真正在人们心中播种诚信和谐的种子，收获公平正义的果实。

第十五章
后晋：国家利益焉能让

在历代帝王中，尧舜和桀纣确立了善恶两端，总体而言是圣明之君少而昏暴之君多，大概绝对权力产生绝对腐败，再加上内在道德律令缺位，以至于把个人或集团利益凌驾于人民利益之上，但这仍可以算作体制内部矛盾，相形之下，后晋高祖不惜出卖国家的行径更为恶劣，不仅领土主权蒙受极大损害，民众也遭受巨大的信念冲击和利益损失。可以说，后晋（936—946）为建国而不惜成为契丹附庸国就已埋下短命的种子，因为延续这个国策只会更失民心，拨乱反正则有陷入战争的危险，晋高祖和晋出帝正是在这种摇摆中走向了必然的覆灭。

公正地说，由于受到后唐末帝猜忌，时任河东（山西太原）节度使的石敬瑭最初只是出于自保，这从端明殿学士给事中李崧和吕琦对时势的精辟分析中可以得到印证，他俩认为此人若有异心，定会勾结契丹做后援，应对策略是主动与外援联姻而使其孤立，可行性在于述律太后在长子耶律倍（李赞华）投奔中原后多次提议和亲，只是在释放彼方被俘将领蓟剌的问题上没有达成一致，只要满足他们的要求，每年再奉送十多万缗财物，必能和议成功，就算石敬瑭蠢蠢欲动也无能为力了。宰相张延朗深表赞同，因为这样既可以制约石敬瑭，又可以节省十分之九的守边费用。可是枢密直学士薛文遇极力反对，理由是以帝王之尊屈身侍奉夷狄实为耻辱，要是胡人按照前代做法来迎娶公主更是难以拒绝，还引用唐代诗人戎昱《昭君诗》抨击汉代和亲制度。这使末帝改变了心意，转而严厉指责李崧和吕琦想把年幼的公主和国家的财物送往塞外，实属居心叵测。群臣再也不敢提此事，从而丧失了处理三角关系的主动权，并间接促成了另外两方结盟。当然，石敬瑭的决心下得很不容易，为了试探末帝的意图，他多次以体弱为由提请解除兵权调往别处，李崧和吕琦认为不能答应，而薛文遇认为既然迟早会反，不如先下手为强，末帝由是下定决心。石敬瑭的部下纷纷主张起兵，掌书记（机要秘书）桑维翰列举的四条理由最为充分：一是谁都懂得放虎归山的危害，入朝后能得以重新回到河东，说明天意相助；二是末帝以明宗养子的身份用武力夺取嫡子之位，民心并不归附，根基不稳；三是作为位高权重的明宗女婿，已被视为叛逆，就算服从也未必能得到保全；四是明宗和契丹约为兄弟之邦，只要曲意讨好对方，就能随时有强大的援军。叛乱由此拉开了序幕。

不难看出，在末帝和石敬瑭的争斗中，契丹具有举足轻重的分量，足以左右时局，只是前者不够重视而让后者有机可乘。后晋高祖天福元年

（936），桑维翰拟表向契丹称臣，待之以父亲之礼（耶律德光比石敬瑭小十岁），约定事成之日，割让卢龙（北京）及雁门关以北诸州。刘知远提出异议，称臣即可，待之以父亲之礼太过，而且只要用金银财宝厚加贿赂，就足以使其发兵，不必许诺土地，以免日后成为中国的大患，后悔莫及。石敬瑭还是以史无前例的屈辱条件换取契丹相助并被立为皇帝，同时如约把幽州（北京）、蓟州（天津）、瀛洲（河北河间）、莫州（河北任丘）、涿州（河北保定）、檀州（北京）、顺州（北京）、新州（河北涿鹿）、妫州（河北怀来）、儒州（北京）、武州（河北宣化）、云州（山西大同）、应州（山西应县）、寰州（山西朔州）、朔州（山西）、蔚州（河北蔚县）（合称幽云十六州）拱手相让。可以说，后晋由是建国，亦由是亡国，并深刻影响了后代地缘政治，正如胡三省所言："自是之后，辽灭晋，金破宋，今之疆理，西越益、宁，南尽交、广，至于海外，皆石敬瑭捐割关隘以启之也，其果天意乎！"尽管后晋不惜一切代价满足契丹，中间仍出现过波折反复，后唐诸道行营都统（前线总指挥）赵德钧也想借助外力夺取中原，不仅按兵不动，还秘密地用重金贿赂契丹，声称若被立为皇帝，即刻调转矛头直取洛阳，与对方约为兄弟之国，同时允许河东维持现状。耶律德光考虑到后唐兵力尚强，又怕被切断后路，准备答应。天子十分害怕，赶紧让桑维翰当面陈情，希望通过分析各方的实力和关系加以阻止，契丹兴义兵以救孤危，已卡住后唐的咽喉，左右摇摆只会失信于天下，得不偿失；赵德钧只是畏惧形势阴蓄异志，并非心怀忠信以死报国，不应听信他的荒诞之辞而贪图蝇头小利，丢弃即将完成的功业；

后晋得到天下，必将竭尽全国财力奉养契丹，不是赵德钧所提条件所能相比。耶律德光依然忌惮后唐，并直言这是用兵的权谋，桑维翰一直跪在帐前，从早到晚哭泣争辩，使其最后不得不从。

后晋虽然在契丹的扶助下击败后唐，但在政治经济上付出了高昂的代价。政治方面，天子对契丹称臣，以耶律德光为父皇帝，每次都恭敬地拜受诏敕，耶律德光多次制止天子称臣，只要求他自称儿皇帝，如同行家人之礼，但从未被执行。天子还置备卤薄、仪仗、车辂，以冯道和左仆射刘煦为册礼使，分别给述律太后和耶律德光上尊号以取悦他们。契丹骄横傲慢，经常对使者出言不逊，朝廷内外以此为耻，而天子卑辞厚礼，从不怠慢，两国没有产生过嫌隙。经济方面，除每年输送三十万金帛以外，还有各种吉凶庆吊和季节馈赠，运送奇珍异宝的车马相继于道，对述律太后、元帅太子、伟王、南北二王、韩延徽、赵延寿等人另有贿赠，他们稍不如意就责备索取，天子往往以谦卑的言辞谢罪。对此，天子有一套自我开脱的理论，他以看重信义自诩，既然契丹出于道义相救，就应信守约定回报，尽管他们索取不止，北都（山西太原）留守安彦威等人仍能委曲求全，很符合他的心意。其实，契丹并不满足于钱物，而是要直接干涉后晋内政。耶律德光认为桑维翰忠心耿耿，堪为宰相，随即授任。天子之侄石重贵被认为可以担当留守重任，随即被任命为北京留守、太原尹、河东节度使。原义武节度使王处直死于养子王都之乱，亲子王威逃亡契丹，义武军换帅时，耶律德光指派他接任，天子推辞的理由是，按照中原的规矩，必须从刺史、团练使、防御使逐级递升至节度使。耶律德光生气地反问，

从节度使做到皇帝也是按级升迁吗？天子担心这样会没有休止，只好重金贿赂，并把此职授予王处直的侄孙彰德节度使王廷胤，才平息此事。

然而，这些做法并不为主流舆论认同接受，晋高祖也由是陷入进退两难的境地。国内的反感可以想见，例如左拾遗（讽谏荐举）张谊建言，契丹有援助立国之功，表面上应与之讲信修好，内部要加强边境戒备，不能放松警惕，以免开启其南犯之心。兵部尚书王权受命出使以感谢契丹给天子上尊号，但他以自家累世将相而对此行感到耻辱，以老病推辞而被免官。境外同样反应激烈，大同（山西）节度使沙彦珣出迎耶律德光而被扣留，节度判官吴峦以礼仪之邦不应成为夷狄之臣为由，关闭城门拒不受命，契丹攻城不克。应州马军都指挥使郭崇威也耻于向契丹称臣，挺身南归。契丹取得幽州后改名为南京，任用后唐降将赵思温为留守，他暗中让其子祁州（河北安国）刺史赵延照奏言，契丹的情况终会发生变化，愿以幽州内附。

最典型的例子当属成德（河北正定）节度使安重荣，他以向契丹称臣为耻，不仅当面箕踞谩骂使者，有时还搞暗杀，晋高祖受到责备，只得把他比作父母管束不住的恶子而谢罪。天福六年（941），安重荣拘禁来使拽剌，抢掠幽州南部，驻军定州（河北保定），公开斥责天子认贼作父曲意逢迎的做法，声称吐谷浑、两突厥、浑、契苾、沙陀、党项等部不堪欺凌而来归附，愿意出兵共同抗击契丹，朔州节度副使赵崇也已驱逐节度使刘山而请求归顺，其他陷于对方境内的人无不翘首引颈以待王师，朝廷却要求仰承供奉，不要挑起事端，显然有违天道人心，理应抓住机会，早定大计。他写信把这层意思遍告朝臣和藩镇，天子因其手握重兵而忧虑。泰宁（山东兖州）节度使桑维翰得知此事后秘密上奏，安重荣恃勇轻敌，吐谷浑想要借机报仇，可是从双方实力来看，中原的创伤尚未恢复，府库空虚，而契丹既有援立之功，又兵强马壮，难以与之为敌，一旦交恶，就得增加士卒而使民众更加疲敝，人们把现行政策视为耗费财力而让国家受辱，倘若战争不休，财力耗尽而国家会更匮乏，将相骄横而天子会更屈辱，故应重农练兵，与民休息，相时而动，方能成功。这番以经济利益为基础计算出来的辩护词终于让天子得到了理论支撑，严厉申斥安重荣无君无父，表示自己得天下而不敢忘记契丹，他得富贵则背弃君主，现在天下都臣属契丹，不是一个藩镇所能对抗。安重荣反而更加骄傲，虽然后来起兵失败被杀，首级被送往契丹，但天子并未从此高枕无忧，因为吐谷浑连同雁门关以北都被划归北方，但他们不满契丹贪婪暴虐，再加上当初安重荣的引诱，大多选择内附，契丹怒责此事，天子不知所措，在忧惧中病亡。

晋出帝继位后，改变了先前的国策。天福七年（942），朝臣商讨向契丹奉表称臣报告帝位传承之事，权臣景延广主张写信而不上表，称孙而不称臣，虽然李崧指出这样会把国家拖入战争的泥潭，景延广仍用不敬的话语回答对方的质问。不仅如此，他还囚禁契丹回图使（主管两国贸易）乔荣并没收所有财物，后因大臣认为不能辜负彼国而释放，景延广让他传话，先帝为北朝所立而称臣，今上乃中原自立，只因尊重过去的盟约而降低身份，称孙已经足够，没有称臣的道理。要是听信卢龙节度使赵延寿居心叵测的话而南犯，朝廷早已严阵以待，只怕祖父被孙儿打败而贻笑天下。桑维翰多次恳请用谦逊的言语道歉，遭到景延广的阻拦。平卢节度使杨光远暗中把虚实告知契丹，中原饥荒贫困，可以一举夺取。耶律德光利用赵延寿想做皇帝的投机心理诱骗他为南侵的急先锋。

不得不承认，景延广的决策转向并非深思熟虑的理性选择，因为他没有采取任何切实有效的措施整顿内政和防御外侮，只是意气用事式的空口说大话。然而，由于主流意识形态的坚持和契丹的无道，战争的天平并未向北方倾斜。齐王开运二年（945），契丹在相州（河南安阳）之战中没有占到便宜，回师途中袭击祁州，刺史沈斌不为诱降所动，反唇相讥赵延寿父子玩寇致祸，陷身胡虏，反过来率领犬羊摧残父母之邦，不知羞耻而反以为荣，自己宁为国家而死也不效法。开运元年（944），契丹先是取得贝州（河北清河）和博州（山东聊城），安抚民众，拜官授职，后来遭遇戚城和马家口之败，把俘虏通通杀死，引发民愤，人人抗争，只得烧杀抢掠而归。类似的胜利还有，开运二年（945）阳城之战，开运三年（946）河东节度使刘知远斩首七千人。契丹连年入寇，人畜死亡严重，中原也疲于奔命，边民受尽苦难，这种对彼此无益的拉锯消耗战使得重启和谈成为可能，只是耶律德光无法容忍背信弃义，而述律太后深刻指出，胡汉不能互为皇帝，胡人得了汉地不能居留，汉人也没有片刻安宁，只要双方有诚意，仍能和好如初。桑维翰也力主请和以缓解国家的祸患，可是耶律德光告诉使臣，讲和的条件是景延广和桑维翰亲往，并割让镇州和定州。朝廷认定这是没有谈判之意，也就不再进行外交努力。耶律德光入主大梁（河南开封）后对李崧坦言，要是使者再来，南北就没有战争了。

其实，后晋灭亡的根本原因并不在于军事对抗，而是君臣违背治国正道的结果。齐王天福八年（943），晋高祖尚未安葬，天子即娶寡居的婶母冯氏，不仅酣饮为乐，而且在灵柩前戏言，谨遵太后之命，不与先帝举办大庆。大家一起发笑，天子还得意洋洋地显摆，今天的新女婿怎么样？胡三省指出：“斩焉衰絰之中，触情纵欲以乱大伦，又从而狎侮其先，何以能久？”冯夫人成为皇后，常常干预政事，她的哥哥冯玉善于迎合，深得宠信，天子在他养病期间让宰相停止任命刺史以上的官员，使其仗势弄权，广受贿赂，朝政日益败坏。胡三省指出：“冯玉何人，斯晋出帝昌言于朝以昭亲任之意！临乱之君，各贤其臣，其此之谓乎！”自从阳城之捷以来，天子认为天下无事，更加骄纵奢侈，各地奇珍异宝尽归内府，大造器具玩物，扩建装饰宫室，近代以来望尘莫及，又建织锦楼编织地毯，数百人花了一年功夫才完成，还毫无节制地赏赐伶人。桑维翰进言，受重伤的士兵仅赏给数端布帛，对伶人动辄十端布帛、上万钱币、锦袍银带，只怕会瓦解军心，祸患无穷。天子不以为意。胡三省指出：“阳城之战，威而后克。契丹折翅北归，蓄愤愈甚，为谋愈深，晋主乃偃然以为无虞，石氏宗庙，宜其不祀也。”开运三年（946），契丹大举入侵，主帅顺国节度使（河北正定）杜威在属地贪婪残酷而对敌人懦弱畏缩，甚至擅离职守回朝，桑维翰建议罢免或调任，天子以皇亲国戚必无二心为由而不纳。这次他把宫廷宿卫全部调走，仍旧无心抗战，反而临阵投敌。眼看国家危在旦夕，天子仍在御苑驯鹰，拒绝接见心急如焚的桑维翰，执政大臣也不以为然，桑维翰叹息，后晋宗庙得不到祭祀了。他的预言很快变成现实，天子被俘后病死于契丹。

契丹占领中原后仅维持了数月就仓惶北归，可以反证人心向背和后晋失国的原因。契丹军队从不准备粮草，而是以放马为名，派出骑兵四处劫掠，称为“打草谷”，百姓惨遭屠戮，财物为之一空。担任地方长官的契丹人并不通晓政事，无赖之徒往往唆使他们作威作福，大肆聚敛，人们难以存活。耶律德光让判三司刘昫准备劳军的费用，由于府库空竭，只得向民众借钱，将相以下皆不能免，以致严刑威逼，民不聊生，但这些钱并未发给士卒，而是聚积于内库，打算运往北国，由是内外怨恨，都想驱逐他们。有识之士莫不洞明时势，王峻认为契丹贪婪残暴，大失人心，势必难以长久。刘知远也认为契丹只为贪图财物，很快就会北返，因而及时抚慰收拢人心，罢免搜刮逢迎之人，宽赦受到胁迫之人，安抚避乱自保之人，诛杀其他契丹之人。各地纷纷响应，相州盗贼头目梁晖，澶州（河南濮阳）盗贼头目王琼，保义军（河南陕县）赵晖，昭义军（山西长治）王守恩，丹州（陕西宜川）高彦珣，河阳（河南焦作）武行德，相继占地归降。耶律德光不由得感叹，没想到汉人竟然如此难以制服。故而决意北归，虽有招抚的命令，但不禁止胡人掠夺，所以沿途空无一人。途中攻克相州，杀光所有男子，驱赶妇女北上，还把婴儿抛到空中，举着刀刃去接，以此为乐，全城只剩七百余人，而有十几万具尸骨。耶律德光见所过之处皆为废墟，先把罪责归到燕王赵延寿和张砺身上，然后总结了自己的三大失误：搜刮，打草谷，没有让各地长官及时归位。他直言不讳地告诉宣徽使高熏，在辽国以骑射打猎为乐，到中原让人闷闷不乐，现在得以回去，死无所恨。但他最终未能实现这个愿望，半路病死于杀胡林（河北栾城），契丹在黄河以南的军队也先后逃回北方。

在这种情势下，刘知远反其道而行之，救万民于水火之中，获得了建国的资本。例如他提议向百姓索取钱财以犒赏将士，李夫人认为，尚未给民众带来恩惠而先行夺取，恐怕不符合吊民伐罪的初衷，宫中的财物虽然有限，但用以劳军，人们不会有怨言。大家果然非常高兴。所重用的史弘肇军纪严明，不服从命令者立即打死，侵犯民田和在树上栓马者一律斩首，因而所向无敌，兵不血刃地占领了洛阳和大梁，顺利地取代了契丹在中原的统治。

后晋虽然只存在了十一年，但在中国历史上产生了极坏的影响。晋高祖向耶律德光自称儿皇帝，严重违背了以夏化夷而非以夷变夏的传统政治文化理论，带来了信念的冲击和观念的混乱，更为重要的是，割让幽云十六州导致北方门户大开，无险可守，长期处于异族的军事重压之下，终于造成蒙元入主中原而使汉人的先进文明几近断绝。

历史翻过了冷兵器时代而走向海洋时代，台湾问题事关当今国家核心利益，成为迈向世界强国的重要着力点，绝不容许有任何闪失。因此，推进两岸友好往来，加强经济文化合作，扩大双方民意基础，从而实现和平统一，是我们义不容辞的历史使命。

结 语

大凡有生命力的文化，无不是流动不居，不仅随着时间的推移自我发展完善，而且通过与其他思想的斗争实现互补融合，或许这符合意大利克罗齐所说的“一切历史都是当代史”（《历史学的理论和历史》），也是中国文化生生不息而绵延不绝的内在动力。因此，我们是善于处理外来文化的，从佛学对中国的改造到中国对佛学的改造，虽然前后历时千年，中间有过“南朝四百八十寺”（唐代杜牧《江南春绝句》），以及隋唐思想界的佛化，但是儒释道三家最终成功合流，为后人提供了近乎完美的典范。因为这种接受是主动的，所以显得从容自如，诸如世界、刹那、究竟等词已全无外来痕迹，明清之际西学东渐亦是如此。然而，近代以来的被动和压力，造成精神上的焦虑失衡，从而逐渐走上了割裂传统一心西化的道路，诸如圣经、上帝、圣诞等词几乎被误认为是舶来品。

虽然那样的时代已经一去不复返，但重重魅影留在人们心理上的印痕并未完全消除，以至于至今仍不能客观理性地评估中西文化各自的价值。若是站在西方中心主义立场，以进化论为依据反推现有时势，欧美似有天然的优越性，处于源头的古希腊和古罗马理当受到推崇，相形之下，中国应向对方看齐，传统已是新文化的累赘而应被完全取代。若是转换视角，摒弃先入为主的偏见还原历史，中西文化均有独特的个性，例如中国的一元思维模式（道生一，一生二，二生三，三生万物；天人合一；阴阳和合）、欧美的二元思维模式（上帝和撒旦，自然和社会，主观和客观）、印度的三元思维模式（表象是假，实相是空，中道而行），各有益处，可以互为借鉴，尤其是面对环境污染和气候变暖等后工业时代的全球性问题，中国式思维富有启发意义。更为重要的是，它们都有普世意义，是人类从“筑造”升华为“诗意地栖居”（德国海德格尔《人诗意地栖居》）所必须的原始动力和精神家园。

毫无疑问，科技主义只能让人更好地栖居，唯有人文理想才能使人拥有诗意，这恰恰是人类文明最本质的特征。令人沮丧的是，在工具理性的重压之下，马克思多次论述的“异化”日渐变成现实。在这偏离航向且意味着巨大的潜在风险之时，中国文化的价值和魅力更加凸显，因为“无所可用安所困苦”（《庄子·逍遥游》），内在素养得以提升；因为“又得浮生半日闲”（唐代李涉《题鹤林寺僧舍》），精神困境得以纾解；因为“智者乐水，仁者乐山”（《论语·雍也》），人与自然得以和谐，这反过来会为科技积淀底蕴，不至于让这柄双刃剑伤及人类自身，从而给未来指引方向。为了寻找失落的辉煌，我们或当回归原典，敬畏祖宗遗产；又当大隐小隐，超越心灵世界；还当知行合一，实践融贯古今。归结起来，无非是交融西学而反对西化，建设有中国特色的当代文化，这或许是对历史和未来必要而最好的交代。

其实，美好的历史并不多见，至少从司马光编著《资治通鉴》来看，大抵是乱世多而治世少，小人多而君子少，失意多而得意少，但我们心中仍然存有一股精神，一种理想，一份信念，所以有足够的勇气期盼未来。历史也并不等于真实，但我们仍愿选择相信，所以坚守着扬善弃恶的道德通则。

看尽历史未必看透历史，看透历史未必看淡历史，看淡历史未必看尽历史，十五个朝代的兴衰早已烟消云散，联结过去和未来的只剩那些永恒的法则。家乡有两棵枫树，据说已有三百年以上的树龄，虽不够粗壮，但傲骨嶙嶙，每次经过，我都会用虔敬的目光默默礼拜，因为它们坚定地昂首向天，用这个永不臣服的姿势淡看浮云轻轻飘过。

附　录

《贞观政要》论兴亡

愚按：自三代以还，治道之隆，莫过于汉之文景与唐之贞观。汉兴黄老之术，垂衣拱手，万民自化，无为而天下大治；唐行儒家正途，王道仁政，声教广被，有为而四海归心。以时势论之，无为之治，严于律己宽以待人，藏富于民返璞归真，拨乱反正之良方也；有为之治，知行并重推己及人，上下一体众志成城，长治久安之妙法也。治国之道，在相时而动，有无并用，然两者同归而殊途，其间尚有可议者。无为之要，在政府守有限之权责，唯务人心之聚合，四维之所立，中立之仲裁，余皆与民自主也；有为之要，在政府持全能之权责，有赖领袖之能贤，官吏之自约，政令之通畅，民唯受之而非主之也。如今之世，四大相对概念风靡影附，几成理念之基石，相对自由者，进止尺度与共通理想也，相对平等者，人格尊严与法律适用也，皆非人心已然齐同而精英同乎大众也；相对民主

者，利益调适与权力监督也，相对法治者，权益界限与既定规则也，皆非大众引领时代而精英无与教化也。政治者，聚合人心也。若夫精英导航而引领大众，大众从化而选举政府，政府守法而靠拢精英，循环往复，生生不息，善政在其中矣。若夫政府权重而贪利，精英附庸而图利，大众失据而逐利，虽以利聚而共荣，难免乎不测之事有所伏焉。老子曰：甚爱必大费，多藏必厚亡。（《道德经》四十四章）此已为史所证矣。盖无为而无两相疲敝之虞，有为而有人亡政息之忧，损益之理，或当于此有所裨益焉。然则文景之事多见于正史，不若贞观之迹另有专书而灿然可观也，若自有入无，鞭辟入里，或能证之于古而用之于今也。故简其兴亡之论，略分理、事、鉴三类，以期探微知著，深契古人之心，复兴盛世之道也。

（一）兴亡之理

1. 兴亡通论

贞观初，太宗谓侍臣曰：“为君之道，必须先存百姓。若损百姓以奉其身，犹割股以啖腹，腹饱而身毙。若安天下，必须先正其身，未有身正而影曲，上理而下乱者。朕每思伤其身者不在外物，皆由嗜欲以成其祸。若耽嗜滋味，玩悦声色，所欲既多，所损亦大，既妨政事，又扰生民。且复出一非理之言，万姓为之解体，怨讟既作，离叛亦兴。朕每思此，不敢纵逸。”谏议大夫魏征对曰：“古者圣哲之主，皆亦近取诸身，故能远体诸物。昔楚聘詹何，问其治国之要，詹何对以修身之术。楚王又问治国何如，詹何曰：‘未闻身治而国乱者。’陛下所明，实同古义。”（《君

道》）

贞观初，太宗谓侍臣曰："人有明珠，莫不贵重，若以弹雀，岂非可惜？况人之性命甚于明珠，见金钱财帛不惧刑网，径即受纳，乃是不惜性命。明珠是身外之物，尚不可弹雀，何况性命之重，乃以博财物耶？群臣若能备尽忠直，益国利人，则官爵立至。皆不能以此道求荣，遂妄受财物，赃贿既露，其身亦殒，实可为笑。帝王亦然，恣情放逸，劳役无度，信任群小，疏远忠正，有一于此，岂不灭亡？隋炀帝奢侈自贤，身死匹夫之手，亦为可笑。"（《贪鄙》）

贞观二年，太宗谓侍臣曰："凡事皆须务本，国以人为本，人以衣食为本，凡营衣食，以不失时为本。夫不失时者，在人君简静乃可致耳。若兵戈屡动，土木不息，而欲不夺农时，其可得乎？"王珪曰："昔秦皇、汉武，外则穷极兵戈，内则崇侈宫室，人力既竭，祸难遂兴，彼岂不欲安人乎？失所以安人之道也。亡隋之辙，殷鉴不远，陛下亲承其弊，知所以易之，然在初则易，终之实难。伏愿慎终如始，方尽其美。"太宗曰："公言是也。夫安人宁国，惟在于君，君无为则人乐，君多欲则人苦，朕所以抑情损欲，克己自励耳。"（《务农》）

贞观三年，太宗谓侍臣曰："君臣本同治乱，共安危，若主纳忠谏，臣进直言，斯故君臣合契，古来所重。若君自贤，臣不匡正，欲不危亡，不可得也。君失其国，臣亦不能独全其家。至如隋炀帝暴虐，臣下钳口，卒令不闻其过，遂至灭亡，虞世基等寻亦诛死。前事不远，朕与卿等可得不慎，无为后所嗤！"（《君臣鉴戒》）

贞观三年，太宗问给事中孔颖达曰："《论语》云：'以能问于不能，以多问于寡，有若无，实若虚。'何谓也？"颖达对曰："圣人设教，欲人谦光。己虽有能，不自矜大，仍就不能之人求访能事。己之才艺虽多，犹病以为少，仍就寡少之人更求所益。己之虽有，其状若无，己之虽实，其容若虚。非惟匹庶，帝王之德，亦当如此。夫帝王内蕴神明，外须玄默，使深不可知。故《易》称'以《蒙》养正，以《明夷》莅众'。若其位居尊极，炫耀聪明，以才陵人，饰非拒谏，则上下情隔，君臣道乖，自古灭亡，莫不由此也。"太宗曰："《易》云：'劳谦，君子有终，吉。'诚如卿言。"诏赐物二百段。（《谦让》）

贞观五年，太宗谓侍臣曰："治国与养病无异也。病人觉愈，弥须将护，若有触犯，必至殒命。治国亦然，天下稍安，尤须兢慎，若便骄逸，必至丧败。今天下安危，系之于朕，故日慎一日，虽休勿休。然耳目股肱，寄于卿辈，既义均一体，宜协力同心，事有不安，可极言无隐。傥君臣相疑，不能备尽肝膈，实为国之大害也。"（《政体》）

贞观七年，太宗与秘书监魏征从容论自古理政得失，因曰："当今大乱之后，造次不可致理。"征曰："不然，凡人在危困，则忧死亡；忧死亡，则思理；思理，则易教。然则乱后易教，犹饥人易食也。"太宗曰："善人为邦百年，然后胜残去杀。大乱之后，将求致理，宁可造次而望乎？"征曰："此据常人，不在圣哲。若圣哲施化，上下同心，人应如响，不疾而速，期月而可，信不为难，三年成功，犹谓其晚。"太宗以为然。封德彝等对曰："三代以后，人渐浇讹，故秦任法律，汉杂霸道，皆欲理而不能，岂能理而不欲？若信魏征所说，恐败乱国家。”征曰：“五帝、三王，不易人而理。行帝道则帝，行王道则王，在于当时所理，化之而已。考之载籍，可得而知。昔黄帝与蚩尤七十余战，其乱甚矣，既胜之后，便致太平。九黎乱德，颛顼征之，既克之后，不失其理。桀为乱虐，而汤放之，在汤之代，即致太平。纣为无道，武王伐之，成王之代，亦致太平。若言人渐浇讹，不及纯朴，至今应悉为鬼魅，宁可复得而教化耶？”德彝等无以难之，然咸以为不可。太宗每力行不倦，数年间，海内康宁，突厥破灭，因谓群臣曰：“贞观初，人皆异论，云当今必不可行帝道、王道，惟魏征劝我。既从其言，不过数载，遂得华夏安宁，远戎宾服。突厥自古以来常为中国勍敌，今酋长并带刀宿卫，部落皆袭衣冠，使我遂至于此，皆魏征之力也。”顾谓征曰：“玉虽有美质，在于石间，不值良工琢磨，与瓦砾不别。若遇良工，即为万代之宝。朕虽无美质，为公所切磋，劳公约朕以仁义，弘朕以道德，使朕功业至此，公亦足为良工尔。”（《政体》）

贞观十年，太宗谓房玄龄曰：“朕历观前代拨乱创业之主，生长人间，皆识达情伪，罕至于败亡。逮乎继世守文之君，生而富贵，不知疾苦，动至夷灭。朕少小以来，经营多难，备知天下之事，犹恐有所不逮。至于荆王诸弟，生自深宫，识不及远，安能念此哉？朕每一食，便念稼穑之艰难；每一衣，则思纺绩之辛苦。诸弟何能学朕乎？选良佐以为藩弼，庶其习近善人，得免于愆过尔。”（《教戒太子诸王》）

太常少卿祖孝孙奏所定新乐。太宗曰：“礼乐之作，是圣人缘物设

教，以为撙节，治政善恶，岂此之由？”御史大夫杜淹对曰：“前代兴亡，实由于乐。陈将亡也为《玉树后庭花》，齐将亡也而为《伴侣曲》，行路闻之，莫不悲泣，所谓亡国之音。以是观之，实由于乐。”太宗曰：“不然，夫音声岂能感人？欢者闻之则悦，哀者听之则悲，悲悦在于人心，非由乐也。将亡之政，其人心苦，然苦心相感，故闻而则悲耳。何乐声哀怨，能使悦者悲乎？今《玉树》、《伴侣》之曲，其声具存，朕能为公奏之，知公必不悲耳。”尚书右丞魏征进曰：“古人称，礼云，礼云，玉帛云乎哉！乐云，乐云，钟鼓云乎哉！乐在人和，不由音调。”太宗然之。（《礼乐》）

太宗《帝范》曰：“夫兵甲者，国家凶器也。土地虽广，好战则人凋；中国虽安，忘战则人殆。凋非保全之术，殆非拟寇之方，不可以全除，不可以常用。故农隙讲武，习威仪也；三年治兵，辨等列也。是以勾践轼蛙，卒成霸业；徐偃弃武，终以丧邦。何也？越习其威，徐忘其备也。孔子曰：‘以不教人战，是谓弃之。’故知弧矢之威，以利天下，此用兵之职也。”（《征伐》）

2. 兴亡辨析

贞观元年，太宗谓侍臣曰：“正主任邪臣，不能致理；正臣事邪主，亦不能致理。惟君臣相遇，有同鱼水，则海内可安。朕虽不明，幸诸公数相匡救，冀凭直言鲠议，致天下太平。”谏议大夫王珪对曰：“臣闻木从绳则正，后从谏则圣。是故古者圣主必有争臣七人，言而不用，则相继以死。陛下开圣虑，纳刍荛，愚臣处不讳之朝，实愿罄其狂瞽。”太宗称

善，诏令自是宰相入内平章国计，必使谏官随入，预闻政事。有所开说，必虚己纳之。（《求谏》）

贞观二年，太宗问魏征曰："何谓为明君暗君？"征曰："君之所以明者，兼听也；其所以暗者，偏信也。《诗》云：'先人有言，询于刍荛。'昔唐、虞之理，辟四门，明四目，达四聪。是以圣无不照，故共、鲧之徒，不能塞也；靖言庸回，不能惑也。秦二世则隐藏其身，捐隔疏贱而偏信赵高，及天下溃叛，不得闻也。梁武帝偏信朱异，而侯景举兵向阙，竟不得知也。隋炀帝偏信虞世基，而诸贼攻城剽邑，亦不得知也。是故人君兼听纳下，则贵臣不得壅蔽，而下情必得上通也。"太宗甚善其言。（《君道》）

贞观十年，太宗谓侍臣曰："帝王之业，草创与守成孰难？"尚书左仆射房玄龄对曰："天地草昧，群雄竞起，攻破乃降，战胜乃克。由此言之，草创为难。"魏征对曰："帝王之起，必承衰乱。覆彼昏狡，百姓乐推，四海归命，天授人与，乃不为难。然既得之后，志趣骄逸，百姓欲静而徭役不休，百姓凋残而侈务不息，国之衰弊，恒由此起。以斯而言，守成则难。"太宗曰："玄龄昔从我定天下，备尝艰苦，出万死而遇一生，所以见草创之难也。魏征与我安天下，虑生骄逸之端，必践危亡之地，所以见守成之难也。今草创之难既已往矣，守成之难者，当思与公等慎之。"（《君道》）

贞观十五年，太宗谓侍臣曰："守天下难易？"侍中魏征对曰："甚难。"太宗曰："任贤能，受谏诤，即可。何谓为难？"征曰："观自古

帝王，在于忧危之间，则任贤受谏。及至安乐，必怀宽怠，言事者惟令兢惧，日陵月替，以至危亡。圣人所以居安思危，正为此也。安而能惧，岂不为难？”（《君道》）

贞观十六年，太宗谓侍臣曰：“或君乱于上，臣理于下；或臣乱于下，君理于上。二者苟逢，何者为甚？”特进魏征对曰：“君心理，则照见下非。诛一劝百，谁敢不畏威尽力？若昏暴于上，忠谏不从，虽百里奚、伍子胥之在虞、吴，不救其祸，败亡亦继。”太宗曰：“必如此，齐文宣昏暴，杨遵彦以正道扶之得治，何也？”征曰：“遵彦弥缝暴主，救理苍生，才得免乱，亦甚危苦。与人主严明，臣下畏法，直言正谏，皆见信用，不可同年而语也。”（《政体》）

（二）兴亡之事

1. 内省之事

太宗威容俨肃，百僚进见者，皆失其举措。太宗知其若此，每见人奏事，必假颜色，冀闻谏诤，知政教得失。贞观初，尝谓公卿曰：“人欲自照，必须明镜；主欲知过，必藉忠臣。主若自贤，臣不匡正，欲不危败，岂可得乎？故君失其国，臣亦不能独全其家。至于隋炀帝暴虐，臣下钳口，卒令不闻其过，遂至灭亡，虞世基等，寻亦诛死。前事不远，公等每看事有不利于人，必须极言规谏。”（《求谏》）

贞观初，太宗与黄门侍郎王珪宴语，时有美人侍侧，本庐江王瑗之姬也，瑗败，籍没入宫。太宗指示珪曰：“庐江不道，贼杀其夫而纳其室，暴虐之甚，何有不亡者乎！”珪避席曰：“陛下以庐江取之为是邪，为非邪？”太宗曰：“安有杀人而取其妻，卿乃问朕是非，何也？”珪对曰：“臣闻于《管子》曰：齐桓公之郭国，问其父老曰：‘郭何故亡？’父老曰：‘以其善善而恶恶也。’桓公曰：‘若子之言，乃贤君也，何至于亡？’父老曰：‘不然，郭君善善而不能用，恶恶而不能去，所以亡也。’今此妇人尚在左右，臣窃以为圣心是之，陛下若以为非，所谓知恶而不去也。”太宗大悦，称为至善，遽令以美人还其亲族。（《纳谏》）

贞观四年，太宗谓侍臣曰：“崇饰宫宇，游赏池台，帝王之所欲，百姓之所不欲。帝王所欲者放逸，百姓所不欲者劳弊。孔子云：‘有一言可以终身行之者，其恕乎！己所不欲，勿施于人。’劳弊之事，诚不可施于百姓。朕尊为帝王，富有四海，每事由己，诚能自节，若百姓不欲，必能顺其情也。”魏征曰：“陛下本怜百姓，每节己以顺人。臣闻：‘以欲从人者昌，以人乐己者亡。’隋炀帝志在无厌，惟好奢侈，所司每有供奉营造，小不称意，则有峻罚严刑。上之所好，下必有甚，竞为无限，遂至灭亡。此非书籍所传，亦陛下目所亲见。为其无道，故天命陛下代之。陛下若以为足，今日不啻足矣。若以为不足，更万倍过此亦不足。”太宗曰：“公所奏对甚善。非公，朕安得闻此言？”（《俭约》）

贞观五年，太宗谓房玄龄等曰：“自古帝王多任情喜怒，喜则滥赏无功，怒则滥杀无罪。是以天下丧乱，莫不由此。朕今夙夜未尝不以此为心，恒欲公等尽情极谏。公等亦须受人谏语，岂得以人言不同己意，便即护短不纳？若不能受谏，安能谏人？”（《求谏》）

贞观六年，太宗以御史大夫韦挺、中书侍郎杜正伦、秘书少监虞世南、著作郎姚思廉等上封事称旨，召而谓曰："朕历观自古人臣立忠之事，若值明主便宜尽诚规谏，至如龙逄、比干，不免孥戮。为君不易，为臣极难。朕又闻龙可扰而驯，然喉下有逆鳞。卿等遂不避犯触，各进封事。常能如此，朕岂虑宗社之倾败！每思卿等此意，不能暂忘，故设宴为乐。"仍赐绢有差。（《求谏》）

贞观七年，太宗将幸九成宫，散骑常侍姚思廉进谏曰："陛下高居紫极，宁济苍生，应须以欲从人，不可以人从欲。然则离宫游幸，此秦皇、汉武之事，故非尧、舜、禹、汤之所为也。"言甚切至。太宗谕之曰："朕有气疾，热便顿剧，故非情好游幸，甚嘉卿意。"因赐帛五十段。（《纳谏》）

贞观八年，有彗星见于南方，长六丈，经百余日乃灭。太宗谓侍臣曰："天见彗星，由朕之不德，政有亏失，是何妖也？"虞世南对曰："昔齐景公时彗星见，公问晏子。晏子对曰：'公穿池沼畏不深，起台榭畏不高，行刑罚畏不重，是以天见彗星，为公戒耳！'景公惧而修德，后十六日而星没。陛下若德政不修，虽麟凤数见，终是无益。但使朝无阙政，百姓安乐，虽有灾变，何损于德？愿陛下勿以功高古人而自矜大，勿以太平渐久而自骄逸，若能终始如一，彗见未足为忧。"太宗曰："吾之理国，良无景公之过，但朕年十八便为经纶王业，北剪刘武周，西平薛举，东擒窦建德、王世充，二十四而天下定，二十九而居大位，四夷降伏，海内乂安。自谓古来英雄拨乱之主无见及者，颇有自矜之意，此吾之过也。上天见变，良为是乎？秦始皇平六国，隋炀帝富有四海，既骄且逸，一朝而败，吾亦何得自骄也？言念于此，不觉惕焉震惧！”魏征进曰：“臣闻自古帝王未有无灾变者，但能修德，灾变自销。陛下因有天变，遂能戒惧，反覆思量，深自克责，虽有此变，必不为灾也。”（《灾祥》）

贞观十二年，疏勒、朱俱波、甘棠遣使贡方物，太宗谓群臣曰：“向使中国不安，日南、西域朝贡使亦何缘而至？朕何德以堪之？睹此翻怀危惧。近代平一天下，拓定边方者，惟秦皇、汉武。始皇暴虐，至子而亡。汉武骄奢，国祚几绝。朕提三尺剑以定四海，远夷率服，亿兆乂安，自谓不减二主也。然二主末途，皆不能自保，由是每自惧危亡，必不敢懈怠。惟藉公等直言正谏，以相匡弼。若惟扬美隐恶，共进谀言，则国之危亡，可立而待也。”（《贡赋》）

贞观十六年，太宗问魏征曰：“观近古帝王有传位十代者，有一代两代者，亦有身得身失者。朕所以常怀忧惧，或恐抚养生民不得其所，或恐心生骄逸，喜怒过度。然不自知，卿可为朕言之，当以为楷则。”征对曰：“嗜欲喜怒之情，贤愚皆同。贤者能节之，不使过度，愚者纵之，多至失所。陛下圣德玄远，居安思危，伏愿陛下常能自制，以保克终之美，则万代永赖。”（《慎终》）

贞观十七年，太宗问谏议大夫褚遂良曰：“昔舜造漆器，禹雕其俎，当时谏者十有余人。食器之间，何须苦谏？”遂良对曰：“雕琢害农事，纂组伤女工。首创奢淫，危亡之渐。漆器不已，必金为之；金器不已，必

玉为之。所以诤臣必谏其渐，及其满盈，无所复谏。”太宗曰：“卿言是矣，朕所为事，若有不当，或在其渐，或已将终，皆宜进谏。比见前史，或有人臣谏事，遂答云‘业已为之’，或道‘业已许之’，竟不为停改。此则危亡之祸，可反手而待也。”（《求谏》）

2. 施政之事

太宗尝谓长孙无忌等曰：“朕即位之初，有上书者非一，或言人主必须威权独任，不得委任群下；或欲耀兵振武，慑服四夷。惟有魏征劝朕‘偃革兴文，布德施惠，中国既安，远人自服’。朕从此语，天下大宁，绝域君长，皆来朝贡，九夷重译，相望于道。凡此等事，皆魏征之力也。朕任用岂不得人？”征拜谢曰：“陛下圣德自天，留心政术。实以庸短，承受不暇，岂有益于圣明？”（《诚信》）

贞观元年，太宗谓黄门侍郎王珪曰：“中书所出诏敕，颇有意见不同，或兼错失而相正以否。元置中书、门下，本拟相防过误。人之意见，每或不同，有所是非，本为公事。或有护己之短，忌闻其失，有是有非，衔以为怨。或有苟避私隙，相惜颜面，知非政事，遂即施行。难违一官之小情，顿为万人之大弊。此实亡国之政，卿辈特须在意防也。隋日内外庶官，政以依违，而致祸乱，人多不能深思此理。当时皆谓祸不及身，面从背言，不以为患。后至大乱一起，家国俱丧，虽有脱身之人，纵不遭刑戮，皆辛苦仅免，甚为时论所贬黜。卿等特须灭私徇公，坚守直道，庶事相启沃，勿上下雷同也。”（《政体》）

贞观元年，太宗曰：“朕看古来帝王以仁义为治者，国祚延长，任法御人者，虽救弊于一时，败亡亦促。既见前王成事，足是元龟。今欲专以仁义诚信为治，望革近代之浇薄也。”黄门侍郎王珪对曰：“天下凋丧日久，陛下承其余弊，弘道移风，万代之福。但非贤不理，惟在得人。”太宗曰：“朕思贤之情，岂舍梦寐！”给事中杜正伦进曰：“世必有才，随时所用，岂待梦傅说，逢吕尚，然后为治乎？”太宗深纳其言。（《仁义》）

贞观四年，房玄龄奏言：“今阅武库甲仗，胜隋日远矣。”太宗曰：“饬兵备寇虽是要事，然朕惟欲卿等存心理道，务尽忠贞，使百姓安乐，便是朕之甲仗。隋炀帝岂为甲仗不足，以至灭亡，正由仁义不修，而群下怨叛故也。宜识此心。”（《仁义》）

贞观五年，太宗谓侍臣曰：“自古帝王亦不能常化，假令内安，必有外扰。当今远夷率服，百谷丰稔，盗贼不作，内外宁静。此非朕一人之力，实由公等共相匡辅。然安不忘危，理不忘乱，虽知今日无事，亦须思其终始。常得如此，始是可贵也。”魏征对曰：“自古以来，元首股肱不能备具，或时君称圣，臣即不贤；或遇贤臣，即无圣主。今陛下明，所以致理，向若直有贤臣，而君不思化，亦无所益。天下今虽太平，臣等犹未以为喜，惟愿陛下居安思危，孜孜不怠耳！”（《慎终》）

贞观七年，太宗谓侍臣曰：“天下愚人者多，智人者少，智者不肯为恶，愚人好犯宪章。凡赦宥之恩，惟及不轨之辈。古语云：‘小人之幸，君子之不幸。’‘一岁再赦，善人喑哑。’凡养稂莠者伤禾稼，惠奸宄者贼良人，昔‘文王作罚，刑兹无赦。’又蜀先主尝谓诸葛亮曰：‘吾周旋

陈元方、郑康成之间，每见启告理乱之道备矣，曾不语赦。’故诸葛亮理蜀十年不赦，而蜀大化。梁武帝每年数赦，卒至倾败。夫谋小仁者，大仁之贼，故我有天下已来，绝不放赦。今四海安宁，礼义兴行，非常之恩，弥不可数，将恐愚人常冀侥幸，惟欲犯法，不能改过。”（《赦令》）

贞观八年，太宗谓侍臣曰：“隋时百姓纵有财物，岂得保此？自朕有天下已来，存心抚养，无有所科差，人人皆得营生，守其资财，即朕所赐。向使朕科唤不已，虽数资赏赐，亦不如不得。”魏征对曰：“尧、舜在上，百姓亦云‘耕田而食，凿井而饮’，含哺鼓腹，而云‘帝何力’于其间矣。今陛下如此含养，百姓可谓日用而不知。”又奏称，“晋文公出田，逐兽于砀，入大泽，迷不知所出。其中有渔者，文公谓曰：‘我，若君也，道将安出？我且厚赐若。’渔者曰：‘臣愿有献。’文公曰：‘出泽而受之。’于是送出泽。文公曰：‘今子之所欲教寡人者，何也？愿受之。’渔者曰：‘鸿鹄保河海，厌而徙之小泽，则有矰丸之忧。鼋鼍保深渊，厌而出之浅渚，必有钓射之忧。今君逐兽砀，入至此，何行之太远也？’文公曰：‘善哉！’谓从者记渔者名。渔者曰：‘君何以名？为君尊天事地，敬社稷，保四国，慈爱万民，薄赋敛，轻租税，臣亦与焉。君不尊天，不事地，不敬社稷，不固四海，外失礼于诸侯，内逆民心，一国流亡，渔者虽有厚赐，不得保也。’遂辞不受。”太宗曰：“卿言是也。”（《政体》）

贞观十二年，太宗谓侍臣曰：“朕读书见前王善事，皆力行而不倦，其所任用公辈数人，诚以为贤，然致理比于三、五之代，犹为不逮，何也？”魏征对曰：“今四夷宾服，天下无事，诚旷古所未有。然自古帝王初即位者，皆欲励精为政，比迹于尧、舜；及其安乐也，则骄奢放逸，莫能终其善。人臣初见任用者，皆欲匡主济时，追纵于稷、契；及其富贵也，则思苟全官爵，莫能尽其忠节。若使君臣常无懈怠，各保其终，则天下无忧不理，自可超迈前古也。”太宗曰：“诚如卿言。”（《慎终》）

贞观十四年，太宗谓侍臣曰：“平定天下，朕虽有其事，守之失图，功业亦复难保。秦始皇初亦平六国，据有四海，及末年不能善守，实可为诫。公等宜念公忘私，则荣名高位，可以克终其美。”魏征对曰：“臣闻之，战胜易，守胜难。陛下深思远虑，安不忘危，功业既彰，德教复洽，恒以此为政，宗社无由倾败矣。”（《慎终》）

（三）兴亡之鉴

1. 往古兴亡

贞观元年，太宗谓侍臣曰：“自古帝王凡有兴造，必须贵顺物情。昔大禹凿九山，通九江，用人力极广，而无怨讟者，物情所欲，而众所共有故也。秦始皇营建宫室，而人多谤议者，为徇其私欲，不与众共故也。朕今欲造一殿，材木已具，远想秦皇之事，遂不复作也。古人云：‘不作无益害有益。’‘不见可欲，使民心不乱。’固知见可欲，其心必乱矣。至如雕镂器物，珠玉服玩，若恣其骄奢，则危亡之期可立待也。自王公已下，第宅、车服、婚嫁、丧葬，准品秩不合服用者，宜一切禁断。”由是二十年间，风俗简朴，衣无锦绣，财帛富饶，无饥寒之弊。（《俭约》）

贞观六年，太宗谓侍臣曰："古人云：'危而不持，颠而不扶，焉用彼相？'君臣之义，得不尽忠匡救乎？朕尝读书，见桀杀关龙逢，汉诛晁错，未尝不废书叹息。公等但能正词直谏，裨益政教，终不以犯颜忤旨，妄有诛责。朕比来临朝断决，亦有乖于律令者。公等以为小事，遂不执言。凡大事皆起于小事，小事不论，大事又将不可救，社稷倾危，莫不由此。隋主残暴，身死匹夫之手，率土苍生，罕闻嗟痛。公等为朕思隋氏灭亡之事，朕为公等思龙逢、晁错之诛，君臣保全，岂不美哉！"（《政体》）

贞观初，太宗从容谓侍臣曰："周武平纣之乱，以有天下；秦皇因周之衰，遂吞六国。其得天下不殊，祚运长短若此之相悬也？"尚书右仆射萧瑀进曰："纣为无道，天下苦之，故八百诸侯不期而会。周室微，六国无罪，秦氏专任智力，吞食诸侯。平定虽同，人情则异。"太宗曰："不然，周既克殷，务弘仁义；秦既得志，专行诈力。非但取之有异，抑亦守之不同。祚之修短，意在兹乎！"（《辨兴亡》）

贞观六年，太宗谓侍臣曰："朕闻周、秦初得天下，其事不异。然周则惟善是务，积功累德，所以能保八百之基。秦乃恣其奢淫，好行刑罚，不过二世而灭。岂非为善者福祚延长，为恶者降年不永？朕又闻桀、纣帝王也，以匹夫比之，则以为辱；颜、闵匹夫也，以帝王比之，则以为荣。此亦帝王深耻也。朕每将此事以为鉴戒，常恐不逮，为人所笑。"魏征对曰："臣闻鲁哀公谓孔子曰：'有人好忘者，移宅乃忘其妻。'孔子曰：'又有好忘甚于此者，丘见桀、纣之君乃忘其身。'愿陛下每以此为虑，

庶免后人笑尔！”（《君臣鉴戒》）

贞观二年，太宗谓侍臣曰：“朕尝谓贪人不解爱财也。至如内外官五品以上，禄秩优厚，一年所得，其数自多。若受人财贿，不过数万，一朝彰露，禄秩削夺，此岂是解爱财物？规小得而大失者也。昔公仪休性嗜鱼，而不受人鱼，其鱼长存。且为主贪，必丧其国；为臣贪，必亡其身。《诗》云：‘大风有隧，贪人败类。’固非谬言也。昔秦惠王欲伐蜀，不知其迳，乃刻五石牛，置金其后，蜀人见之，以为牛能便金，蜀王使五丁力士拖牛入蜀，道成，秦师随而伐之，蜀国遂亡。汉大司农田延年赃贿三千万，事觉自死。如此之流，何可胜记！朕今以蜀王为元龟，卿等亦须以延年为覆辙也。”（《贪鄙》）

贞观十七年，太宗谓侍臣曰：“《传》称‘去食存信’，孔子曰：‘民无信不立。’昔项羽既入咸阳，已制天下，向能力行仁信，谁夺耶？”房玄龄对曰：“仁、义、礼、智、信，谓之五常，废一不可。能勤行之，甚有裨益。殷纣狎侮五常，武王夺之，项氏以无信为汉高祖所夺，诚如圣旨。”（《诚信》）

贞观六年，太宗谓侍臣曰：“自古人君为善者，多不能坚守其事。汉高祖泗上一亭长耳，初能拯危诛暴，以成帝业，然更延十数年，纵逸之败，亦不可保。何以知之？孝惠为嫡嗣之重，温恭仁孝，而高帝惑于爱姬之子，欲行废立；萧何、韩信功业既高，萧既妄系，韩亦滥黜，自余功臣黥布之辈惧而不安，至于反逆。君臣父子之间悖谬若此，岂非难保之明验也？朕所以不敢恃天下之安，每思危亡以自戒惧，用保其终。”（《慎

终》）

贞观二年，太宗问黄门侍郎王珪曰："近代君臣治国，多劣于前古，何也？"对曰："古之帝王为政，皆志尚清静，以百姓之心为心。近代则唯损百姓以适其欲，所任用大臣，复非经术之士。汉家宰相，无不精通一经，朝廷若有疑事，皆引经决定，由是人识礼教，治致太平。近代重武轻儒，或参以法律，儒行既亏，淳风大坏。"太宗深然其言。自此百官中有学业优长，兼识政体者，多进其阶品。累加迁擢焉。（《政体》）

贞观十九年，太宗谓侍臣曰："朕观古来帝王，骄矜而取败者，不可胜数。不能远述古昔，至如晋武平吴、隋文伐陈已后，心逾骄奢，自矜诸已，臣下不复敢言，政道因兹弛紊。朕自平定突厥、破高丽已后，兼并铁勒，席卷沙漠，以为州县，夷狄远服，声教益广。朕恐怀骄矜，恒自抑折，日旰而食，坐以待晨。每思臣下有谠言直谏，可以施于政教者，当拭目以师友待之。如此，庶几于时康道泰尔。"（《政体》）

贞观四年，有司上言："林邑蛮国，表疏不顺，请发兵讨击之。"太宗曰："兵者，凶器，不得已而用之。故汉光武云：'每一发兵，不觉头须为白。'自古以来穷兵极武，未有不亡者也。苻坚自恃兵强，欲必吞晋室，兴兵百万，一举而亡。隋主亦必欲取高丽，频年劳役，人不胜怨，遂死于匹夫之手。至如颉利，往岁数来侵我国家，部落疲于征役，遂至灭亡。朕今见此，岂得辄即发兵？且经历山险，土多瘴疠，若我兵士疾疫，虽克剪此蛮，亦何所补？言语之间，何足介意！"竟不讨之。（《征伐》）

贞观二年，太宗谓侍臣曰：“古人云：‘君犹器也，人犹水也，方圆在于器，不在于水。’故尧、舜率天下以仁，而人从之；桀、纣率天下以暴，而人从之。下之所行，皆从上之所好。至如梁武帝父子志尚浮华，惟好释氏、老氏之教。武帝末年，频幸同泰寺，亲讲佛经，百寮皆大冠高履，乘车扈从，终日谈论苦空，未尝以军国典章为意。及侯景率兵向阙，尚书郎以下，多不解乘马，狼狈步走，死者相继于道路。武帝及简文卒被侯景幽逼而死。孝元帝在于江陵，为万纽于谨所围，帝犹讲《老子》不辍，百寮皆戎衣以听，俄而城陷，君臣俱被囚縶。庾信亦叹其如此，及作《哀江南赋》，乃云：‘宰衡以干戈为儿戏，缙绅以清谈为庙略。’此事亦足为鉴戒。朕今所好者，惟在尧、舜之道，周、孔之教，以为如鸟有翼，如鱼依水，失之必死，不可暂无耳。”（《慎所好》）

贞观九年，太宗谓魏征曰：“顷读周、齐史，末代亡国之主为恶多相类也。齐主深好奢侈，所有府库用之略尽，乃至关市无不税敛。朕常谓此犹如馋人自食其肉，肉尽必死。人君赋敛不已，百姓既弊，其君亦亡，齐主即是也。然天元、齐主若为优劣？”征对曰：“二主亡国虽同，其行则别。齐主愞弱，政出多门，国无纲纪，遂至亡灭。天元性凶而强，威福在己，亡国之事，皆在其身。以此论之，齐主为劣。”（《辨兴亡》）

贞观初，太宗谓侍臣曰：“朕观前代，谗佞之徒，皆国之蟊贼也。或巧言令色，朋党比周；若暗主庸君，莫不以之迷惑，忠臣孝子所以泣血衔冤。故丛兰欲茂，秋风败之；王者欲明，谗人蔽之。此事著于史籍，不能具道。至如齐、隋间谗谮事，耳目所接者，略与公等言之。斛律明月，

齐朝良将，威震敌国，周家每岁斫汾河冰，虑齐兵之西渡。及明月被祖孝征谗构伏诛，周人始有吞齐之意。高颎有经国大才，为隋文帝赞成霸业，知国政者二十余载，天下赖以安宁。文帝惟妇言是听，特令摈斥。及为炀帝所杀，刑政由是衰坏。又隋太子勇抚军监国，凡二十年间，固亦早有定分。杨素欺主罔上，贼害良善，使父子之道一朝灭于天性，逆乱之源，自此开矣。隋文既混淆嫡庶，竟祸及其身，社稷寻亦覆败。古人云'世乱则谗胜'，诚非妄言。朕每防微杜渐，用绝谗构之端，犹恐心力所不至，或不能觉悟。前史云：'猛兽处山林，藜藿为之不采；直臣立朝廷，奸邪为之寝谋。'此实朕所望于群公也。"魏征曰："《礼》云：'戒慎乎其所不睹，恐惧乎其所不闻。'《诗》云：'恺悌君子，无信谗言。谗人罔极，交乱四国。'又孔子曰：'恶利口之覆邦家'，盖为此也。臣尝观自古有国有家者，若曲受谗谮，妄害忠良，必宗庙丘墟，市朝霜露矣。愿陛下深慎之！"（《杜谗邪》）

贞观六年，太宗谓侍臣曰："看古之帝王，有兴有衰，犹朝之有暮，皆为蔽其耳目，不知时政得失，忠正者不言，邪谄者日进，既不见过，所以至于灭亡。朕既在九重，不能尽见天下事，故布之卿等，以为朕之耳目。莫以天下无事，四海安宁，便不存意。可爱非君，可畏非民。天子者，有道则人推而为主，无道则人弃而不用，诚可畏也。"魏征对曰："自古失国之主，皆为居安忘危，处治忘乱，所以不能长久。今陛下富有四海，内外清晏，能留心治道，常临深履薄，国家历数，自然灵长。臣又闻古语云：'君，舟也；人，水也。水能载舟，亦能覆舟。'陛下以为可

畏，诚如圣旨。”（《政体》）

贞观十七年，太宗谓侍臣曰：“自古草创之主，至于子孙多乱，何也？”司空房玄龄曰：“此为幼主生长深宫，少居富贵，未尝识人间情伪，治国安危，所以为政多乱。”太宗曰：“公意推过于主，朕则归咎于臣。夫功臣子弟多无才行，藉祖父资荫遂处大官，德义不修，奢纵是好。主既幼弱，臣又不才，颠而不扶，岂能无乱？隋炀帝录宇文述在藩之功，擢化及于高位，不思报效，翻行弑逆。此非臣下之过欤？朕发此言，欲公等戒勖子弟，使无愆过，即家国之庆也。”太宗又曰：“化及与玄感，即隋大臣受恩深者子孙，皆反，其故何也？”岑文本对曰：“君子乃能怀德荷恩，玄感、化及之徒，并小人也。古人所以贵君子而贱小人。”太宗曰：“然。”（《君臣鉴戒》）

2. 近世兴亡

贞观二年，太宗谓黄门侍郎王珪曰：“隋开皇十四年大旱，人多饥乏。是时仓库盈溢，竟不许赈给，乃令百姓逐粮。隋文不怜百姓而惜仓库，比至末年，计天下储积，得供五六十年。炀帝恃此富饶，所以奢华无道，遂致灭亡。炀帝失国，亦此之由。凡理国者，务积于人，不在盈其仓库。古人云：‘百姓不足，君孰与足。’但使仓库可备凶年，此外何烦储蓄！后嗣若贤，自能保其天下；如其不肖，多积仓库，徒益其奢侈，危亡之本也。”（《辨兴亡》）

贞观四年，太宗问萧瑀曰：“隋文帝何如主也？”对曰：“克己复礼，勤劳思政，每一坐朝，或至日昃，五品已上，引坐论事，宿卫之士，

传飧而食，虽性非仁明，亦是励精之主。”太宗曰：“公知其一，未知其二。此人性至察而心不明。夫心暗则照有不通，至察则多疑于物。又欺孤儿寡妇以得天下，恒恐群臣内怀不服，不肯信任百司，每事皆自决断，虽则劳神苦形，未能尽合于理。朝臣既知其意，亦不敢直言。宰相以下，惟即承顺而已。朕意则不然，以天下之广，四海之众，千端万绪，须合变通，皆委百司商量，宰相筹画，于事稳便，方可奏行。岂得以一日万机，独断一人之虑也。且日断十事，五条不中，中者信善，其如不中者何？以日继月，乃至累年，乖谬既多，不亡何待？岂如广任贤良，高居深视，法令严肃，谁敢为非？”因令诸司若诏敕颁下有未稳便者，必须执奏，不得顺旨便即施行，务尽臣下之意。（《政体》）

贞观初，太宗谓侍臣曰：“隋炀帝广造宫室，以肆行幸。自西京至东都，离宫别馆，相望道次，乃至并州、涿郡，无不悉然。驰道皆广数百步，种树以饰其傍。人力不堪，相聚为贼。逮至末年，尺土一人，非复己有。以此观之，广宫室，好行幸，竟有何益？此皆朕耳所闻，目所见，深以自诫。故不敢轻用人力，惟令百姓安静，不有怨叛而已。”（《行幸》）

贞观二年，太宗谓侍臣曰：“明主思短而益善，暗主护短而永愚。隋炀帝好自矜夸，护短拒谏，诚亦实难犯忤。虞世基不敢直言，或恐未为深罪。昔箕子佯狂自全，孔子亦称其仁。及炀帝被杀，世基合同死否？”杜如晦对曰：“天子有诤臣，虽无道，不失其天下。仲尼称：‘直哉史鱼，邦有道如矢，邦无道如矢。’世基岂得以炀帝无道，不纳谏诤，遂杜口无言？偷安重位，又不能辞职请退，则与箕子佯狂而去，事理不同。昔晋惠帝贾后将废愍怀太子，司空张华竟不能苦争，阿意苟免。及赵王伦举兵废后，遣使收华，华曰：‘将废太子日，非是无言，当不被纳用。’其使曰：‘公为三公，太子无罪被废，言既不从，何不引身而退？’华无辞以答，遂斩之，夷其三族。古人有云：‘危而不持，颠而不扶，则将焉用彼相？’故‘君子临大节而不可夺也。’张华既抗直不能成节，逊言不足全身，王臣之节固已坠矣。虞世基位居宰辅，在得言之地，竟无一言谏诤，诚亦合死。”太宗曰：“公言是也。人君必须忠良辅弼，乃得身安国宁。炀帝岂不以下无忠臣，身不闻过，恶积祸盈，灭亡斯及！若人主所行不当，臣下又无匡谏，苟在阿顺，事皆称美，则君为暗主，臣为谀臣，君暗臣谀，危亡不远。朕今志在君臣上下，各尽至公，共相切磋，以成治道。公等各宜务尽忠谠，匡救朕恶，终不以直言忤意辄相责怒。”（《求谏》）

贞观四年，太宗论隋日。魏征对曰：“臣往在隋朝，曾闻有盗发，炀帝令于士澄捕逐。但有疑似，苦加拷掠，枉承贼者二千余人，并令同日斩决。大理丞张元济怪之，试寻其状，乃有六七人，盗发之日，先禁他所，被放才出，亦遭推勘，不胜苦痛，自诬行盗。元济因此更事究寻，二千人内惟九人逗遛不明。官人有谙识者，就九人内四人非贼。有司以炀帝已令斩决，遂不执奏，并杀之。”太宗曰：“非是炀帝无道，臣下亦不尽心，须相匡谏，不避诛戮，岂得惟行谄佞，苟求悦誉？君臣如此，何得不败？朕赖公等共相辅佐，遂令囹圄空虚。愿公等善始克终，恒如今日！”

（《君臣鉴戒》）

贞观四年，太宗曰：“隋炀帝性好猜防，专信邪道，大忌胡人，乃至谓胡床为交床，胡瓜为黄瓜，筑长城以避胡。终被宇文化及使令狐行达杀之。又诛戮李金才，及诸李殆尽，卒何所益？且君天下者，惟须正身修德而已，此外虚事，不足在怀。”（《慎所好》）

贞观九年，太宗谓侍臣曰：“往昔初平京师，宫中美女珍玩无院不满。炀帝意犹不足，征求无已，兼东西征讨，穷兵黩武，百姓不堪，遂致亡灭。此皆朕所目见。故夙夜孜孜，惟欲清净，使天下无事。遂得徭役不兴，年谷丰稔，百姓安乐。夫治国犹如栽树，本根不摇，则枝叶茂荣。君能清净，百姓何得不安乐乎？”（《政体》）

贞观十一年，太宗幸洛阳宫，泛舟于积翠池，顾谓侍臣曰：“此宫观台沼并炀帝所为，所谓驱役生民，穷此雕丽，复不能守此一都，以万人为虑。好行幸不息，人所不堪。昔诗人云：‘何草不黄？何日不行？’‘小东大东，杼轴其空。’正谓此也。遂使天下怨叛，身死国灭，今其宫苑尽为我有。隋氏倾覆者，岂惟其君无道，亦由股肱无良。如宇文述、虞世基、裴蕴之徒，居高官，食厚禄，受人委任，惟行谄佞，蔽塞聪明，欲令其国无危，不可得也。”司空长孙无忌奏言：“隋氏之亡，其君则杜塞忠谠之言，臣则苟欲自全，左右有过，初不纠举，寇盗滋蔓，亦不实陈。据此，即不惟天道，实由君臣不相匡弼。”太宗曰：“朕与卿等承其余弊，惟须弘道移风，使万世永赖矣。”（《行幸》）

贞观十三年，太宗谓魏征等曰：“隋炀帝承文帝余业，海内殷阜，若能常处关中，岂有倾败？遂不顾百姓，行幸无期，径往江都，不纳董纯、崔象等谏诤，身戮国灭，为天下笑。虽复帝祚长短，委以玄天；而福善祸淫，亦由人事。朕每思之，若欲君臣长久，国无危败，君有违失，臣须极言。朕闻卿等规谏，纵不能当时即从，再三思审，必择善而用之。”（《行幸》）

贞观五年，太宗谓侍臣曰：“天道福善祸淫，事犹影响。昔启人亡国来奔，隋文帝不吝粟帛，大兴士众营卫安置，乃得存立。既而强富，子孙不思念报德，才至始华，即起兵围炀帝于雁门。及隋国乱，又恃强深入，遂使昔安立其国家者，身及子孙并为颉利兄弟之所屠戮，今颉利破亡，岂非背恩忘义所至也！”群臣咸曰：“诚如圣旨。”（《辨兴亡》）

贞观九年，北蕃归朝人奏：“突厥内大雪，人饥，羊马并死。中国人在彼者，皆入山作贼，人情大恶。”太宗谓侍臣曰：“观古人君，行仁义、任贤良则理；行暴乱，任小人则败。突厥所信任者，并共公等见之，略无忠正可取者。颉利复不忧百姓，恣情所为，朕以人事观之，亦何可久矣？”魏征进曰：“昔魏文侯问李克，‘诸侯谁先亡？’克曰：‘吴先亡。’文侯曰：‘何故？’克曰：‘数战数胜，数胜则主骄，数战则民疲，不亡何待？’颉利逢隋末中国丧乱，遂恃众内侵，今尚不息，此其必亡之道。”太宗深然之。（《辨兴亡》）

贞观十四年，太宗以高昌平，召侍臣赐宴于两仪殿，谓房玄龄曰：“高昌若不失臣礼，岂至灭亡？朕平此一国，甚怀危惧，惟当戒骄逸以自防，纳忠謇以自正。黜邪佞，用贤良，不以小人之言而议君子，以此慎

守，庶几于获安也。”魏征进曰：“臣观古来帝王拨乱创业，必自戒慎，采刍荛之议，从忠谠之言。天下既安，则恣情肆欲，甘乐谄谀，恶闻正谏。张子房，汉王计画之臣，及高祖为天子，将废嫡立庶，子房曰：‘今日之事，非口舌所能争也。’终不敢复有开说。况陛下功德之盛，以汉祖方之，彼不足准。即位十有五年，圣德光被，今又平殄高昌。屡以安危系意，方欲纳用忠良，开直言之路，天下幸甚。昔齐桓公与管仲、鲍叔牙、宁戚四人饮，桓公谓叔牙曰：‘盍起为寡人寿乎？’叔牙奉觞而起曰：‘愿公无忘出在莒时，使管仲无忘束缚于鲁时，使宁戚无忘饭牛车下时。’桓公避席而谢曰：‘寡人与二大夫能无忘夫子之言，则社稷不危矣！’”太宗谓征曰：“朕必不敢忘布衣时，公不得忘叔牙之为人也。”（《君臣鉴戒》）

贞观十七年，太宗谓侍臣曰：“盖苏文弑其主而夺其国政，诚不可忍。今日国家兵力，取之不难，朕未能即动兵众，且令契丹、靺鞨搅扰之，何如？”房玄龄对曰：“臣观古之列国，无不强陵弱，众暴寡。今陛下抚养苍生，将士勇锐，力有余而不取之，所谓止戈为武者也。昔汉武帝屡伐匈奴，隋主三征辽左，人贫国败，实此之由，惟陛下详察。”太宗曰：“善！”（《征伐》）

主要参考文献

[唐]孔颖达：《毛诗正义》，上海：上海古籍出版社，1990年。

[清]孙星衍：《尚书今古文注疏》，北京：中华书局，1986年。

[清]孙诒让：《周礼正义》，北京：中华书局，1987年。

[唐]孔颖达：《礼记正义》，上海：上海古籍出版社，1990年。

[唐]孔颖达：《周易正义》，上海：上海古籍出版社，1990年。

[唐]孔颖达：《春秋左传正义》，上海：上海古籍出版社，1990年。

[汉]何休注，[唐]徐彦疏：《春秋公羊传注疏》，上海：上海古籍出版社，1990年。

[晋]范宁注，[唐]杨士勋疏：《春秋穀梁传注疏》，北京：北京大学出版社，1999年。

［清］刘宝楠：《论语正义》，北京：中华书局，1990年。

［清］焦循：《孟子正义》，北京：中华书局，1957年。

［宋］朱熹：《四书集注》，北京：中华书局，1957年。

［唐］唐玄宗注，［宋］邢昺疏：《孝经注疏》，上海：上海古籍出版社，2009年。

［清］王先谦：《荀子集解》，北京：中华书局，1981年。

［宋］黎靖德：《朱子语类》，北京：中华书局，1986年。

［清］段玉裁：《说文解字注》，上海：上海古籍出版社，1988年。

［汉］司马迁：《史记》，北京：中华书局，1959年。

［汉］班固：《汉书》，北京：中华书局，1962年。

［南朝宋］范晔：《后汉书》，中华书局，1965年。

［唐］吴兢：《贞观政要》，上海：上海古籍出版社，1978年。

［宋］司马光：《资治通鉴》，北京：中华书局，1956年。

［宋］朱熹：《资治通鉴纲目》，北京：北京图书馆出版社，2003年。

［清］王夫之：《读通鉴论》，北京：中华书局，1975年。

［台］柏杨：《柏杨版资治通鉴》，北京：中国友谊出版公司，2000年。

［台］柏杨：《柏杨曰：读通鉴·论历史》，北京：人民文学出版社，2010年。

［台］陈鼓应：《老子今注今译》，北京：商务印书馆，2003年。

［清］郭庆藩：《庄子集释》，北京：中华书局，1961年。

［清］王先慎：《韩非子集解》，北京：中华书局，1998年。

［三国魏］曹丕：《典论》，北京：中华书局，1985年。

［唐］杜甫：《杜工部集》，上海：上海古籍出版社，2003年。

［清］冯浩：《玉溪生诗集笺注》，上海：上海古籍出版社，1998年。

［唐］杜牧：《樊川文集》，上海：上海古籍出版社，1978年。

［清］曹寅：《全唐诗》，北京：中华书局，1979年。

［宋］张载：《张载集》，北京：中华书局，2006年。

［元］张养浩：《张养浩集》，长春：吉林文史出版社，2008年。

［明］罗贯中：《三国演义》，北京：中华书局，2005年。

［清］王永彬：《围炉夜话》，北京：中华书局，2008年。

［德］马克思、恩格斯著，中央编译局译：《马克思恩格斯全集》，北京：人民出版社，1985年。

［意］克罗齐著，田时纲译：《历史学的理论和历史》，北京：中国社会科学出版社，2005年。

［德］雅斯贝尔斯著，魏楚雄等译：《历史的起源与目标》，北京：华夏出版社，1989年。

［德］海德格尔著，孙周兴译：《演讲与论文集》，北京：三联书店，2005年。

徐元诰：《国语集解》，北京：中华书局，2002年。

谭其骧：《中国历史地图集》，北京：中国地图出版社，1982年。

杨丙安：《十一家注孙子校理》，北京：中华书局，1999年。

范祥雍：《战国策笺证》，上海：上海古籍出版社，2006年。

王利器：《新语校注》，北京：中华书局，2008年。

陈寅恪：《金明馆丛稿二编》，上海：上海古籍出版社，1980年。

闻一多：《闻一多全集》，北京：三联书店，1982年。

图书在版编目（CIP）数据

决策与抉择：十五朝兴亡启示录 / 周萌著. -- 北京 ：华文出版社，2013.8（2023.6重印）
ISBN 978-7-5075-4023-9

Ⅰ. ①决… Ⅱ. ①周… Ⅲ. ①政治思想史－中国－古代 Ⅳ. ①D092.2

中国版本图书馆CIP数据核字（2013）第206970号

决策与抉择：十五朝兴亡启示录

著　　者：周　萌
责任编辑：杨艳丽
出版发行：华文出版社
社　　址：北京市西城区广外大街 305 号 8 区 2 号楼
邮政编码：100055
网　　址：http://www.hwcbs.cn
电　　话：总 编 室 010-58336239　发行部 010-58336202 58336212
责任编辑 010-58336191
经　　销：新华书店
印　　刷：永清县晔盛亚胶印有限公司
开　　本：710 × 1000　1/16
印　　张：16.75
字　　数：180 千字
版　　次：2013 年 8 月第 1 版
印　　次：2023 年 6 月第 2 次印刷
标准书号：ISBN 978-7-5075-4023-9
定　　价：58.00 元
